Das Spruchverfahren nach §§ 306 AktG, 305 ff. UmwG

Europäische Hochschulschriften

Publications Universitaires Européennes
European University Studies

Reihe II
Rechtswissenschaft

Série II Series II
Droit
Law

Bd./Vol. 3138

PETER LANG
Frankfurt am Main · Berlin · Bern · Bruxelles · New York · Oxford · Wien

Thorsten Behnke

Das Spruchverfahren nach §§ 306 AktG, 305ff. UmwG

Ein Beitrag zum Konzernrecht

PETER LANG
Europäischer Verlag der Wissenschaften

Die Deutsche Bibliothek - CIP-Einheitsaufnahme

Behnke, Thorsten:

Das Spruchverfahren nach §§ 306 AktG, 305 ff. UmwG : ein Beitrag zum Konzernrecht / Thorsten Behnke. - Frankfurt am Main ; Berlin ; Bern ; Bruxelles ; New York ; Oxford ; Wien : Lang, 2001
(Europäische Hochschulschriften : Reihe 2, Rechtswissenschaft ; Bd. 3138)
Zugl.: Bayreuth, Univ., Diss., 2000
ISBN 3-631-37854-8

D 703
ISSN 0531-7312
ISBN 3-631-37854-8

www.peterlang.de

Ich widme die Arbeit meiner Frau und meinen Eltern.

Vorwort

Die vorliegende Arbeit wurde im Wintersemester 2000/2001 von der Rechts- und Wirtschaftswissenschaftlichen Fakultät der Universität Bayreuth als Dissertation angenommen. Literatur und Rechtsprechung sind auf dem Stand von Dezember 2000.

Besonders zu danken habe ich meinem Doktorvater Herrn Prof. Dr. Lutz Michalski für zahlreiche Diskussionen, die zügige Begutachtung und die von ihm gewährte akademische Freiheit bei meiner Assistententätigkeit, meinen Eltern für die Ermöglichung des Studiums, meiner Frau für ihre liebevolle Unterstützung, Herrn Rechtsferendar Michael Grüner für die Durchsicht des Manuskripts, Herrn Rechtsanwalt Dr. Frank Ebbing für die Erörterung schiedsverfahrensrechtlicher Probleme sowie Frau Rechtsreferendarin Nina Staudenmaier für ihre Hilfe bei Literaturrecherchen. Ebenso bin ich Herrn Prof. Dr. Karl-Georg Loritz für die rasche Erstellung des Zweitgutachtens zu Dank verpflichtet.

Frankfurt, den 17. Januar 2001

Thorsten Behnke

Inhaltsverzeichnis

ERSTER TEIL: EINFÜHRUNG

§ 1 Einleitung

I. Ausgangspunkt

Das Umwandlungsrecht und das Recht der verbundenen Unternehmen haben in den vergangenen Jahrzehnten ständig an Bedeutung gewonnen. Die Zahl der Fusionen wächst scheinbar exponentiell[1]. Eingliederung oder Verschmelzung bilden dabei oft nur den letzten Schritt in einem längeren Prozeß der Unternehmenskonzentration, der oft mit einer schlichten Unternehmensbeteiligung seinen Anfang nimmt. Bevor Unternehmen in dessen Verlauf ihre Selbständigkeit völlig aufgeben, binden sie sich häufig durch Unternehmensverträge. In den meisten Fällen stehen sich die Interessen der herrschenden oder neugebildeten Gesellschaft und einer Minderheit[2] von Anteilsinhabern gegenüber. Die erstgenannte möchte einen möglichst günstigen Preis für die Gesellschaftsanteile bezahlen, die letzteren wollen möglichst keinen Wertverlust ihrer Anteile hinnehmen.

Der Begriff des Unternehmensvertrages erfaßt nach § 291 I AktG vor allem Beherrschungs- und Gewinnabführungsverträge. Durch einen Beherrschungsvertrag unterstellt eine AG oder KGaA die Leitung ihrer Gesellschaft einem anderen Unternehmen, während sie sich beim Gewinnabführungsvertrag zur Abführung ihres gesamten Gewinns an ein anderes Unternehmen verpflichtet (§ 291 I AktG). Bei Beherrschungsverträgen ist der Wert der Anteile an der abhängigen Gesellschaft dadurch gefährdet, daß sie auch nachteilige Weisungen ausführen muß (§ 308 I 2, II 1 AktG), durch die ihr Ertrag zugunsten der herrschenden Gesellschaft geschmälert werden kann. Bei Gewinnabführungsverträgen ist die Gefahr einer Minderung des Gewinnanteils bereits begrifflich vorgezeichnet. Sie gehen nahezu immer mit einem Beherrschungsvertrag einher, weil mit der steuerrechtlichen Organschaft (§ 14 KStG) das Einkommen der herrschenden Gesellschaft zugerechnet wird und so Gewinne und Verluste der beteiligten Gesell-

---

[1] Die letzten großen Fusionen mit deutscher Beteiligung waren Bayerische Hypo-/Vereinsbank, Daimler-Benz/Chrysler, Hoechst/Rhône-Poulenc, Thyssen/Krupp und Mannesmann/Vodafone.

[2] Diese Minderheit kann sowohl beim Abschluß von Unternehmensverträgen als auch bei der Verschmelzung wegen des Erfordernisses einer Dreiviertelmehrheit 25% (§§ 293 I 2 AktG, 43 II 2, 50 I 1, 56 I 1, 84 S. 1 UmwG), bei der Eingliederung immerhin 5% betragen (§ 320 I 1 AktG).

schaften verrechnet werden können[3]. Inwieweit das GmbH-Konzernrecht und andere - in § 292 AktG genannte - Verträge den Gegenstand dieser Arbeit tangieren, wird an anderer Stelle noch untersucht werden.

Wegen der genannten Gefahren muß ein solcher Unternehmensvertrag entweder den Aktionären die Möglichkeit bieten, gegen eine angemessene Abfindung aus der Gesellschaft auszuscheiden (§ 305 I AktG), oder beim Verbleib als Aktionär die Zahlung eines angemessenen Ausgleichs zu verlangen (§ 304 I AktG). Naturgemäß besteht über die Frage, welcher Betrag angemessen ist, meistens Streit zwischen den Beteiligten. Zu dessen gerichtlicher Bereinigung steht weder eine Anfechtungsklage gegen den zugrundeliegenden Hauptversammlungsbeschluß noch eine streitige Zivilklage, sondern ein besonders ausgestaltetes Spruchverfahren[4] (§ 306 AktG) zur Verfügung.

Der eben aufgezeigte Konflikt findet seine Parallele im Umwandlungsrecht. Bei der Verschmelzung kann das Umtauschverhältnis der Anteile zu niedrig bemessen sein, so daß ein angemessener Ausgleich zu leisten ist (§ 15 I UmwG). Weist der übernehmende Rechtsträger eine andere Rechtsform auf, muß er den Inhabern der aufzunehmenden Gesellschaft den Erwerb ihrer Anteile gegen eine angemessene Barabfindung anbieten (§ 29 I 1 UmwG). Das in §§ 305-312 UmwG geregelte Spruchverfahren entspricht fast vollständig dem des § 306 AktG. Unterschiede werden im jeweiligen Zusammenhang herausgestellt.

II. Zielsetzung der Arbeit

Die vorliegende Arbeit soll ein geschlossenes Bild des Spruchverfahrens vermitteln. Die Rechtsfragen der Unternehmensbewertung und der genauen Berechnung des Abfindungs- oder Ausgleichsanspruchs anhand der Ertragswertmethode werden hingegen bewußt nur soweit behandelt, wie es für das Verständnis des Spruchverfahrens notwendig ist, da hierzu bereits umfangreiche

---

[3] Zu Recht weisen *Emmerich/Habersack*, § 291 Rn. 5 Fn. 7 darauf hin, daß auch für isolierte Beherrschungsverträge wegen sonst verfallender Verlustvorträge (§ 15 Nr. 1 KStG) steuerliche Gründe ausschlaggebend sein können.

[4] Die Terminologie ist uneinheitlich. Es hat sich auch der Ausdruck "Spruchstellenverfahren" eingebürgert. "Spruchstelle" bezeichnet das entscheidende Gericht (§ 10 der 3. DVO zum UmwG 1934 vom 2.12.1936, RGBl. I, 1003), "Spruch" demgegenüber die Entscheidung als Ergebnis des Verfahrens. Die am Ergebnis orientierte Bezeichnung (vgl. auch die Begriffe "Urteilsverfahren/Beschlußverfahren") ist nicht nur prägnanter, sondern wird auch vom Gesetz verwendet (§ 9 der 3. DVO zum UmwG 1934, a.a.O.; Überschrift zum Sechsten Buch des UmwG 1994).

Darstellungen vorliegen[5]. Zur neuentfachten und keinesfalls abgeschlossenen Diskussion um den Börsenwert als Bewertungsmaßstab wird jedoch Stellung genommen.

Auch wenn durch Rechtsprechung und Gesetzgebung einige Probleme als gelöst gelten dürfen[6], sind noch viele Rechtsfragen ungeklärt. Namentlich zur Kosten- und Gebührenproblematik sind zahlreiche Gerichtsentscheidungen ergangen, die einer Gesamtanalyse noch harren. Eine noch junge Problemstellung ist auch die internationale Zuständigkeit bei Auslandsbezug. Unterschiede zwischen dem aktienrechtlichen und dem umwandlungsrechtlichen Spruchverfahren werden herausgearbeitet. Der Schwerpunkt wird dabei, wie bereits der Titel impliziert, auf dem Verfahrensrecht liegen. Wegen dessen enger Verzahnung mit dem materiellen Recht ist es jedoch im Einzelfall nötig, auch zu diesem Stellung zu nehmen.

III. Gang der Darstellung

Wie bereits angedeutet, werden zunächst zum besseren Verständnis des Verfahrensrechts die materiellrechtlichen Grundlagen des Abfindungs- und Ausgleichsanspruchs dargestellt. Dabei wird überblicksartig auf Bewertungs- und Berechnungsmaßstäbe eingegangen. Danach beginnt der Schwerpunkt der Arbeit, in dem nach einem kurzen historischen Abriß und einer Klärung von Rechtsnatur und Streitgegenstand des Spruchverfahrens die Beteiligten des Spruchverfahrens einer näheren Betrachtung unterzogen werden. Sodann werden die relevanten Sachurteilsvoraussetzungen näher dargestellt und die Besonderheiten der Beweiserhebung erörtert. In welchen Fällen ein Spruchverfahren endet und wie Kosten sowie Gebühren zu ermitteln und zu verteilen sind, wird danach erörtert. Nach dem Abschluß eines erstinstanzlichen Verfahrens stellt sich die Frage nach Rechtsmitteln und der Rechtskraftwirkung, in deren Rahmen der Abfindungsergänzungsanspruch zu untersuchen ist. Abgerundet wird die Arbeit durch Überlegungen zur Alternative des Schiedsverfahrens und zu einer

---

[5] Aus jüngerer Zeit vor allem *Aha*, AG 1997, 26; *Dörfler/Gahler/Unterstraßer/Wirichs*, BB 1994, 156; *Emmerich/Sonnenschein*, S. 292 ff.; *Emmerich/Habersack*, § 305 Rn. 38 ff.; *Götz*, DB 1996, 259; *Großfeld*, Bewertung; *Seetzen*, WM 1999, 565, 569 ff.

[6] So z.B. die Fortsetzung des Spruchverfahrens bei Kündigung des Unternehmensvertrages, *BGHZ* 135, 374, die Weiterführung durch den gemeinsamen Vertreter nach Rücknahme eines Antrags, §§ 306 IV 10 AktG, 308 III UmwG i.d.F. des UmwBerG 1994 oder die Verzinsung von Abfindungs- und Zuzahlungsansprüchen (§§ 305 III 3 AktG, 30 I 2, 15 II 2 UmwG i.d.F. des UmwBerG 1994).

Verbesserung des gerichtlichen Verfahrensablaufs, die auch den Einfluß neuer gesellschaftlicher Entwicklungen wie Squeeze-out und Delisting auf das Spruchverfahren beinhalten.

ZWEITER TEIL: MATERIELLRECHTLICHE GRUNDLAGEN

§ 2 Ausgleichs- und Abfindungsansprüche

Wie bereits erwähnt, wird im Spruchverfahren ausschließlich über Abfindungs- und Ausgleichsansprüche verhandelt. Hinzu kommen noch bestimmte Gegenleistungsansprüche. Zum Verständnis des Verfahrens ist es deshalb erforderlich, die wichtigsten Anspruchsgrundlagen im Überblick zu behandeln sowie die Berechnungsgrundlagen kurz darzustellen.

Der grundlegende Unterschied zwischen Ausgleich und Abfindung liegt in folgendem: Ausgleich kann nur verlangt werden, wenn der Aktionär seine Anteile behält, also in der Gesellschaft verbleibt. Entsprechend erhält bei der Verschmelzung Ausgleich, wer in die neue oder aufnehmende Gesellschaft eintritt. Abfindung kann nur fordern, wer der herrschenden bzw. bei Verschmelzung der aufnehmenden Gesellschaft seine Anteile andient, also aus der abhängigen bzw. übertragenden Gesellschaft ausscheidet.

Verfassungsrechtliche Wurzel aller Ansprüche ist Art. 14 I GG. Die Aktie repräsentiert sowohl das Innehaben von Mitgliedschaftsrechten in der Gesellschaft als auch die daraus folgenden Dividenden-, Bezugsrechts- und Abwicklungsansprüche als vermögenswerte Rechtsposition des Aktionärs, sie stellt "gesellschaftlich vermitteltes Eigentum" dar[7]. Dem Interesse eines Aktionärs als Anleger, diese Rechtsposition zu behalten, stehen die Interessen der Unternehmens- oder Konzernleitung gegenüber, die Gesellschaft ihren Plänen gemäß umzugestalten. Ist eine Minderheit damit nicht einverstanden, so kann die Organisationsmaßnahme zwar mit Mehrheitsbeschluß durchgeführt werden[8]; §§ 304, 305 AktG als verhältnismäßige Inhalts- und Schrankenbestimmungen setzen aber voraus, daß jedem Aktionär das, "was seine gesellschaftliche Beteiligung ... wert ist[9]", als Ausgleich oder Abfindung zusteht.

Bei Vorhandensein nur eines Aktionärs in der abhängigen bzw. übertragenden Gesellschaft treten dementsprechend die erwähnten Konflikte nicht auf. Das hat zur Folge, daß in diesem Fall weder Ausgleich noch Abfindung vertraglich geregelt sein müssen (§§ 304 I 3, 305 I AktG, 5 II UmwG).

---

[7] *BVerfGE* 14, 263, 276 f. ("Feldmühle-Entscheidung").

[8] *BVerfGE* 14, 263, 282 f.

[9] *BVerfGE* 14, 263, 284.

I. Ausgleich

1. Unternehmensvertrag

Sofern mit einer deutschen abhängigen AG oder KGaA ein Beherrschungs- oder Gewinnabführungsvertrag abgeschlossen wird, muß in ihm nach § 304 I AktG zwingend eine Ausgleichszahlung für außenstehende Aktionäre[10] festgesetzt sein, die in der abhängigen Gesellschaft verbleiben möchten.

Beim Gewinnabführungsvertrag kann von der abhängigen Gesellschaft kein Gewinnanteil mehr gewährt werden. Deshalb gewährt § 304 I 1 AktG einen entsprechenden Ausgleichsanspruch. Ob daneben - wie meistens - noch ein Beherrschungsvertrag vorliegt, ist irrelevant.

Bei einem isolierten Beherrschungsvertrag hingegen kann die abhängige Gesellschaft noch Gewinne ausschütten. Das herrschende Unternehmen kann aber durch nachteilige Weisungen (§ 308 I 2, II 1 AktG) so auf die abhängige Gesellschaft einwirken, daß der Gewinn geringer ist, als es ohne den Beherrschungsvertrag der Fall wäre. Deshalb muß es gemäß § 304 I 2 AktG einen Gewinnanteil garantieren. Dabei richtet sich der Garantiebetrag nach der für die Ausgleichszahlung bestimmten Höhe, also danach, was bei Bestehen eines Gewinnabführungsvertrages zu leisten wäre. Erreicht die Ausschüttung der abhängigen Gesellschaft nicht die Höhe des Garantiebetrages, ist die Differenz an die außenstehenden Aktionäre zu zahlen. Schuldner dieses Anspruchs ist, wie auch in § 305 AktG ("der andere Vertragsteil"), allein das herrschende Unternehmen[11]. Mehr als der Garantiebetrag kann aber niemals verlangt werden; ein höherer Gewinn fällt allein dem herrschenden Unternehmen zu[12].

2. Umwandlung

Potentiell ausgleichspflichtig ist die Umwandlung mittels Verschmelzung oder Formwechsel. Eine Verschmelzung kann durch Aufnahme einer oder mehrerer Gesellschaften durch eine andere erfolgen (§ 2 Nr. 1 UmwG) oder durch Übernahme mehrerer Gesellschaften durch eine neuzugründende Gesellschaft (§ 2

---

[10] Zum Begriff des außenstehenden Aktionärs s. u. § 7 IV 2 a.

[11] *OLG Düsseldorf* AG 1990, 490; 1992, 200, 201; *LG Karlsruhe* AG 1995, 89, 90; *Emmerich/Sonnenschein*, S. 274; *Geßler* in *Geßler/Hefermehl/Eckardt/Kropff*, § 304 Rn. 37, 56; *Hüffer*, AktG, § 306 Rn. 6; KK/*Koppensteiner* § 304 Rn. 15; *Emmerich/Habersack*, § 304 Rn. 20.

[12] *Geßler* in *Geßler/Hefermehl/Eckardt/Kropff*, § 304 Rn. 48; *Emmerich/Sonnenschein*, S. 270 f.

Nr. 2 UmwG). Bei einer Verschmelzung durch Aufnahme erlischt mindestens ein Rechtsträger (§§ 2 a.E., 20 I Nr. 2 S. 1 UmwG), bei der Verschmelzung durch Neugründung endet die Existenz wenigstens zweier Rechtsträger (§§ 2 a.E., 36 I, 20 I Nr. 2 S. 1 UmwG). Deshalb erhalten die Anteilsinhaber eines übertragenden Rechtsträgers als Surrogat Anteile des übernehmenden bzw. neuen Rechtsträgers (§ 20 I Nr. 3 S. 1 UmwG) nach dem im Verschmelzungsvertrag festgelegten Umtauschverhältnis (§ 5 I Nr. 3 UmwG). Ist dieses Umtauschverhältnis zu niedrig bemessen, können sie vom übernehmenden bzw. neuen Rechtsträger eine Ausgleichszahlung gemäß §§ 14 II, 15 UmwG verlangen. Sofern das Umtauschverhältnis zu hoch ist, fließt zwar Vermögen aus der übernehmenden bzw. neuen Gesellschaft ab, jedoch ist ein umgekehrter Ausgleich nicht möglich, wie sich ebenfalls aus §§ 14 II, 15 I UmwG ergibt. Die Anwendung des Spruchverfahrens de lege ferenda auf dementsprechende Klagen der Gesellschafter der neuen bzw. übernehmenden Gesellschaft anstelle einer bisher notwendigen Anfechtungsklage gegen den Umwandlungsbeschluß wird neuerdings befürwortet[13].

Beim Wechsel der Rechtsform einer Gesellschaft kann es vorkommen, daß die Verteilung der Anteile an der Gesellschaft neuer Rechtsform nicht denen der früheren Rechtsform entspricht, vor allem, wenn eine Personengesellschaft beteiligt ist, bei der z.B. die unterschiedliche Haftung von Komplementär und Kommanditisten bei der Anteilsbemessung berücksichtigt werden soll. Entsprechend kann auch hier gemäß § 196 UmwG bei Unangemessenheit ein Ausgleichsanspruch bestehen.

II. Abfindung

Abfindungsansprüche setzen immer voraus, daß der Anteilsinhaber aus der Gesellschaft ausscheidet. Grundsätzlich kann eine Abfindung in Anteilen oder in Geld erfolgen.

1. Unternehmensverträge

Bei Beherrschungs- und Gewinnabführungsverträgen muß dem Aktionär die Möglichkeit gegeben werden, die Gesellschaft zu verlassen, wenn er befürchtet, daß die Gesellschaft durch den Unternehmensvertrag Nachteile erleiden wird und seine Anteile dementsprechend in Zukunft an Wert einbüßen werden (§ 305

---

[13] *Handelsrechtsausschuß des Deutschen Anwaltvereins*, NZG 2000, 802, 803; *Martens*, AG 2000, 301, 303, 308.

AktG). Dabei ist zu unterscheiden, ob der andere Vertragsteil, die herrschende oder Obergesellschaft, eine abhängige oder in Mehrheitsbesitz stehende AG oder KGaA ist und ob diese ihren Sitz im In- oder Ausland hat.

Ist die herrschende Gesellschaft eine inländische AG oder KGaA und weder selbst abhängig noch im Mehrheitsbesitz stehend, muß die Abfindung nach § 305 II Nr. 1 AktG in Aktien dieser Gesellschaft vorgenommen werden. Damit kann der Aktionär nun an der Entwicklung der Obergesellschaft teilhaben, der jetzt die Weisungsbefugnis zusteht bzw. an die der Gewinn abgeführt wird.

Ist die herrschende Gesellschaft selbst abhängige Tochtergesellschaft oder steht sie im Mehrheitsbesitz einer Muttergesellschaft, erfolgt die Abfindung für die außenstehenden Aktionäre der Enkelgesellschaft gemäß § 305 II Nr. 2 AktG nach Wahl der herrschenden Tochtergesellschaft[14] in Aktien der Muttergesellschaft oder in Geld. Entsprechend können bei mehr als dreistufigen Konzernen stets Aktien der Konzernmutter angeboten werden[15].

Ist weder die herrschende Gesellschaft noch - soweit vorhanden - deren Muttergesellschaft im Inland ansässig oder führt die herrschende Gesellschaft weder die Rechtsform einer AG noch einer KGaA, ist immer eine Barabfindung zu leisten (§ 305 II Nr. 3 AktG).

Anders als beim Ausgleich nach § 304 AktG führt das Fehlen einer Abfindungsregelung im Unternehmensvertrag nicht zu dessen Nichtigkeit (§ 305 V 1 AktG). Die Barabfindung ist gemäß § 305 III 3 AktG zu verzinsen.

2. Umwandlung

Nach §§ 29, 56 UmwG muß dem Gesellschafter einer durch die Verschmelzung erlöschenden Gesellschaft dann eine Abfindung angeboten werden, wenn der aufnehmende oder neue Rechtsträger eine andere Rechtsform besitzt. Dieses Abfindungsangebot muß bereits im Verschmelzungsvertrag enthalten sein (§ 29 I 1 UmwG). Beim Wechsel der Rechtsform muß ebenfalls eine Abfindung angeboten werden (§ 207 UmwG). Bei der Vermögensübertragung unter Teilnah-

---

[14] Dies legt schon die gegenüber § 320b I 3 AktG andere Formulierung nahe, so auch *Exner*, S. 239 ff.; *Geßler* in *Geßler/Hefermehl/Eckardt/Kropff*, § 305 Rn. 22; *Hüffer*, AktG, § 305, Rn. 15; MHAG/*Krieger*, § 70 Rn. 98; KK/*Koppensteiner* § 305 Rn. 23; a.A. *Hüchting*, S. 17 ff., 22.

[15] *Hüffer*, AktG, § 305, Rn. 13; *Emmerich/Habersack*, § 305 Rn. 12.

me eines Versicherungsunternehmens oder der öffentlichen Hand gilt dies nach §§ 176-180, 184, 186 UmwG entsprechend.

Wegen einer Umwandlung kann eine Abfindung nach § 29 I 1, 207 I 1 UmwG nur derjenige begehren, der Widerspruch gegen den Umwandlungsbeschluß zu Protokoll gegeben hat. Die Abfindung ist zu verzinsen, § 30 I 2, 15 II UmwG.

3. Eingliederung

Die Eingliederung nach §§ 319 ff. AktG läßt die einzugliedernde Gesellschaft in ihrem rechtlichen Bestand unberührt. Sie hat vielmehr ein gegenüber dem Beherrschungsvertrag noch umfangreicheres Weisungsrecht zur Folge (§ 323 AktG), das die Eingliederung in ihrer Wirkung der Verschmelzung nahekommen läßt und der eingegliederten Gesellschaft den Rang einer "selbständigen Betriebsabteilung"[16] gibt. Voraussetzung ist, daß sich vor der Eingliederung mindestens 95% der Aktien der einzugliedernden Gesellschaft in der Hand der Hauptgesellschaft befinden.

In diesem Fall der Umwandlung durch Mehrheitsbeschluß nach § 320 AktG sind die ausscheidenden Aktionäre gemäß § 320b I AktG abzufinden. Dabei wird die Abfindung im Fall einer unabhängigen Hauptgesellschaft in deren Aktien gewährt (§ 320b I 2 AktG); bei Abhängigkeit der Hauptgesellschaft nach Wahl der ausscheidenden Aktionäre in Aktien der Hauptgesellschaft oder in bar (§ 320b I AktG). Anders als bei der Abfindung wegen eines Unternehmensvertrages nach § 305 AktG besteht jedoch kein Anspruch auf Gewährung von Aktien einer die Hauptgesellschaft beherrschenden AG.

Eine Barabfindung ist nach § 320b I 6 AktG zu verzinsen.

III. Gegenleistung

Sowohl bei der Vermögensübertragung eines VVaG (§ 181 UmwG) als auch bei der Vermögensübertragung nach § 179a AktG ist dem übertragenden Rechtsträger in der Regel eine angemessene Gegenleistung zu gewähren. Bei § 179a AktG ergibt sich dies aus dem Verbot der Einlagenrückgewähr (§ 57 I 1 AktG), sofern die Übertragung an einen Aktionär erfolgt. Nach §§ 181 IV, 34, 308 I UmwG ist die Höhe der Gegenleistung auf Antrag im Spruchverfahren zu bestimmen. Ob dies auch für § 179a AktG gilt, ist umstritten[17].

---

[16] BT-Drs. IV/171, S. 235.

[17] Dazu s.u. § 5 II 1.

§ 3 Überblick über Berechnung und Bewertung

I. Ausgleich

Die Gestaltung des Ausgleichs kann sowohl für Beherrschungs- als auch für Gewinnabführungsverträge nach Wahl der Vertragsparteien in zwei Varianten erfolgen. Beim festen Ausgleich (§ 304 II 1 AktG) bleibt der Betrag periodenkonstant. Bemessen wird er nach dem Gewinnanteil, der ohne Abschluß eines Unternehmensvertrages in der Zukunft anfallen würde[18]. Dabei wird vom bisher anfallenden auf den zukünftigen Ertrag geschlossen. Abschreibungen und Wertberichtigungen können sich mindernd auf die Höhe des zukünftigen Ertrags auswirken, nicht dagegen die Bildung anderer Gewinnrücklagen.

Beim variablen Ausgleich dagegen (§ 304 II 2 AktG) fällt ein Betrag in jährlich unterschiedlicher Höhe an, denn er ist abhängig vom jeweiligen Jahresüberschuß der herrschenden Gesellschaft, die eine AG oder KGaA sein muß. Es wird hypothetisch ermittelt, welcher Teil des Gewinnanteils der herrschenden auf der Tätigkeit der abhängigen Gesellschaft beruht (§ 304 III 2 AktG). Dazu muß zuerst wie bei einer Verschmelzung das Verhältnis beider Unternehmenswerte zueinander festgestellt werden (§§ 304 III 3 AktG, 15 II UmwG, sog. „Verschmelzungswertrelation"), was eine Bewertung beider Unternehmen voraussetzt. Die verbliebenen Aktionäre erhalten einen diesem Verhältnis entsprechenden Teil am Gewinn der herrschenden Gesellschaft, wobei umstritten ist, ob als Gewinn der erzielte Überschuß[19] oder der ausgeschüttete Betrag[20] maßgebend ist. Kritisiert wird am variablen Ausgleich zu Recht, daß das herrschende Unternehmen bei der letzteren Auffassung durch eine strikte Thesaurierungspolitik sowie unabhängig davon durch eine Gewinnverlagerung auf andere Tochtergesellschaften den Ausgleich erheblich reduzieren kann[21].

---

[18] *Hüffer*, AktG, § 305, Rn. 11; *Emmerich/Sonnenschein* S. 275; *Exner*, S. 179; MHAG/*Krieger*, § 70 Rn. 69; *OLG Düsseldorf*, AG 1977, 168, 171; 1990, 397, 398; *OLG Karlsruhe*, AG 1998, 288.

[19] *Emmerich/Sonnenschein*, S. 279; *Raiser*, Kapitalgesellschaften, § 54 Rn. 51; KK/*Koppensteiner* § 305 Rn. 44.

[20] *OLG Düsseldorf*, AG 1978, 238; AG 1984, 216, 219; *LG Frankfurt*, AG 1987, 315, 317 f.; *LG Dortmund*, AG 1981, 236, 239 f.; *Exner*, S. 184 ff.; *Hüffer*, AktG, § 304 Rn. 15; *Geßler* in *Geßler/Hefermehl/Eckardt/Kropff*, § 304 Rn. 101.

[21] *Emmerich/Sonnenschein*, S. 279; *Raiser*, Kapitalgesellschaften, § 54 Rn. 51; KK/*Koppensteiner*, § 305 Rn. 44; *BVerfG*, NZG 2000, 28, 29.

Der Ausgleich nach § 15 UmwG ist gänzlich anders strukturiert; bei ihm handelt es sich um eine einmalige Leistung. Er ist als bare Zuzahlung neben den Anteilen am aufnehmenden oder neuen Rechtsträger unmittelbare Kompensation für den Verlust von Anteilen der erlöschenden Gesellschaft beim Verschmelzungsvorgang, nicht für periodische Dividendenverluste. Eine Gestaltungsmöglichkeit mit festem oder variablem Ausgleich besteht hier deshalb nicht.

II. Abfindung

Die Barabfindung gemäß § 305 III 2 AktG berechnet sich ähnlich wie der feste Ausgleich[22] nach § 304 I 1 AktG nach den Verhältnissen, d.h. nach dem Wert des abhängigen Unternehmens. Gleiches gilt für die Barabfindung gemäß § 29 I 1, 30 I UmwG[23].

Die Abfindung in Aktien ist dagegen wie der variable Ausgleich anhand der Verschmelzungswertrelation zu ermitteln (§ 305 III 1 AktG).

III. Bewertung

Prämisse der Wertermittlung ist, daß den Aktionären als Entschädigung der volle Anteil des auf sie entfallenden Unternehmenswertes zugute kommen muß[24]. Dieser lehnt sich wertmäßig an das an, was ein Erwerber für das Unternehmen bezahlen würde[25]. Dafür ist im wesentlichen dessen Ertrag maßgebend, so daß die Unternehmensbewertung im Rahmen von Ausgleichs- und Abfindungsansprüchen jedenfalls bei nicht börsennotierten Gesellschaften von der Ertragswertmethode bestimmt wird. Alternativ bietet sich eine Bewertung anhand des Börsenkurses an.

1. Stichtag

Die Bewertung muß zu einem bestimmten Stichtag erfolgen. Dies ist der Tag, an dem die Zustimmung zum Abschluß des Unternehmensvertrags (§§ 293 I, 305

---

[22] zu den Unterschieden *Lutter/Drygala*, AG 1995, 45, 50; *Forst*, AG 1994, 321, 323 f.

[23] *Kallmeyer/Müller*, UmwG, § 30 Rn. 6;

[24] *BVerfGE* 14, 263, 284; *BVerfG*, NZG 1999, 302, 303.

[25] *Großfeld*, Bewertung, S. 10; *BGH*, JZ 1980, 105.

III 2 AktG)[26], zur Verschmelzung (§ 30 I 1 UmwG)[27] oder zur Eingliederung (§ 320b I 5 AktG) beschlossen wird.

2. Ertragswertmethode

a. Ertragsprognose

Zunächst sind die früher (mindestens in den letzten drei Jahren vor dem Stichtag[28]) erzielten Erträge zu ermitteln. Diese Erträge werden unter der Annahme in die Zukunft fortgeschrieben, daß die Ertragsentwicklung der unabhängigen Gesellschaft gleichmäßig bleibt. Alle bereits zum Stichtag prognostizierbaren Sondereinflüsse wie z.B. Produktinnovationen, Herausrechnung außerordentlicher Erträge (etwa aus Beteiligungsverkäufen), ebenso wie die zur Substanzerhaltung notwendigen Abschreibungen, werden berücksichtigt[29]. Ob die vielzitierten Einsparungen durch "Synergieeffekte" der Konzernierung in die Bewertung einzubeziehen sind, ist umstritten[30]. Eine relativ neue Entwicklung ist die Aufstellung mehrerer Zeitreihen der erwarteten Erträge anhand von bestimmten Szenarien (etwa der Weltmarktentwicklung für benötigte Rohstoffe). Nach deren Gewich-

---

[26] ebenso für den Ausgleich nach § 304 AktG, *Emmerich/Sonnenschein*, S. 276; *OLG Stuttgart*, AG 1994, 564 f.

[27] Dies gilt für die Abfindung; für die Ermittlung des Umtauschverhältnisses wird mangels gesetzlicher Regelung der Verschmelzungsstichtag nach § 5 Nr. 6 UmwG (*Goutier/Knopf/Tulloch/Bermel/Hannappel*, § 5 UmwG Rn. 25; *Seetzen*, WM 1994, 45, 46; *OLG Bremen*, DB 1992, 671) oder der Tag des Verschmelzungsbeschlusses (*Kallmeyer/Marsch-Barner*, UmwG, § 8 Rn. 21; *Hoffmann-Becking*, FS Fleck, 1988, S. 105, 116) vorgeschlagen.

[28] *Aha*, AG 1997, 26, 30; *Emmerich/Sonnenschein*, S. 296; *Emmerich/Habersack*, § 305 Rn. 44; *Großfeld*, Bewertung, S. 41; *Piltz*, Unternehmensbewertung, S. 144 f.; *Seetzen*, WM 1994, 45, 47 f.; *OLG Karlsruhe*, AG 1998, 96, 97.

[29] *Aha*, AG 1997, 26, 30; *Emmerich/Sonnenschein*, S. 297; *Emmerich/Habersack*, § 305 Rn. 45; *Großfeld*, Bewertung, S. 41.

[30] bejahend: *Böcking*, FS Moxter, 1994, S. 1407, 1422 f.; *Busse von Colbe*, ZGR 1994, 595, 603 f.; S. 298 f.; *Fleischer*, ZGR 1997, 368, 386; *Forster*, FS Claussen, 1997, 91, 92; verneinend: *Emmerich/Sonnenschein*, S. 300; *Emmerich/Habersack*, § 305 Rn. 51 f.; *Großfeld*, Bewertung, S. 115 ff.; *Hüffer*, AktG, § 305 Rn. 22; KK/*Koppensteiner*, § 305 Rn. 48; *Seetzen*, WM 1994, 45, 49; *OLG Düsseldorf*, AG 1984, 216, 218; *LG Dortmund*, AG 1981, 236, 239f.; *BayObLG*, AG 1996, 176, 177; *OLG Frankfurt*, AG 1989, 442, 443; OLG Stuttgart, NZG 2000, 744, 745 f.

tung anhand ihrer Eintrittswahrscheinlichkeit wird ein Durchschnittswert ermittelt[31].

b. Abzinsung

Aus den prognostizierten periodischen Erträgen ist ein Kapitalwert zu errechnen. Dies geschieht in der Weise, daß die Unternehmenserträge Zinserträgen gleichgesetzt werden. Es ist zu fragen, wieviel Kapital einzusetzen ist, um einen entsprechenden Zinsertrag zu erzielen. Von entscheidender Bedeutung ist dabei der Kapitalisierungszinssatz. Ein niedriger Zinssatz führt zu einem hohen Kapitalwert (also einer hohen Abfindung) und umgekehrt.

Auszugehen ist dabei von dem bei Anlage in (risikoarmen) öffentlichen Anleihen erzielbaren Zinssatz[32]. Er lag 1999 durchschnittlich bei 4,3%[33]. Ergänzt wird dieser Basiszinssatz durch einen im einzelnen sehr umstrittenen Zu- bzw. Abschlag für das Unternehmer-[34] und Inflationsrisiko[35] von etwa 1-3%. Der Zuschlag wird kritisch gesehen, da sich das Unternehmerrisiko ohnehin in der Bewertung anhand zukünftiger Erträge bereits niedergeschlagen hat [36]. Die Inflati-

---

[31] *Emmerich/Sonnenschein*, S. 298; *Emmerich/Habersack*, *§ 3*05 Rn. 46; *Großfeld*, Bewertung, S. 55; *Korth*, BB Beil. 19/1992, 7 ff.

[32] *Aha*, AG 1997, 26, 32; *Emmerich/Sonnenschein*, S. 299; *Emmerich/Habersack*, *§ 3*05 Rn. 49; *Piltz*, Unternehmensbewertung, S. 173 f.; *Seetzen*, WM 1994, 45, 48; *BayObLG*, AG 1996, 176, 178 (Zehnjahresdurchschnitt); *LG Dortmund*, AG 1996, 427, 429 (Mittel der letzten 15 Jahre); AG 1998, 142, 143; *OLG Düsseldorf*, AG 1995, 85, 87 (Durchschnitt der letzten 20 Jahre); *OLG Zweibrücken*, AG 1995, 421, 423; *OLG Düsseldorf*, AG 1990, 397, 399.

[33] *Deutsche Bundesbank*, Monatsbericht Januar 2000, Statistiken, S. 51*.

[34] *Aha*, AG 1997, 26, 32; *Großfeld*, Bewertung, S. 77 ff.; *Seetzen*, WM 1994, 45, 49; *Piltz*, Unternehmensbewertung, S. 176 f.; *OLG Düsseldorf*, AG 1990, 397, 400 (1,5%); 1990, 490, 494 (0,5%), AG 1992, 200, 204 (1,5%);AG 1995, 85, 87 (2,6%); *LG Frankfurt*, AG 1990, 403, 404 (1,5%); *LG Dortmund*, AG 1996, 142, 144 (1,5%); *LG Hamburg*, AG 1995, 517, 518 (4%); *BayObLG*, AG 1996, 127, 130 (0,6%).

[35] *Aha*, AG 1997, 26, 33; *Emmerich/Sonnenschein*, S. 300; *Großfeld*, Bewertung, S. 71 ff.; *Piltz*, Unternehmensbewertung, S. 179; *Seetzen*, WM 1994, 45, 48; *OLG Düsseldorf*, AG 1990, 397, 400 (1,5%); 490, 494 (0,5%), AG 1992, 200, 203 (1,5%); AG 1995, 85, 87 (2,6%); *LG Frankfurt*, AG 1990, 403, 404 (1%); *LG Dortmund*, AG 1996, 142, 144 (2%); *BayObLG*, AG 1996, 127, 130 (2,5%).

[36] *Emmerich/Sonnenschein*, S. 300; *Emmerich/Habersack*, *§ 3*05 Rn. 50; KK/*Koppensteiner*, § 305 Rn. 40; *OLG Celle*, AG 1979, 230, 232; *LG Düsseldorf*, AG 1989, 138; anders *Piltz*, Unternehmensbewertung, S. 176 f.

onsrate in Deutschland ist zuletzt mit 0,6% (Jahresmittel 1999)[37] sehr niedrig gewesen und kaum vorauszuberechnen.

c. Korrektur

Neben den erwarteten Erträgen spielt der Substanzwert insoweit eine Rolle, als Teile des Gesellschaftsvermögens nicht betriebsnotwendig sind (z.B. Immobilien, Beteiligungen). Diese (auch als betriebsneutral bezeichneten) Vermögensgegenstände tragen wenig zum Ertrag bei, werden aber von einem Erwerbsinteressenten bei der Bewertung mit einbezogen. Ihr Veräußerungswert ist zu addieren[38]. Der Substanzwert eines Vermögensgegenstandes stellt immer zugleich den Liquidationswert dar, der selbst bei auf Dauer erwarteten Verlusten die Wertuntergrenze markiert[39].

Nach dieser Korrektur ergibt sich der Anteilswert aus der Division des Unternehmenswertes durch die Aktiennennbeträge[40]. Gegebenenfalls ist noch das Verhältnis der Werte beider beteiligten Unternehmen zu ermitteln (Verschmelzungswertrelation).

3. Börsenkurs/Marktpreis

Die Ertragswertmethode ist mit zahlreichen Unsicherheiten belastet. Sie leidet am Prognoserisiko, führt oft zu unangemessen niedrigen Leistungen[41] und dauert sehr lange. Eine Unternehmensbewertung anhand des Börsenkurses gestaltet

---

[37] *Deutsche Bundesbank*, Monatsbericht Januar 2000, Statistiken, S. 7*.

[38] *Emmerich/Sonnenschein*, S. 300 f.; *Emmerich/Habersack*, *§ 305* Rn. 53 f.; *Forster*, FS Claussen, 1997, S. 91, 93 ff.; *Großfeld*, Bewertung, S. 84 ff.; *Hüffer*, AktG, § 305 Rn. 19; KK/*Koppensteiner*, § 305 Rn. 41; *Lutter/Drygala*, AG 1995, 45, 51 f.; *Piltz*, Unternehmensbewertung, S. 181 f.; *Seetzen*, WM 1994, 45, 50; *BGH*, AG 1988, 196, 199; *OLG Düsseldorf*, AG 1990, 397, 309, 401; 1995, 85, 87; *LG Hamburg*, AG 1995, 517, 518; *BayObLG*, AG 1996, 127, 128, 130.

[39] *Emmerich/Sonnenschein*, S. 301; *Emmerich/Habersack*, *§ 305* Rn. 55; KK/*Koppensteiner*, § 305 Rn. 44; *Piltz*, Unternehmensbewertung, S. 190 f.; *Weiss*, FS Semler, 1993, S. 631, 640 ff.; *BayObLG*, AG 1995, 509; *LG Dortmund*, AG 1994, 85; differenzierend *Großfeld*, Bewertung, S.100 ff.

[40] Dabei gilt der Grundsatz, alle Aktionäre gleich zu behandeln (§ 53a AktG).

[41] *Dörfler/Gahler/Unterstraßer/Wirichs*, DB 1994. 156, 159, haben nachgewiesen, daß die nach einem Spruchverfahren ermittelten Werte oft viel höher waren als nach den ursprünglichen Gutachten. Die hohen Differenzen lassen Zweifel an der Objektivität des Verfahrens wachsen.

sich weniger kompliziert. In Literatur[42] und Rechtsprechung[43] wurde eine solche Bewertung jahrzehntelang überwiegend abgelehnt. Das Gegenargument lautete im wesentlichen, daß der Börsenkurs einer Aktie nicht nur von deren Wert, sondern auch von anderen Einflüssen wie Gerüchten, gezielten Manipulationen oder der allgemeinen Börsentendenz abhängig sei. Dieses Bild hat sich in jüngster Zeit - initiiert durch das BVerfG[44] - überraschend schnell gewandelt.

Richtig ist es, anstelle des Börsenkurses am Stichtag der Hauptversammlung einen Durchschnittskurs der Berechnung zugrundezulegen, weil dieses Vorgehen extreme Kursausschläge und Kursmanipulationen glätten kann[45]. Hierbei sollte als Beginn der Durchschnittsberechnung nicht die Einberufungsfrist der Hauptversammlung[46], sondern die Bekanntgabe der "Ad-hoc-Mitteilung" nach § 15 WpHG herangezogen werden, denn ab diesem Zeitpunkt spielt bereits der zukünftige Unternehmensvertrag oder die Umstrukturierung eine Rolle für die Erwartungen der Marktteilnehmer und damit für den Börsenpreis[47].

Das Argument, daß Börsenbewertungen von Unternehmen oftmals eher Zukunftsphantasien als bestehende Faktoren abbilden und sogar Verlust ausweisende Gesellschaften hoch bewertet sein können[48], spricht nicht dagegen. Das

---

[42] *Böcking*, FS Moxter, 1994, S. 1407; *Busse von Colbe*, ZGR 1994, 595; *Kort*, ZGR 1999, 402, 414 f.; *Fleischer*, ZGR 1997, 368; *Forst*, AG 1994, 321; *Geßler* in *Geßler/Hefermehl/Eckardt/Kropff*, § 305 Rn. 34; *Großfeld*, Bewertung, S.34 f.; *Hüchting*, Abfindung, S. 40 ff.; KK/*Koppensteiner*, § 305 Rn. 37; *Hüffer*, AktG, § 305 Rn. 20; *Seetzen*, WM 1999, 565, 571; *Timm/Schöne*, FS Kropff, 1997, S. 315; *Weiss*, FS Semler, 1993, S. 631.

[43] *BGH*, NJW 1967, 1464; *OLG Düsseldorf*, AG 1995, 84; 1995, 85, 86; *BayObLG*, AG 1996, 127, 128; *LG Dortmund*, AG 1977, 168, 169; *LG Frankfurt*, AG 1987, 314, 316; zuletzt *OLG Celle*, NZG 1998, 987.

[44] *BVerfG*, NZG 1999, 931. Vorbereitet wurde diese Entwicklung bereits durch *BayObLG*, NZG 1998, 946, wo die Bewertung erstmals seit *OLG Hamm*, DB 1963, 219 nach dem Börsenkurs vorgenommen wird, allerdings mit der Maßgabe, daß kein nachvollziehbares Sachverständigengutachten vorliegt. Die Literatur hat sich schnell solidarisiert: *Zeidler*, NZG 1998, 949; *Luttermann*, ZIP 1999, 45; *Rodloff*, DB 1999, 1149; *Steinhauer*, AG 1999, 299.

[45] *Piltz*, Unternehmensbewertung, S. 226; *Wilm*, NZG 2000; 1070, 1071 f.; für Stichtagsbezogenheit des Kurses aber *OLG Düsseldorf*, NZG 2000, 1075, 1076 f.; *Bilda*, NZG 2000, 296, 299.

[46] *BVerfG*, NZG 1999, 931, 933.

[47] *Behnke*, NZG 1999, 934; *Wilm*, NZG 2000; 1070, 1071 f.; ähnlich *Vetter*, AG 1999, 569, 571 ff.

[48] Ein Beispiel dafür stellten Anfang 1999 viele am Neuen Markt notierte Aktien dar.

reflektiert gerade die Erwartungen der Marktteilnehmer an die zukünftige Ertragskraft. Genau diese will die Ertragswertberechnung auf komplizierte Art und Weise ermitteln. In der gesamten Rechtsordnung wird der Marktpreis zur Bewertung herangezogen. Bei der Preisgestaltung von Verträgen gilt bei fehlender ausdrücklicher Parteivereinbarung der "übliche Preis", der Marktpreis, als vereinbart (§§ 612 II, 632 II BGB). Notverkäufe fremder Sachen müssen zum Marktpreis oder Börsenkurs erfolgen (§ 373 HGB). Sowohl beim Zugewinnausgleich (§ 1378 BGB) als auch bei der steuerrechtlichen Vermögensbewertung (§ 11 BewG) ist der Markt- oder Börsenwert maßgebend[49].

Der Möglichkeit der manipulativen Kursbeeinflussung sind Grenzen gesetzt. Das gezielte Streuen von Gerüchten kann zwar niemals verhindert werden. Unabhängig von der Selbstbeschränkung in Art. 3 des freiwilligen Übernahmekodex[50] (s. dazu auch § 31 I des Übernahmegesetz-Entwurfs[51]), nach der Abgabe eines Übernahmeangebotes alles zu unterlassen, was den Kurs des Übernahmekandidaten negativ beeinflussen könnte, insbesondere den Handel in dessen Aktien, verpflichtet § 21 WpHG zur Bekanntgabe eines Erwerbs oder Verlusts von Stimmrechten bei Erreichen eines Anteils von 5%, 10%, 25%, 50% oder 75% an einer anderen AG. Vor allem aber müssen kursbeeinflussende Tatsachen gemäß § 15 WpHG durch Ad-hoc-Mitteilungen veröffentlicht werden. Auch wenn das WpHG keinen vollkommenen Schutz vor Manipulationen des Kurses bietet[52], sind sie zumindest erschwert. Auch läßt sich der Einfluß einer Mitteilung oft am Börsenkurs ablesen. Bei vollkommener Information ist der Preisbildung der Vorzug vor den Sachverständigenkenntnissen zu geben[53]. Der Börsenkurs muß jedenfalls grundsätzlich die Untergrenze der Unternehmensbewertung darstellen[54]. Nur so kann der Vorgabe der vollen Entschädigung des Aktionärs aus Art.

---

49 *BVerfG*, NZG 1999, 931, 932; *Piltz*, Unternehmensbewertung, S. 226; *Luttermann*, ZIP 1999, 45, 48 f.

50 www.kodex.de.

51 Entwurf eines Gesetzes zur Regelung von Unternehmensübernahmen, abgedruckt in NZG 2000, 844 ff.

52 dazu *Cahn*, ZHR 162 (1998), 1, 21 ff.; *Aha*, AG 1997, 26, 28.

53 *Steinhauer*, AG 1999, 299.

54 *BVerfG*, NZG 1999, 931, 933; *Emmerich/Habersack*, § 305 Rn. 35.

14 GG[55] genügt werden. Die Marktmacht der außenstehenden Aktionäre wird selten ausreichen, den Kurs unangemessen nach oben zu manipulieren[56].

Ausnahmen von der Berücksichtigung des Börsenkurses sind allenfalls in Betracht zu ziehen, wenn sich mindestens 95% der Aktien in der Hand eines Aktionärs befinden, weil dann lange zurückliegende Kursfeststellungen nur einen sehr groben Anhaltspunkt für die Bewertung bilden können[57].

Dies gilt bei Unternehmensverträgen und Eingliederungen grundsätzlich ebenso wie bei der Verschmelzung. Gegen eine Ermittlung der Verschmelzungswertrelation mittels Börsenkursen bei Verschmelzungen wird eingewendet, daß Kursänderungen nicht Wertänderungen darstellten[58] und deshalb die Gesellschafter der zu verschmelzenden Unternehmen jeweils unterschiedlich behandelt würden, vor allem, wenn die Aktien einer Gesellschaft ungerechtfertigt tief notieren[59]. Danach, ob die Verschmelzungswertrelation im Rahmen des variablen Ausgleichs nach § 304 III 2 AktG oder im Rahmen eines Umtauschs nach § 15 UmwG ermittelt wird, ist nicht zu differenzieren, denn auch bei der Verschmelzung gilt der Grundsatz der vollen Entschädigung des Aktionärs[60]. Sofern eine Abfindungsberechnung anhand des Börsenkurses bei § 30 I UmwG abgelehnt wird, weil der ausscheidende Aktionär nicht für den Wegfall seiner Beteiligung an der übertragenden, sondern wegen Vorenthalten einer Beteiligung an der neuen Gesellschaft zu entschädigen sei, für die es noch keinen Börsenkurs gebe[61], beruht dies auf einer fehlerhaften Prämisse. Grund für die Abfindung ist das Ausscheiden. § 30 I 1 UmwG erwähnt nur die Verhältnisse des Übertragenden. Nur um dessen Anteile geht es. Will der Aktionär an der neuen Gesellschaft teilhaben, kann er vom Umtauschangebot Gebrauch machen. Durch seinen Widerspruch, der Voraussetzung für ein Abfindungsverlangen ist (§ 29 I 1 UmwG),

---

[55] *BVerfGE* 14, 263, 284.

[56] *Behnke*, NZG 1999, 934.

[57] *OLG Düsseldorf*, NZG 2000, 1074; *Vetter*, AG 1999, 569, 571.

[58] *Goutier/Knopf/Tulloch/Bermel/Hannappel*, § 5 UmwG Rn. 22; *Hügel*, S. 201.

[59] So *Hügel*, S. 200 ff., der bei der Abfindung nach § 305 AktG die Maßgeblichkeit des Börsenkurses postuliert, dies für die Verschmelzung aber ablehnt.

[60] *BVerfGE* 14, 263, 284.

[61] *Hügel*, S. 194, 201

erklärt er, nicht Mitglied der neuen Gesellschaft werden zu wollen[62]. Ob die Verschmelzung schon stattgefunden hat und der Aktionär schon Anteile an der umgewandelten Gesellschaft besitzt (§ 20 I Nr. 3 S. 1 UmwG), ist zweitrangig.

Dem Börsenkurs entspricht bei GmbH oder nicht börsennotierten AGen der Marktpreis. Ermitteln läßt sich dieser allerdings nur, wenn ein anderes Unternehmen kurz vor der Umstrukturierung dessen Anteile erworben hat, denn im dort ausgehandelten Preis manifestiert sich der Anteilswert[63]. Dies wird noch deutlicher, wenn etwa die Hauptgesellschaft Aktien der einzugliedernden Gesellschaft zum Börsenkurs erworben hat. Es ist den außenstehenden Anteilsinhabern nicht zu vermitteln, daß sie mit einem geringeren Betrag abgefunden werden sollen[64]. Wenn wirklich eine "volle Entschädigung" gewährt werden soll, muß der Marktwert herangezogen werden. Dagegen wird argumentiert, daß der außerbörslich gezahlte Preis lediglich das Interesse desjenigen bewerte, der eine bestimmte Mehrheit erlangen wolle (i. d. R. 75% vor einem Unternehmensvertrag oder 95% vor einer Eingliederung). Deshalb zeige der Paketzuschlag nicht den wirklichen Wert der Anteile[65]. Den wirklichen Wert spiegelt aber gerade der Marktwert wieder, auch wenn dieser auf dem außerbörslichen Markt ausgehandelt wurde. Dem Kleinaktionär bleibt zwar der außerbörsliche Handel mit "Paketen" naturgemäß verschlossen. Gerade deshalb bedarf er aber des Schutzes durch die §§ 304, 305, 320 b AktG vor den Auswirkungen seiner mangelnden Marktmacht[66]. Sofern ein Börsenkurs oder Marktpreis nicht zu ermitteln ist oder letzterer nicht aussagekräftig ist, muß auf die Ertragswertmethode zurückgegriffen werden.

---

[62] *BGHZ* 108, 217, 219; *Hoffmann-Becking*, ZGR 1990, 482, 487; *Goutier/Knopf/Tulloch/Bermel*, § 29 UmwG Rn. 17 f.

[63] *Götz*, DB 1996, 259, 265.

[64] *Emmerich/Habersack*, § 305, Rn. 36; anders *BVerfG*, NZG 1999, 931, 933; *OLG Düsseldorf*, AG 1992, 200, 202; 1995, 84.

[65] *Vetter*, AG 1999, 569, 572.

[66] *Behnke*, NZG 1999, 934; zur Berücksichtigung des Paketpreises im Übernahmegesetz-Entwurf s. auch unten § 14 II..

DRITTER TEIL: SPRUCHVERFAHREN

§ 4 Historische Entwicklung

Die historische Entwicklung des Spruchverfahrens zeigt einen Wandel in dessen Funktion und Schutzzweck. Diese Erkenntnis erleichtert das Verständnis der heutigen Regelung.

Durch die 4. DVO zur GoldbilanzVO[67] wurde 1924 eine Spruchstelle eingerichtet, vor der Streitigkeiten im Hinblick auf Genußscheine verhandelt wurden, die wegen der Errichtung einer Goldbilanz nach der Währungsreform 1923 an die Stelle von Aktien treten konnten (§ 20 der GoldbilanzVO[68]). Im Umwandlungsrecht wurde das Spruchverfahren erstmals in der 3. DVO zum UmwG 1934[69] eingerichtet.

Es regelte die Abfindung bei Umwandlung einer Kapitalgesellschaft auf eine Personengesellschaft durch Vermögensübertragung. Im Gegensatz zum heutigen Recht, das den außenstehenden Aktionären das Antragsrecht verleiht, konnte einen Antrag aber nur die Personengesellschaft stellen, auf die das Vermögen übertragen wurde (§ 12 III). Die Frist hierfür betrug 6 Monate nach Eintragung des Umwandlungsbeschlusses (§ 12 II) . Die ausscheidenden Aktionäre erhielten wie auch heute noch einen gemeinsamen Vertreter (§ 13 I), waren aber nicht antragsbefugt. Das war auch nicht unbedingt nötig, denn einem ausscheidenden Aktionär blieb die Möglichkeit erhalten, eine Leistungsklage auf angemessene Abfindung zu erheben. Bei Einleitung eines Spruchverfahrens wurde diese auf Antrag des Beklagten lediglich ausgesetzt (§ 19 I). Das Spruchverfahren sollte also die neue Gesellschaft vor einer Flut von Einzelklagen bewahren, indem sie selbst ein inter omnes (§ 15 I 1) wirkendes Spruchverfahren einleiten konnte. Vergleiche blieben jedoch unberührt (§ 15 I 2). Zuständig war wie heute das LG, in zweiter Instanz auf sofortige Beschwerde hin das OLG (§§ 10, 17 I). Das FGG fand bereits damals Anwendung (§ 11). Auch an der grundsätzlichen Pflicht der Gesellschaft zur Tragung der Kosten (§ 18 II) und der Vertretervergütung (§ 13 II) wird bis heute festgehalten.

---

[67] VO vom 28.8.1924, RGBl. I, 697.

[68] VO vom 28.12.1923, RGBl. I, 1253.

[69] UmwG vom 2.12.1936, RGBl. I, 1003.

Da das AktG 1937 nur einzelne Vorschriften zum Konzernrecht enthielt, fehlten dementsprechend sowohl materiell- als auch verfahrensrechtliche Regelungen zu Ausgleich und Abfindung bei Unternehmensverträgen oder der Eingliederung.

Durch den Fünften Abschnitt des UmwG 1956[70] traten keine wesentlichen Veränderungen ein. Das OLG war nun einzige Instanz für das Spruchverfahren, ein Rechtsmittel gab es nicht (§ 30). Neu war, daß auch eine Gruppe von mindestens 5% der ausscheidenden Anteilsinhaber antragsberechtigt war (§ 32 II). Damit wurde der Erkenntnis Rechnung getragen, daß Vorteile eines Spruchverfahrens (Gemeinsamer Vertreter, kein Kostenrisiko) auch unabhängig von der Entscheidung des neuen Rechtsträgers von den ausscheidenden Anteilsinhabern nutzbar sein sollten. Im übrigen sind die meisten Vorschriften aus der 3. DVO im Wortlaut übernommen worden.

Eine Entscheidung mit Gesetzeskraft (§ 31 II 2 BVerfGG) ist 1962 mit dem bereits erwähnten "Feldmühle-Urteil"[71] ergangen. Dort wurde nicht nur die Herkunft des Abfindungsanspruchs aus Art. 14 GG sowie der Grundsatz der "vollen Entschädigung" festgestellt, sondern auch bestimmt, daß vom gemeinsamen Vertreter nur diejenigen ausscheidenden Anteilsinhaber vertreten werden, die nicht bereits anderweitig vertreten sind. Bis dahin herrschte die Ansicht vor, daß vom gemeinsamen Vertreter ausnahmslos alle Ausscheidenden vertreten werden, was nach Ansicht des *BVerfG* gegen Art. 103 I GG verstieß.

Mit dem AktG 1965[72] sind - bis heute weitgehend unverändert - Abfindung und Ausgleich bei Beherrschungs- und Gewinnabführungsverträgen (§§ 304, 305) sowie Abfindungsansprüche bei der formwechselnden Umwandlung (§§ 375, 388, 392) und der Eingliederung durch Mehrheitsbeschluß (§ 320b) ins Aktienrecht implementiert worden. Zugleich wurde zur Überprüfung dieser Ansprüche das Spruchverfahren ins AktG eingeführt (§ 306), das eine Anfechtungsklage wegen zu niedriger Abfindung ausschließt. Durch § 39 EGAktG wurden 1969 die entsprechenden Vorschriften des UmwG 1956 an das AktG 1965 angepaßt. Seither ist wieder das LG Spruchstelle, mit Beschwerdemöglichkeit vor dem OLG; alleine außenstehende Aktionäre sind nunmehr antragsbefugt (§ 306 I 1).

---

[70] UmwG vom 12.11.1956, BGBl. I, 844, 847 ff.

[71] *BVerfGE* 14, 263.

[72] AktG vom 6.9.1965, BGBl. I, 1089.

Eine Erstreckung des Spruchverfahrens auf die Nachprüfung des Umtauschverhältnisses bei der Verschmelzung erfolgte erst 1982 mit § 352c.

Durch das UmwG 1994[73] wurden die Umwandlungsvorschriften des AktG vollständig ins UmwG überführt. Dem Spruchverfahren ist im UmwG seither ein eigener Titel gewidmet (§§ 305 ff.), dessen Inhalt aber der Regelung des § 306 AktG mit seinen weitgehenden Verweisungen nahezu völlig entspricht.

Von rechtshistorischer Bedeutung ist der kürzlich ergangene Beschluß des BVerfG, der die grundsätzliche Berücksichtigung des Börsenkurses als Untergrenze der Abfindung gebietet[74].

§ 5 Verfahrensgegenstand

I. Die gesetzliche Regelung und das Verhältnis zur Anfechtungs- und Nichtigkeitsklage

Die möglichen Streitgegenstände eines Spruchverfahrens sind enumerativ aus §§ 304 II 3, 305 V 2 AktG und 305 UmwG ersichtlich. Im einzelnen kann die Festsetzung

- einer angemessenen Abfindung,
- eines wiederkehrenden angemessenen Ausgleichs,
- einer einmaligen angemessenen Ausgleichszahlung beim Anteilsumtausch oder
- einer angemessenen Gegenleistung

beantragt werden. Der Streitgegenstand umfaßt i. d. R. auch die Höhe der Verzinsung des Abfindungsanspruchs. Eines besonderen Antrags bedarf es hierzu nicht, wenn bereits die Festsetzung der Abfindung begehrt wird, denn die Auslegung des Antrags ergibt, daß auch die Verzinsung festgelegt werden soll[75]. Nicht Gegenstand des Spruchverfahrens ist die Geltendmachung eines über die Verzinsung hinausgehenden weiteren Verzugsschadens (§§ 305 III 3 2. Hs. AktG, 15 II 2 UmwG). Dieser beruht auf § 286 BGB und ist mit einer Lei-

---

[73] UmwG vom 28.10.1994, BGBl. I, 3210, berichtigt BGBl. 1995 I, 428.

[74] *BVerfG*, NZG 1999, 931 (dazu s.o. § 3 III 3).

[75] *App*, BB 1995, 267.

stungsklage geltend zu machen[76]; im Spruchverfahren hingegen wird eine rechtsgestaltende Entscheidung getroffen.

§§ 304 III 2, 305 V 1, 320b III 1 AktG, 14 II, 32 UmwG grenzen Anfechtungsklage und Spruchverfahren klar voneinander ab. Wegen der Unangemessenheit von Ausgleich, Abfindung oder Umtauschverhältnis kann der Zustimmungsbeschluß zum Unternehmensvertrag grundsätzlich nicht angefochten werden. Wenn keine Abfindung im Vertrag bestimmt ist, gilt das gleiche, das Fehlen eines Ausgleichs im Beherrschungs-/Gewinnabführungsvertrag hingegen führt zu dessen Nichtigkeit (§ 304 III 1 AktG), so daß eine Anfechtung des Beschlusses nach § 243 Nr. 1 AktG in diesem Fall möglich ist. Das ergibt sich bereits aus dem unterschiedlichen Wortlaut der §§ 304 III 2, 305 V 1 AktG. Ein Spruchverfahren auf Festsetzung von Ausgleich oder Abfindung ist bei nichtigem Unternehmensvertrag ohnehin sinnlos. Eine Nichtigkeitsklage bei fehlendem Ausgleich nach § 241 Nr. 3 AktG kommt dagegen nicht in Betracht, da § 304 weder Gläubigerschutzvorschrift ist, noch dem öffentlichen Interesse dient, sondern allein die außenstehenden Aktionäre schützt. Ebensowenig kommt eine Anfechtung des Zustimmungsbeschlusses wegen unzulässiger Sondervorteile in Betracht (§§ 304 III 2, 243 II AktG).

Andere Mängel des Zustimmungsbeschlusses können jedoch auch dann mit der Anfechtungsklage geltend gemacht werden, wenn sie die Höhe der Abfindungs- und Ausgleichsansprüche mittelbar betreffen, wie z.B. fehlende oder fehlerhafte Angaben zur Abfindungs- oder Ausgleichsberechnung im Bericht nach §§ 293a AktG bzw. 8, 12 II UmwG, die den Zustimmungsbeschluß beeinflußt haben[77].

Kein Spruchverfahren können die Anteilsinhaber einer herrschenden oder aufnehmenden Gesellschaft einleiten, wenn sie rügen, das Umtauschverhältnis sei zu ihrem Nachteil unangemessen, indem es ihre Anteile an der aufnehmenden Gesellschaft verwässere oder weil zuviel Kapital für Kompensationsleistungen abfließe[78]. Dann verbleibt nur die Anfechtungsklage.

---

[76] *Dehmer*, UmwG, § 15 Rn. 18; *BayObLG*, DB 1983, 333.

[77] *OLG Karlsruhe*, NZG 1999, 605 f.; *Geßler* in *Geßler/Hefermehl/Eckardt/Kropff*, § 304 Rn. 120; *Emmerich/Habersack*, § 304 Rn. 78; *Dehmer*, UmwG, § 14 Rn. 21, § 8 Rn. 31.

[78] KK/*Koppensteiner*, § 304 Rn. 62; *Goutier/Knopf/Tulloch/Bermel*, § 15 Rn. 7.

II. Entsprechende Anwendung des Spruchverfahrens

1. Vermögensübertragung nach § 179a AktG

Äußerst umstritten ist, ob ein Spruchverfahren im Fall der Vermögensübertragung nach § 179a AktG statthaft ist. Während die Statthaftigkeit teilweise bereits mit der Erwägung verneint wird, eine gerichtliche Zuständigkeit könne nur explizit vom Gesetzgeber geschaffen und nicht im Wege der Analogie begründet werden[79], setzt anderen zufolge die Anwendbarkeit der Regelungen des Spruchverfahrens lediglich voraus, daß Aktionären ein materiellrechtlicher Abfindungsanspruch zusteht[80]. Letzterem ist zuzustimmen, weil dem Verfahrensrecht eine dienende Funktion für das materielle Recht zukommt[81] und Verfahrens-/Zuständigkeitsvorschriften nicht per se analogiefeindlich sind[82]. Erst wenn ein solcher Abfindungsanspruch in Analogie zu §§ 305 AktG, 15 UmwG zu bejahen ist, kommt eine analoge Anwendung der §§ 306 AktG, 305 ff. UmwG in Betracht. Dabei läßt sich aus der Diskussion, inwieweit die Informationspflichten des UmwG entsprechend gelten sollen[83], nichts zur Beantwortung der Frage entnehmen, ob auch ein Abfindungsanspruch besteht.

Im Vordergrund steht dabei die Frage, ob überhaupt eine planwidrige Regelungslücke vorliegt. Das wird z.T. für den Fall angenommen, daß die Vermögensübertragung an den Mehrheitsaktionär erfolge. § 179a AktG sei für den Verkauf des Unternehmens an Dritte konzipiert, weil dort alle Aktionäre an einer möglichst hohen Gegenleistung interessiert seien[84]. Beim Übergang des Gesellschaftsvermögens an den Mehrheitsaktionär sei hingegen ein Mißbrauchspotential vorhanden[85], das die Gegenleistung schmälern kann, denn im Gegensatz zu § 47 IV 2 GmbHG besteht nach § 136 AktG für den Mehrheitsaktionär kein Stimmverbot. Dann böte auch der Anteil am Liquidationserlös der

---

[79] *LG Stuttgart*, DB 1993, 473; *Lutter/Drygala*, FS Kropff, S. 191, 215.

[80] *BayObLG*, NZG 1998, 1001, 1002.

[81] *BayObLG*, NZG 1998, 1001, 1002.

[82] *Thomas/Putzo*, Einl. VI Rn. 6.

[83] dazu v.a. die *Holzmüller*-Entscheidung, BGHZ 83, 122 ff.

[84] *LG Karlsruhe*, NZG 1998, 393, 396; *Lutter/Leinekugel*, ZIP 1999, 261, 263 f, die allerdings nicht deutlich erkennen lassen, ob sie einen Abfindungsanspruch oder die Höhe der Gegenleistung zum Gegenstand eines Spruchverfahrens machen wollen.

[85] *LG Karlsruhe*, NZG 1998, 393, 396; *Lutter/Leinekugel*, ZIP 1999, 261, 264.

Gesellschaft keinen adäquaten Ausgleich für die außenstehenden Aktionäre[86]. Diese Situation sei hinsichtlich des Risikos der außenstehenden Aktionäre der Verschmelzung gleichzustellen und diese seien unmittelbar durch Gewährung einer angemessenen Abfindung zu schützen[87]. § 179a AktG sei durch das UmwG begrenzt[88].

Die systematische Stellung nach § 179 AktG, der die Zustimmungspflicht der Hauptversammlung zu Satzungsänderungen beinhaltet, legt nahe, daß auch § 179a AktG nur eine organisationsrechtliche Regelung darstellt[89]. Dafür spricht sowohl die Regelung von Spezialfällen der Vermögensübertragung in §§ 174-189 UmwG, als auch die Tatsache, daß die Vorgängernorm des § 361 AktG a.F. nicht ins UmwG übernommen wurde, obwohl sie vorher im Vierten Buch zusammen mit der Umwandlung und Verschmelzung genannt war. Dadurch kommt zum Ausdruck, daß der Gesetzgeber den Übergang des Gesellschaftsvermögens durch Einzelrechtsübertragung nicht als Vorgang angesehen hat, der Rechtsfolgen einer Umwandlung auslöst. Die Fälle einer Übertragung an den Mehrheitsaktionär wurden davon bewußt nicht ausgenommen, denn die Problematik war durch mehrere Entscheidungen bekannt[90]. Das UmwG wird durch die Möglichkeit der Einzelrechtsnachfolge nicht umgangen, wie die Regelungen der §§ 174 ff. UmwG zeigen. Eine Vermögensübertragung, die diese Vorschriften nicht erfüllt, soll den Vorschriften des UmwG, insbesondere den §§ 305 ff. UmwG nicht unterfallen[91].

Selbst wenn eine planwidrige Regelungslücke angenommen wird, fehlt es an der Rechtsähnlichkeit der Vermögensübertragung an den Mehrheitsaktionär nach § 179 a zu Abfindungsansprüchen bei der Verschmelzung, dem Formwechsel oder dem Beherrschungs-/Gewinnabführungsvertrag. Den genannten Rechtsinstituten gemeinsam ist lediglich die Gefahr des Machtmißbrauchs durch den Mehrheitsaktionär. Bei der Umwandlung verliert der Anteilsinhaber ebenso wie bei der

---

86 *Lutter/Drygala*, FS Kropff, S. 191, 216.

87 *Timm*, JZ 1982, 403, 407; mit der Einschränkung auf fusionsähnliche Tatbestände *Hügel*, Verschmelzung und Einbringung, S. 176 f.

88 *LG Karlsruhe*, NZG 1998, 393, 395.

89 *BayObLG*, NZG 1998, 1001; *OLG Stuttgart*, AG 1997, 136, 137; BT-Dr. 12/6699, S. 177.

90 *Bungert*, NZG 1998, 367, 368 f.; *Selzner*, WiB 1997, 584; *Sosnitza*, NZG 1998, 1003; *Dreher/Neumann*, EWiR 1997, 197, 198; *BayObLG*, NZG 1998, 1001, 1002.

91 *Hüffer*, AktG, § 305 Rn. 1 sowie die in der vorigen Fn. Genannten.

Eingliederung seine Anteile an der alten Gesellschaft. Er wird bei Verschmelzung oder Formwechsel durch Anteile am neuen Rechtsträger (und ggf. durch eine Zuzahlung, die keine Gegenleistung für das Ausscheiden darstellt) entschädigt. Nur beim Formwechsel wird ein Ausscheiden gegen Abfindung ermöglicht, weil sich seine Rechtsstellung (besonders im Hinblick auf Haftungsrisiken, Kontrollrechte etc.) erheblich verändern kann und eine weitere Mitgliedschaft möglicherweise unzumutbar wäre[92]. Nur dem widersprechenden Aktionär soll dies zugute kommen. Im Fall eines Beherrschungs-/Gewinnabführungsvertrags wird das Ausscheiden wegen Abfindung ermöglicht, weil die weitgehende Eingriffsbefugnis des § 308 AktG ein Verbleiben des Aktionärs unzumutbar machen kann[93]. Bei der Vermögensübertragung hingegen bleibt die Gesellschaft zunächst erhalten. Sie muß, wie sich aus § 179a III AktG ergibt, nicht aufgelöst werden. Sie erhält eine Gegenleistung für die Vermögensübertragung und kann weiter werbend tätig sein oder liquidiert werden, so daß die Aktionäre am Liquidationserlös beteiligt werden[94]. Eine Gefahr des Machtmißbrauchs des Mehrheitsaktionärs besteht in der Gewährung einer zu geringen Gegenleistung, nicht in der Einflußnahme nach der Übertragung, anders als bei § 308 AktG. Dieses Risiko geht aber nicht über das allgemeine Mißbrauchsrisiko bei einer in Mehrheitsbesitz stehenden Gesellschaft hinaus[95] und wird durch Schadenersatzansprüche oder § 317 AktG kompensiert[96]. Deshalb besteht keine Rechtsähnlichkeit zu anderen Abfindungsansprüchen[97].

Allenfalls eine Überprüfung der Gegenleistung im Spruchverfahren könnte Gegenstand einer Analogie sein. Hier hat der Gesetzgeber jedoch durch die Sonderregelungen des Vierten Buches des UmwG (§ 305 iVm §§ 176 II 3, 15 und 181 UmwG) deutlich zu erkennen gegeben, daß diese einen nicht verallgemeinerungsfähigen Fremdkörper im System darstellt. Zum einen bedeutet die dort genannte Vermögensübertragung im Unterschied zu § 179a AktG eine Gesam-

---

[92] *Lutter/Grunewald*, UmwG, § 29 Rn. 2.

[93] Hüffer, AktG, § 305 Rn. 1.

[94] *BayObLG*, NZG 1998, 1001, 1003; *Henze*, ZIP 1995, 1473, 1479 f.

[95] *BGHZ* 82, 188, 193 (für § 361 AktG a.F.); *OLG Stuttgart*, AG 1997, 136, 137 f.; *Henze*, FS Boujong, S. 233, 249 f.

[96] *OLG Stuttgart*, AG 1997, 136, 138.

[97] Auch *Lutter/Drygala*, FS Kropff, S. 191, 201 f., 222 geben zu, daß es einer Abfindung nicht zwingend bedarf.

trechtsnachfolge[98]. Im Gegensatz dazu findet bei § 179a AktG eine Einzelrechtsnachfolge statt[99]; § 179a I 1 AktG grenzt dies auch klar vom UmwG ab. Zum anderen wurden die §§ 174 ff. ins UmwG nur aufgenommen, um auch Umstrukturierungen unter Beteiligung von VVaG oder Gebietskörperschaften zu ermöglichen[100]. Ersteren ist ein Formwechsel wegen der Verbindung von Mitgliedschaft und Versicherungsverhältnis nicht möglich[101], letztere können keine Anteile zum Tausch gewähren[102].

Es verbleibt den Minderheitsaktionären daher nur die Anfechtung des Beschlusses nach § 179a AktG mit gewissen Erleichterungen z.B. beim Streitwert[103].

2. *Teilgewinnabführungsvertrag*

Auch wenn der Teilgewinnabführungsvertrag nach § 292 I Nr. 3 AktG schon begrifflich eine Ähnlichkeit zum Gewinnabführungsvertrag aufweist, bieten sich keine Ansatzpunkte für eine entsprechende Anwendung des Spruchverfahrens im Hinblick auf die Unangemessenheit der Gegenleistung. Grund hierfür ist - neben dem Wortlaut der §§ 304, 305 AktG -, daß eine unangemessene Gegenleistung eines Aktionärs (beim Vertragsschluß mit einem Dritten besteht ohnehin kein Interessenkonflikt) anders als beim Gewinnabführungsvertrag (§ 291 III AktG) nach §§ 134 BGB, 57, 58, 60 AktG zu dessen Nichtigkeit bzw. zur Anfechtbarkeit des Zustimmungsbeschlusses führt[104].

3. *Anwendbarkeit des Spruchverfahrens im GmbH-Konzernrecht*

a. Analogie zu §§ 304 f. AktG

Die Diskussion um die Anwendbarkeit des § 306 AktG im GmbH-Konzernrecht ist ähnlich wie bei § 179a AktG von zwei Fragestellungen gekennzeichnet. Umstritten ist zunächst, ob §§ 304, 305 AktG entsprechend auf die GmbH übertrag-

---

[98] *Lutter/H. Schmidt*, UmwG, vor § 174 Rn. 8; *Hüffer*, AktG, § 179a Rn. 4, 18.

[99] *Lutter/H. Schmidt*, UmwG, vor § 174 Rn. 2.

[100] *Lutter/H. Schmidt*, UmwG, vor § 174 Rn. 2.

[101] *K. Schmidt*, Gesellschaftsrecht, S. 1277; *Dehmer*, UmwG, § 174 Rn. 1, 6.

[102] *Dehmer*, UmwG, § 174 Rn. 1; *Lutter/H. Schmidt*, UmwG, vor § 174 Rn. 7.

[103] *BayObLG*, NZG 1998, 1001, 1002 f.

[104] *OLG Düsseldorf*, AG 1997, 473, 474; *Hüffer*, AktG, § 291 Rn. 29; KK/*Koppensteiner*, § 304 Rn. 4; *Geßler* in *Geßler/Hefermehl/Eckardt/Kropff*, § 304 Rn. 10.

bar sind. Das hängt unmittelbar mit der Frage zusammen, ob es für die Zustimmung der Gesellschafterversammlung zu einem Beherrschungs-/Gewinnabführungsvertrag einer ¾-Mehrheit oder der Einstimmigkeit bedarf, was von der obergerichtlichen Rechtsprechung bisher ausdrücklich offengelassen wurde[105]. Nur unter der erstgenannten Annahme ist eine Minderheit der Gesellschafter überhaupt des gesetzlichen Schutzes bedürftig und es liegt eine im Wege der Analogie zu füllende Regelungslücke vor, denn sonst kann jeder Gesellschafter, der mit der Entschädigung unzufrieden ist, die Zustimmung verweigern[106]. Doch selbst bei Annahme eines Zustimmungserfordernisses von nur ¾ der Gesellschafter und einer entsprechenden Anwendung von §§ 304, 305 AktG ist keineswegs unbestritten, ob auch ein Spruchverfahren analog § 306 AktG durchgeführt werden kann[107].

Für das Einstimmigkeitserfordernis werden im wesentlichen drei Argumente angeführt. § 53 III GmbHG stehe einer ¾-Mehrheit entgegen, weil der Abschluß eines Beherrschungs-/Gewinnabführungsvertrages einer Vermehrung der gesellschaftsvertraglichen Leistungen gleichstehe oder sogar noch stärker in die Rechtsstellung des Gesellschafters eingreife[108]. Unvereinbar sei dies auch mit § 33 I 2 BGB, da ein Beherrschungs-/Gewinnabführungsvertrag zu einer Änderung des Unternehmenszwecks führe[109]. Ferner stünden der gesellschaftsrechtliche Gleichbehandlungsgrundsatz[110] sowie die gegenüber der AG personalistischere Ausgestaltung der GmbH[111] entgegen. Dagegen spreche vor allem, daß Strukturänderungen wie die Verschmelzung (§§ 13 I, 50 I UmwG) oder Auflösung (§ 60 I Nr. 2 GmbHG) der Gesellschaft schon mit ¾-Mehrheit möglich sei-

---

[105] *BGHZ* 105, 324, 332.

[106] *Scholz/Emmerich*, Anh. Rn. 254.

[107] Dagegen sprechen sich aus: *Scholz/Emmerich*, Anh. Rn. 294, 335; *Emmerich/Sonnenschein*, S. 415; *Koerfer/Selzner*, GmbHR 1997, 285, 291; *Ulmer*, BB 1989, 10, 14; *Grauer*, S. 218 f.; *Lutter/Hommelhoff*, Anh. § 13, Rn. 67.

[108] so wohl *Emmerich/Sonnenschein*, S. 412; *Ulmer*, BB 1989, 10, 12, 14.

[109] *Emmerich/Sonnenschein*, S. 410; *Scholz/Emmerich*, Anh. Rn. 252, 291, 335; *Hachenburg/Hüffer*, § 47 Rn. 17; *Hachenburg/Ulmer*, § 53 Rn. 145; *Scholz/Priester*, § 53 Rn. 171; *Ulmer*, BB 1989, 10, 13.

[110] *Hachenburg/Ulmer*, § 53 Rn. 145;

[111] *Ulmer*, BB 1989, 10, 14; *Hachenburg/Ulmer*, Einl. Rn. 27; *K. Schmidt*, Gesellschaftsrecht, S. 1188, spricht von der Konzeption einer "autonomen, konzernresistenten GmbH", nimmt dabei aber die Rechtswirklichkeit zahlreicher existierender GmbH-Konzerne nicht zur Kenntnis.

en, obwohl dies einen weitaus stärkeren Eingriff in die Gesellschafterrechte darstelle. Zudem biete eine entsprechende Anwendung der §§ 304, 305 AktG einen hinreichenden Minderheitenschutz.

Das Argument, § 53 III GmbHG fordere die Einstimmigkeit, ist nicht stichhaltig. Die Vorschrift paßt schon von ihrem Wortlaut her nicht[112]. Sie bezieht sich auf die Vermehrung von Leistungen (z.B. durch Nebenleistungs- oder Nachschußpflichten). Die Verkürzung von Gesellschafterrechten hinsichtlich Leitungsmacht und Gewinnbezug kann nicht damit gleichgestellt werden. § 53 III GmbHG schützt das nicht in der Gesellschaft gebundene Vermögen der Gesellschafter[113]. Dieses wird durch die Einschränkung von Leitungsmacht und Gewinnbezug aber nicht berührt. Eine entsprechende Anwendung ließe sich nur damit begründen, daß § 53 III GmbHG auf einem Grundsatz beruhe, alle für einzelne Gesellschafter nachteiligen Beschlüsse erforderten Einstimmigkeit.

Daß dies nicht zutrifft, zeigen sowohl die systematische Stellung des § 53 III GmbHG als Ausnahmeregelung zu § 53 II GmbHG als auch die Möglichkeiten der Umwandlung (§§ 50 I, 125, 232 II, 240 I UmwG), Auflösung (§ 60 I Nr. 2 GmbHG), Satzungsänderung (§ 53 II GmbHG) bzw. Kapitalerhöhung/-herabsetzung (§§ 55, 58 i.V.m. 53 II GmbHG) durch ¾-Mehrheit[114]. Bei derart umfangreichen Umstrukturierungsmöglichkeiten kann nicht mehr von Ausnahmen gesprochen werden, die eine Regel bestätigen. Vielmehr stellt umgekehrt das Einstimmigkeitserfordernis eine besonders zu begründende Ausnahme dar. Die Regel ist Einstimmigkeit nur dann, wenn in Sonderrechte eines Gesellschafters oder in sein nicht gesellschaftlich gebundenes Vermögen eingegriffen wird oder seine Haftung erweitert wird (vgl. §§ 232 I, 240 II UmwG). Der Einwand, im Unterschied zum Unternehmensvertrag erhalte der Gesellschafter bei der Umwandlung im Gegensatz zum Unternehmensvertrag neue Anteile an einem selbständigen Unternehmen[115], geht fehl[116], denn aus § 305 II Nr. 1, 2 AktG

---

[112] *Rowedder/Koppensteiner*, Anh. § 52 Rn. 43; *Koerfer/Selzner*, GmbHR 1997, 285, 287; *Kort*, Beherrschungsverträge, S. 114 f.; *Heckschen*, DB 1989, 29, 30; *Verhoeven*, GmbH-Konzern-Innenrecht, Rn. 395.

[113] *Hachenburg/Ulmer*, § 53 Rn. 75; *Koerfer/Selzner*, GmbHR 1997, 285, 287.

[114] *Rowedder/Koppensteiner*, Anh. § 52 Rn. 43; *Koerfer/Selzner*, GmbHR 1997, 285, 287; *Timm*, AG 1982, 93, 100 f.; *Timm*, GmbHR 1987, 8, 11; *Kort*, Beherrschungsverträge, S. 112; *Richter/Stengel*, DB 1993, 1861, 1865.

[115] *Hachenburg/Ulmer*, § 53 Rn. 145; *Ulmer*, BB 1989, 10, 14.

geht hervor, daß in aller Regel (eine Ausnahme bildet nur Nr. 3) Anteile an der nächsten selbständigen Obergesellschaft (Konzernmutter) zu gewähren sind[117].

Gewichtiger ist der Einwand, § 33 I 2 BGB stehe als ein das übergreifender Grundsatz des Gesellschaftsrechts einer ¾-Mehrheit entgegen. Entscheidend für die Beurteilung, ob sich durch einen Unternehmensvertrag der Gesellschaftszweck ändert, ist, wie der Begriff des Gesellschaftszwecks einer GmbH zu umreißen ist. Hierzu gehört bei einer GmbH in der Regel die Gewinnerzielung, sofern nicht ideelle Zwecke im Vordergrund stehen[118]. Offen ist, ob auch die Selbstbestimmtheit der Tätigkeit noch den Gesellschaftszweck kennzeichnet[119]. Hilfe hierbei bietet die Abgrenzung von Gesellschaftszweck und Gesellschaftsgegenstand. Der Gegenstand bezeichnet die Mittel zur Vornahme des Gesellschaftszwecks[120]. Die Frage, ob die GmbH selbst- oder fremdbestimmt tätig werden soll, stellt eine von mehreren Möglichkeiten dar, Gewinne zu erzielen. Keineswegs kann einer abhängigen GmbH generell unterstellt werden, sie solle keine Gewinne mehr erarbeiten. Damit liegt nur eine Änderung der Mittel vor, mit denen der Zweck erreicht werden soll, mithin eine Änderung des Unternehmensgegenstandes[121]. Dieses Ergebnis deckt sich mit der Abgrenzung bei § 33 I 2 BGB selbst, wo Vereinszweck nur als absoluter "Obersatz" zu verstehen ist, vor allem als existentielle (§§ 21, 22 BGB) Frage der wirtschaftlichen oder gemeinnützigen Tätigkeit[122]. Eine Änderung des Unternehmensgegenstandes aber ist mit satzungsändernder ¾-Mehrheit (§ 53 II GmbHG) möglich.

Aus der Tatsache allein, daß der GmbH eine personalistischere Konzeption zugrundeliegt als der Massengesellschaft AG, läßt sich das Erfordernis der Einstimmigkeit nicht herleiten. Zum einen ist dieses Argument für sich allein wenig

---

[116] *Rowedder/Koppensteiner*, Anh. § 52 Rn. 43, der auf die Gleichwertigkeit aller Abfindungsarten verweist.

[117] *Hüffer*, AktG, § 305 Rn. 13.

[118] *Scholz/Emmerich*, § 1 Rn. 2; *Hachenburg/Hüffer*, § 1 Rn. 12 f.; *Baumbach/Hueck*, § 1 Rn. 6; *Reuter*, ZHR 151 (1987), 237, 240.

[119] So wohl *Hachenburg/Hüffer*, § 47 Rn. 16 f.; *Baumbach/Hueck/Zöllner*, Anh. Rn. 36; *Scholz/Priester*, § 53 Rn. 174.

[120] *Scholz/Emmerich*, § 1, Rn. 2; *Reuter*, ZHR 151 (1987), 237, 240; *OLG Hamburg*, BB 1968, 267.

[121] *Koerfer/Selzner*, GmbHR 1997, 285, 288; *K. Schmidt*, Gesellschaftsrecht, S. 268 f.; offengelassen von *Hachenburg/Ulmer*, § 53 Rn. 145.

[122] *BGHZ* 96, 245, 251 f.

geeignet, konkrete Schlußfolgerungen zu begründen; zum anderen können sich beide Gesellschaftstypen annähern (personalistische AG/kapitalistische GmbH)[123]. Vor allem läßt sich die personalistische Konzeption zwar aus der schwierigeren Übertragbarkeit der Anteile, nicht aber aus den grundsätzlichen Mehrheitserfordernissen folgern. Satzungsändernde Beschlüsse bedürfen bei beiden Gesellschaftsformen der gleichen qualifizierten ¾-Mehrheit (§§ 53 II 1 GmbHG, § 179a II 1 AktG). Eine Verletzung des Gleichbehandlungsgrundsatzes durch Entzug von Mitverwaltungs- oder Gewinnbezugsrechten der Minderheit kann im Falle der analogen Anwendung von §§ 304, 305 AktG nicht angenommen werden. Eine Anwendung dieser Kompensationsvorschriften ist geboten[124]; die Berechnung ist hier nicht komplizierter als z.B. im Steuerrecht oder bei Abfindungsberechnungen für einen Ausgeschiedenen.

Gegen das Einstimmigkeitserfordernis spricht auch, daß ein Vetorecht jedes einzelnen Gesellschafters den Unternehmensvertrag, ggf. in mißbräuchlicher Weise, verhindern könnte[125]. Gegen diesen Vorwurf wird zwar zu Recht der Einwand erhoben, die Treuepflicht könne eine Zustimmung gebieten[126], jedoch wird die Mehrheit erst in ein langes Gerichtsverfahren gezwungen[127].

b. Analogie zu § 306 AktG

Zumeist wird eine analoge Anwendung des § 306 AktG auf Ansprüche analog §§ 304, 305 AktG im GmbH-Recht mit der Begründung verneint, gerichtliche Zuständigkeiten müßten gesetzlich zugewiesen sein. Sie könnten nicht durch Analogieschluß abgeleitet werden, deshalb sei die Anfechtungsklage als Rechtsbehelf bestimmt[128]. Diese apodiktische Behauptung ist aus mehreren Gründen

---

[123] *K. Schmidt*, Gesellschaftsrecht, S. 52; *Richter/Stengel*, DB 1993, 1861, 1862.

[124] *Rowedder/Koppensteiner*, Anh. § 52, 42; *Scholz/Emmerich*, Anh. Rn. 292, 335 (ausdrücklich für den Fall der Ablehnung des Einstimmigkeitsprinzips); *Kort*, Beherrschungsverträge, S. 157 ff.; *Lutter/Hommelhoff*, Anh. § 13 Rn. 66; *Grauer*, S. 214, 216 f.; dagegen *BGH*, DB 1988, 2623, 2625; *Verhoeven*, GmbH-Konzern-Innenrecht, Rn. 398; *Ulmer*, BB 1989, 10, 12, 14 (wegen Bewertungssschwierigkeiten); ob im Rahmen der Abfindung zwingend Anteile der Obergesellschaft anzubieten sind (so *Timm*, GmbHR 1987, 8, 11), kann hier offenbleiben, weil dies für die Frage nach der analogen Anwendbarkeit des § 306 AktG irrelevant ist.

[125] *Rowedder/Koppensteiner*, Anh. § 52 Rn. 43

[126] *Emmerich/Sonnenschein*, S. 412.

[127] *Lutter/Hommelhoff*, Anh. § 13 Rn. 66.

[128] s. bereits oben die Nachw. zu § 179a AktG; für § 306 AktG so ausdrücklich *Scholz/Emmerich*, Anh. Rn. 294, 335; *Emmerich/Sonnenschein*, S. 415; *Koerfer/Selzner*,

angreifbar. Bei § 306 AktG handelt es sich - abgesehen von Abs. 1 S. 1 - nicht um eine Zuständigkeitsbestimmung, sondern um eine Verfahrensregelung. Bei einer Anfechtungsklage gegen den Zustimmungsbeschluß wäre nach § 246 III 1 AktG ebenfalls das LG am Sitz der Gesellschaft zuständig, jeweils in Gestalt der Kammer für Handelssachen, §§ 95 I Nr. 4 a GVG, 132 I 2 AktG. Verfahrensregelungen aber sind grundsätzlich analogiefähig[129], weil das Verfahrensrecht eine dienende Funktion für das materielle Recht besitzt[130]. Vor allem stellt bereits die Übertragung des Rechtsinstituts der Anfechtungsklage aus dem AktG in das GmbH-Recht[131] eine Analogie dar[132], der eigentlich die gleichen Bedenken entgegenstehen müßten. Die Anfechtungsklage ist - im Gegensatz zum Sonderfall der Nichtigkeitsklage, § 75 GmbHG - an keiner Stelle im GmbHG erwähnt. Im Unterschied zur Leistungs- oder Feststellungsklage sind Streitgegenstände einer Gestaltungsklage stets im materiellen Recht oder durch Verfahrensvorschriften besonders geregelt und müssen dies auch sein, da eine allgemeine Gestaltungsklage dem Zivil- und Zivilprozeßrecht fremd ist[133]. Es verwundert deshalb nicht, daß zahlreiche Vorschläge existieren, die ein völlig anderes System der Beschlußkontrolle entwickeln[134]. Wenn aber dennoch die Möglichkeit der Anfechtungsklage im GmbH-Recht als Gewohnheitsrecht[135] oder übergreifender Grundsatz des Gesellschaftsrechts[136] angesehen wird, rechtfertigt dies nicht dazu, die Analogiefähigkeit des Spruchverfahrens zu verneinen. Selbst unter der grundsätzlichen Annahme der Anfechtungsklage als Gewohnheitsrecht bei der GmbH bleibt noch Raum für eine Analogie. Zum Gewohnheitsrecht gehört so-

---

GmbHR 1997, 285, 291; *Ulmer*, BB 1989, 10, 14; *Grauer*, S. 218 f.; *Lutter/Hommelhoff*, Anh. § 13, Rn. 67; ähnlich auch *Kort*, Beherrschungsverträge, S. 163.

[129] *Thomas/Putzo*, Einl. VI Rn. 6.

[130] *BayObLG*, NZG 1998, 1001, 1002.

[131] *Baumbach/Hueck/Zöllner*, Anh. § 47, Rn. 2; *BGHZ* 97, 28, 31; 104, 66, 69.

[132] *Timm*, FS Fleck, S. 365, 368; *A. Hueck*, FS 150 Jahre Heymanns-Verlag, 1965, S. 287, 296.

[133] *A. Hueck*, FS 150 Jahre Heymanns-Verlag, 1965, S. 287, 288, f.; *Stein/Jonas/Schumann*, vor § 253 Rn. 43, 46

[134] *Noack*, Fehlerhafte Beschlüsse, S. 115 ff.; *Timm*, FS Fleck, S. 365, 368 f.; *Raiser*, FS, Heinsius 1991, S. 645, 655 ff.; *Hachenburg/Raiser*, Anh. § 47 Rn. 4 ff.; *Baumbach/Hueck/Zöllner*, Anh. § 47, Rn. 2; *Zöllner/Noack*, ZGR 1989, 525, 532; *Wiedemann*, Gesellschaftsrecht, S. 153, 466 ff.

[135] *A. Hueck*, FS 150 Jahre Heymanns-Verlag, 1965, S. 287, 296; *Däubler*, GmbHR 1968, 4.

[136] *K. Schmidt*, Gesellschaftsrecht, S. 454 f.; *K. Schmidt*, FS Stimpel, S. 217, 227.

wohl die allgemeine Überzeugung, daß etwas Recht ist, als auch eine langdauernde Übung dieser Rechtsüberzeugung[137]. Zu einem nur mit ¾-Mehrheit ergangenen Zustimmungsbeschluß zu einem Unternehmensvertrag mangelt es an einer langdauernden Übung, weil speziell dazu Gerichtsentscheidungen fehlen.

Vielmehr sind die herkömmlichen Voraussetzungen einer Analogie zu untersuchen. Eine Regelungslücke liegt mangels einer gesetzlichen Regelung des GmbH-Konzernrechts vor. Die Rechtsähnlichkeit zwischen der Abfindung bei der GmbH und der AG ist gegeben. Die analoge Anwendung muß interessengerecht sein.

Ausgangspunkt muß deshalb die Überlegung sein, wessen Interessen das Spruchverfahren hauptsächlich dient. Aus den Vorschriften der §§ 304 III 2, 305 V 1 AktG läßt sich ersehen, daß durch den Ausschluß der Anfechtungsklage im Interesse der beteiligten Unternehmen vor allem die Rechtssicherheit des Unternehmensvertragsschlusses gewährleistet werden soll[138]. Umgekehrt stellen die Regelungen in § 306 AktG Erleichterungen für die unzufriedenen außenstehenden Aktionäre dar (inter-omnes-Wirkung, § 12 FGG, gemeinsamer Vertreter, geringeres Kostenrisiko). Die genannten Vorteile für den außenstehenden Aktionär lassen sich mehrheitlich aber auch im Rahmen einer Anfechtungsklage berücksichtigen[139]. Ein Anfechtungsurteil wirkt für und gegen alle (§ 248 I 1 AktG). Beweislasterleichterungen gibt es in Gestalt einer vollständigen oder teilweisen Beweislastumkehr bei Kausalitätsfragen, Informations- und Treuepflichtverletzungen[140]. Die Figur des gemeinsamen Vertreters ist entbehrlich, da eine GmbH in der Regel einen kleineren Gesellschafterkreis hat, der zudem namentlich bekannt ist (§§ 8 I Nr. 3, 16 I GmbHG). Das Kostenrisiko läßt sich durch die Streitwertspaltung (§ 247 II AktG) verringern[141]. Die Verfahrenserleichterungen allein zwingen also nicht zu einer analogen Anwendung des

---

[137] *Larenz*, S. 244.

[138] s. o. § 5.

[139] *Richter/Stengel*, DB 1993, 1861, 1864, die aber eine Anwendung des Spruchverfahrens offenlassen wollen (S. 1862).

[140] *Hüffer*, AktG, § 243 Rn. 61ff.; *Hachenburg/Raiser*, Anh. § 47 Rn. 217 ff.; KK/*Zöllner*, 1. Aufl., § 243, 105 ff.; *Hüffer*, FS Fleck, S. 151, 159 ff.; *Scholz/K. Schmidt*, § 45, Rn. 161; *Hüffer*, in *Geßler/Hefermehl/Eckardt/Kropff*, § 243 Rn. 142; *Richter/Stengel*, DB 1993, 1861, 1863, weisen darauf hin, daß auch beim Spruchverfahren die Feststellungslast beim Antragsteller verbleibt.

[141] *Richter/Stengel*, DB 1993, 1861, 1863, *BayObLG*, NZG 1998, 1001, 1002 f. für § 179a AktG.

Spruchverfahrens. Der wesentliche Unterschied, nämlich statt einer Anfechtung zu "dulden und liquidieren" stellt keinen großen Vorteil dar, soweit - wie meistens[142] - die Ausgleichs-/Abfindungsangebote zu gering sind. Ein Mißbrauchspotential durch "Abkaufenlassen" besteht grundsätzlich bei jeder Klageart; nicht vergessen werden darf jedoch die zwischen GmbH-Gesellschaftern wesentlich höhere Intensität der Treuepflicht im Vergleich zur AG. Aus Sicht der Gesellschaft betrachtet besteht ebenfalls nicht das Bedürfnis nach einem so hohen Maß an Rechtssicherheit wie bei der AG. Letztere können börsennotiert sein und die Nichtigkeit eines Beschlusses betrifft regelmäßig eine Vielzahl von Aktionären; der Kreis der Betroffenen ist größer als bei der GmbH. Der Druck, angemessene Ausgleichs-/Abfindungszahlungen anzubieten, ist dadurch höher, was Minderheitsgesellschaftern zum Vorteil gereicht[143]. Das Spruchverfahren bleibt also eine Ausnahmeregelung, die auf GmbH-Unternehmensverträge - im Gegensatz zu Umwandlungen nach dem UmwG - nicht anzuwenden ist.

§ 6 Verfahrensbeteiligte

Anders als im streitigen Zivilprozeß kennt das FGG keine Prozeßparteien, sondern nur Beteiligte. Antragsteller und Antragsgegner sind zwar mit den Prozeßparteien der ZPO vergleichbar, doch kennt das FGG-Verfahren darüberhinaus noch andere Beteiligte, wie z.B. im Spruchverfahren den gemeinsamen Vertreter, eine im deutschen Verfahrensrecht wohl einzigartige Institution.

I. Antragsteller und Antragsgegner

Antragsteller ist derjenige, der bei Gericht einen Antrag auf Festsetzung von Kompensationsleistungen eingereicht hat. Antragsgegner ist jedenfalls das herrschende Unternehmen bzw. die durch die Umwandlung entstandene Gesellschaft, die die Kompensationsleistungen schuldet. Wenig erörtert ist bisher, ob auch das abhängige Unternehmen Antragsgegner ist[144]. Das abhängige Unternehmen ist bereits formell am Verfahren beteiligt, weil ihm rechtliches Gehör

---

[142] *Dörfler/Gahler/Unterstraßer/Wirichs*, BB 1994, 156, 159 f.

[143] *Richter/Stengel*, DB 1993, 1861, 1864.

[144] jeweils ohne nähere Begründung dagegen *Emmerich/Habersack*, § 306 Rn. 14; *OLG Düsseldorf*, AG 1992, 200, 201; § 306 Rn. 23; dafür *Maul*, AG 1998, 404, 409 f., gestützt auf *von Godin/Wilhelmi*, § 304 Anm. 4. In der Praxis werden beide Unternehmen als Antragsgegner bezeichnet, vgl. nur *OLG Celle*, AG 1979, 230, 231; AG 1981, 234.

gewährt werden muß (§ 306 IV 1 AktG)[145]. Auch aus dem Wortlaut des § 306 VII AktG ist dies zu schließen ("anderer Beteiligter" [S. 8] gegenüber den Vertragsparteien in S. 7). Seine Stellung entspricht eher der eines Beigeladenen in der VwGO, für den der Eingriff in Rechte kennzeichnend ist, der aber außerhalb von Kläger und Beklagtem steht und über keinerlei Dispositionsbefugnisse hinsichtlich des Streitgegenstandes verfügt[146]. Die Rechtsfigur des Beigeladenen ist dem FGG fremd. Nicht jeder, in dessen Rechte eingegriffen wird, ist aber deshalb Antragsgegner. Wird etwa im Rahmen eines Scheidungsverfahrens, bei dem Antragsteller und -gegner die Eheleute sind, ein Mietvertrag nach § 5 HausratVO gestaltet, so ist der Vermieter als Vertragspartei im FGG-Verfahren (§§ 621 I Nr. 7, 621a I 1 ZPO , 13 HausratVO) nur Beteiligter (§ 7 HausratVO), und erringt lediglich eine parteiähnliche Stellung[147], die sich darin manifestiert, daß er - ebenso wie das abhängige Unternehmen[148] - Rechtsmittel einlegen kann (§ 20 FGG)[149]. Anträge kann der Vermieter - ebenso wie die Unternehmen[150] - nicht stellen. Auch der Unternehmensvertrag wird im Spruchverfahren zwar zwischen abhängigem und herrschendem Unternehmen neu gestaltet[151], zur Zahlung verpflichtet ist aber nur die herrschende Gesellschaft. Es handelt sich bei den Ansprüchen auf Ausgleich und Abfindung um Ansprüche aus einem Vertrag zugunsten Dritter. Pflichten für das abhängige Unternehmen werden durch die Abänderung des Unternehmensvertrages im Spruchverfahren nicht begründet. Es hat lediglich den Anspruch, Zahlung des festgesetzten Ausgleichs oder der Abfindung an den außenstehenden Aktionär zu verlangen. Das gleiche Recht kommt dem Antragsteller zu (§ 328 I BGB). Auch ein Eingriff in bereits erlangte vertragliche Rechtspositionen des abhängigen Unternehmens findet nicht statt. Das Kündigungsrecht der §§ 304 V, 305 V 4 AktG ist nur mittelbare Rechtsfolge der Abänderung. Aus der Kostentragungspflicht des § 306 VII 7

---

[145] *Keidel/Kuntze/Winkler/Kayser*, § 12 Rn. 104; KK/*Koppensteiner*, § 306 Rn. 15.

[146] *Palandt/Diederichsen*, § 7 HausratsVO, Rn. 2.

[147] *BayObLGZ* 1969, 274, 275.

[148] *Maul*, AG 1998, 404, 410; KK/*Koppensteiner*, § 306 Rn. 25; *OLG Celle*, AG 1979, 230, 231; AG 1981, 234.

[149] *BayObLGZ* 1969, 274, 275.

[150] *Geßler* in *Geßler/Hefermehl/Eckardt/Kropff*, § 306 Rn. 23.

[151] *OLG Celle*, AG 1979, 230, 231; AG 1981, 234; *Maul*, AG 1998, 404, 410, nimmt deshalb einen inländischen Wahlgerichtsstand auch dann an, wenn das abhängige Unternehmen nicht als Antragstellerin zu betrachten ist.

AktG läßt sich ebensowenig der Schluß auf eine Antragsgegnerposition des abhängigen Unternehmens ziehen. Auch im ZPO -Verfahren sind Dritte wie z.B. Nebenintervenienten eventuell kostentragungspflichtig, § 101 I, letzter Hs. ZPO. Wäre auch die abhängige Gesellschaft Antragsgegnerin, müßte ihr zudem nicht eigens ein gesetzlicher Anspruch auf rechtliches Gehör eingeräumt werden (§ 306 IV 1 AktG). Auch eine Betrachtung des Wortlauts von § 308 II 1 UmwG stützt dieses Ergebnis. Im Gegensatz zu § 306 AktG wird dort ausdrücklich der Begriff des Antragsgegners gebraucht. Die Wortwahl "Rechtsträger, der Antragsgegner ist" legt den Schluß nahe, daß außer dem Antragsteller - der allein aber nicht gemeint sein kann, denn sonst wäre die Bezeichnung "der nicht Antragsteller ist" benutzt worden - noch ein anderer Rechtsträger beteiligt sein kann, der nicht Antragsgegner ist. Das kann nur das wegen noch nicht vollzogener Umwandlung noch existierende umzuwandelnde Unternehmen sein. Antragsgegner ist damit nur das herrschende Unternehmen.

II. Der gemeinsame Vertreter

1. Rechtsstellung

Die Rechtsstellung des gemeinsamen Vertreters ist aus der Rolle derjenigen Anteilsinhaber abzuleiten, die er vertritt. Insbesondere von der Rechtsprechung wird seit langem vorgebracht, die Nichtantragstellenden seien den streitgenössischen Nebenintervenienten (§ 69 ZPO) vergleichbar, weil sie über den gemeinsamen Vertreter nur formell Beteiligte an einem fremden Verfahren seien[152]. Diese Rechtsansicht beruht auf der Rechtslage vor Inkrafttreten der §§ 306 IV 10 AktG, 308 III UmwG n. F. Die nichtantragstellenden Anteilsinhaber können das Verfahren ggf. auch gegen den Willen der Antragsteller fortführen. Mit dieser starken Verfahrensposition und der Rechtskrafterstreckung kann bereits nicht mehr davon gesprochen werden, sie bewegten sich wie Nebenintervenienten in einem fremden Verfahren[153]. Charakteristisch für den Nebenintervenienten ist das Interesse am Obsiegen einer Partei in einem anderen Rechtsstreit (§§ 62 I, 69 ZPO), in dem er keine Parteistellung innehat[154]. Übertragen auf das FGG-

---

[152] *BGH*, NZG 1999, 346; *BayObLGZ* 1973, 106, 111; 1991, 84, 86; *W. Meilicke*, AG 1995, 48, 51; *Rowedder*, FS Rittner, 1991, S. 509, 518; *Kley/Lehmann*, BB 1973, 1096, 1099.

[153] *Pentz*, NZG 1999, 943, 944.

[154] *Thomas/Putzo*, § 66 Rn. 3, § 69 Rn. 1; für das FGG-Verfahren *BayObLGZ* 1970, 66, 70 zur Streitverkündung, die ja Nebeninterventionswirkung hat (§§ 74 III, 68 ZPO).

Verfahren bedeutet dies, daß die nichtantragstellenden Aktionäre nicht Beteiligte sein dürften. Sie sind aber über den gemeinsamen Vertreter formell beteiligt, weil dieser "zur Wahrung ihrer Rechte" (§§ 306 IV 2 AktG, 308 I 1 UmwG) nur dann dienen kann, wenn sein Vortrag bei der Amtsermittlung einbezogen wird[155]. Sie sind auch ohne ihn zugleich materiell Beteiligte, weil unmittelbar über ihre Rechte entschieden wird[156]. Dementsprechend ist der gemeinsame Vertreter formell Beteiligter und die von ihm Vertretenen materiell Beteiligte[157]. Die Überlegungen zur Partei- (im FGG-Verfahren: Antragsteller-) position, die früher angestellt wurden[158], sind durch die Neufassung der §§ 306 IV 10 AktG, 308 III UmwG insofern obsolet, weil nunmehr eindeutig geregelt ist, daß der gemeinsame Vertreter in die Stellung des Antragstellers erst nach Rücknahme aller Anträge einrücken kann. Das bedeutet umgekehrt, daß er diese Position vorher nicht besitzt. Er ist Beteiligter, nicht mehr und nicht weniger, so daß nicht einmal die Notwendigkeit besteht, ihn als Verfahrensbeteiligten sui generis[159] oder Streitgenossen[160] zu bezeichnen.

2. *Voraussetzungen der Bestellung*

Aus §§ 306 IV 4 AktG, 308 I 4 UmwG ergeben sich die Voraussetzungen der Vertreterbestellung. Danach kann von ihr nur abgesehen werden, "wenn die Wahrung der Rechte der Anteilsinhaber auf andere Weise sichergestellt ist". Wann das der Fall ist, ist umstritten.

Früher wurde dies bereits dann angenommen, wenn die Antragsteller selbst oder ihre Rechtsanwälte sachkundig seien, denn dann seien die Interessen der nicht Antragstellenden bereits durch die Aktivitäten der Antragsteller gewahrt; der gemeinsame Vertreter sei entbehrlich, weil jeder, der keinen Antrag stellt, ohnehin damit rechnen müsse, die Antragsteller zögen ihre Anträge zurück; er solle deshalb selbst einen Antrag stellen[161]. Dieser Ansicht liegt jedoch die historisch

---

[155] *Adolf Pentz*, DB 1993, 621, 622;

[156] *BayObLGZ* 1973, 106, 110; *Adolf Pentz*, DB 1993, 621, 622 *Geßler*, BB 1975, 289, 291; *Geßler* in *Geßler/Hefermehl/Eckardt/Kropff*, § 306 Rn. 36.

[157] KK/*Koppensteiner*, § 306 Rn. 14.

[158] *Rowedder*, FS Rittner, 1991, 509, 518; *H. u.W. Meilicke*, ZGR 1974, 296, 304, 314; *Geßler*, BB 1975, 289, 291; Geßler in *Geßler/Hefermehl/Eckardt/Kropff*, § 306 Rn. 36.

[159] *Rowedder*, FS Rittner, 1991, S. 509, 518.

[160] *H. u.W. Meilicke*, ZGR 1974, 296, 304.

[161] *Kley/Lehmann*, BB 1973, 1096, 1099.

bedingte Fehlinterpretation der Aufgaben des gemeinsamen Vertreters zugrunde, daß mit der Entscheidung des *BVerfG*, welches die Vertretung aller außenstehenden Anteilsinhaber durch den gemeinsamen Vertreter für unwirksam hielt[162], dieser gänzlich überflüssig geworden sei[163]. Das *BVerfG* hat im Gegensatz dazu lediglich den Kreis der Vertretenen neu gezogen[164].

Offensichtlich unnötig ist eine Vertreterbestellung selbstverständlich dann, wenn es dessen Schutzes nicht bedarf. Dies ist vor allem dann der Fall, wenn alle außenstehenden Anteilsinhaber Antragsteller sind. Unterschiedlich beurteilt wird die notwendige Vorgehensweise des Gerichts, diese Feststellung zu treffen. Regelmäßig kann eine Anhörung der abhängigen oder übertragenden Gesellschaft Klarheit über deren Aktionärsstruktur schaffen, ggf. ergänzt durch Recherchen im Aktienregister (bei Namensaktien) oder Handelsregister (bei GmbH). Bleiben auch dann Unklarheiten, so ist das Vorhandensein außenstehender Gesellschafter bereits dann zu vermuten, wenn die abhängige bzw. übernehmende Gesellschaft und andere nicht außenstehende Anteilsinhaber zusammen nicht 100% der Anteile der abhängigen bzw. übertragenden Gesellschaft halten. Dies wiederum läßt sich bei börsennotierten AGen aus den Meldungen nach § 21 WpHG entnehmen. Keinesfalls erfordert § 12 FGG die Aufforderung an Anteilsinhaber, sich zu melden, bevor ein Vertreter bestellt wird[165]. Diese Auffassung beruht auf der Prämisse, es sei "obrigkeitliches Denken", wenn unterstellt werde, jeder nicht Antragstellende wolle eine Verbesserung der Kompensationsleistungen[166]. Dies ist unhaltbar, da gewöhnlich jeder Anleger maximale Erträge wünscht. Auch der Untätige wird geschützt.

Diskutiert wird, ob für die Entbehrlichkeit des gemeinsamen Vertreters die Erklärung aller Nichtantragsteller genügt, den Antragstellern die Wahrnehmung ihrer Interessen zu übertragen[167]. In diesem Fall sind sie auch der Rücknahme durch diese Antragsteller ausgeliefert, da dann kein gemeinsamer Vertreter exi-

---

[162] *BVerfGE* 14, 263, 287 f.

[163] *Kley/Lehmann*, BB 1973, 1096, 1099.

[164] *Geßler*, BB 1975, 289, 291; *H. u.W. Meilicke*, ZGR 1974, 296, 301 f.

[165] So aber *Rowedder*, FS Rittner, 1991, S. 509, 513.

[166] *Rowedder*, FS Rittner, 1991, S. 509, 514.

[167] *Kirchheim*,, S. 70; *J. Schmidt*, S. 56; *Widmann/Mayer/Schwarz*, § 308 Rn. 8.

stiert, der das Verfahren fortführen könnte[168]. Die Frage ist zu bejahen, denn der Schutz durch den gemeinsamen Vertreter ist individuell verzichtbar[169]. Die Bedenken, die für den Fall geltend gemacht wurden, daß eine Aktionärsvereinigung Antragsteller ist, weil die Interessen der Mitglieder deshalb mit denen der übrigen kollidieren könnten, weil es einer Aktionärsvereinigung mehr um die generelle Klärung der Rechtslage als um eine hohe Kompensation gehe[170], sind unzutreffend. Das Mitgliederinteresse besteht vor allem darin, eine möglichst hohe Kompensation zu erlangen und entspricht exakt dem Interesse jedes rational denkenden Anlegers. Bereits die regelmäßig in der Satzung bestimmte Gemeinnützigkeit stellt klar, daß der Verein nicht um Sondervorteile für seine Mitglieder bemüht ist[171].

Mehrere Vertreter sind für den Fall zu bestellen, daß sowohl Ausgleich/Zuzahlung als auch Abfindung beantragt werden, weil die Interessen der verbleibenden mit denen der ausscheidenden Gesellschafter kollidieren können[172] (§§ 306 IV 3 AktG, 308 I 3 UmwG). Verfehlt ist es jedoch, hieraus abzuleiten, dies gelte auch für unterschiedliche Aktiengattungen[173]. Kompensationsleistungen für Vorzugsaktien werden nicht auf Kosten der Stammaktionäre geleistet, sondern werden nebeneinander festgelegt[174].

Einigkeit besteht darin, daß ein gemeinsamer Vertreter nicht zu bestellen ist, solange um die Antragsberechtigung der Antragsteller gestritten wird, da dann noch nicht über die "zu wahrenden" Kompensationsrechte gestritten wird[175]. Die Vertreterbestellung setzt einen nicht offensichtlich unzulässigen Verfahrensantrag voraus.

---

[168] Deshalb lehnt *Dehmer*, § 308 UmwG Rn. 7 einen Verzicht auf die Bestellung in dieser Konstellation ab.

[169] *Geßler/Hefermehl/Eckardt/Kropff*, § 306 Rn. 29; KK/*Koppensteiner*, § 306 Rn. 12; *BayObLG*, AG 1992, 59, 60.

[170] *Hommelhoff/Witte*, EWiR § 306 AktG 1/92, 5, 6; MHAG/*Krieger*, § 70 Rn. 120.

[171] *BayObLG*, AG 1992, 59, 60; *Widmann/Mayer/Schwarz*, § 308 Rn. 6.

[172] *OLG Düsseldorf*, OLGZ 1971, 279, 282; *Kirchheim*, S. 70; *J. Schmidt*, S. 52; *Geßler* in *Geßler/Hefermehl/Eckardt/Kropff*, § 306 Rn. 27; KK/*Koppensteiner*, § 306 Rn. 9.

[173] So aber *Seisler*, S. 176; *Geßler/Hefermehl/Eckardt/Kropff*, § 306 Rn. 28.

[174] *Kirchheim*, S. 70; KK/*Koppensteiner*, § 306 Rn. 9; *Emmerich/Habersack*, § 306 Rn. 16.

[175] *OLG Frankfurt*, NJW 1971, 641, 644; *BayObLG*, AG 1992, 59, 60; *Kirchheim*, S. 69; *Seisler*, S. 176; KK/*Koppensteiner*, § 306 Rn. 12; *J. Schmidt*, S. 55; *Widmann/Mayer/Schwarz*, § 308 Rn. 9.

Ebenso wie der gemeinsame Vertreter bestellt werden kann, kann er auch abberufen werden, wenn die Voraussetzungen seiner Bestellung nicht mehr vorliegen oder dies im Interesse der außenstehenden Anteilsinhaber geboten ist[176].

3. *Beschwerde gegen (Nicht-) Bestellung bzw. (Nicht-) Abberufung*

Die gerichtliche Entscheidung über die Bestellung und Abberufung bzw. deren Verweigerung ist grundsätzlich mit der Beschwerde nach § 19 FGG angreifbar. Umstritten ist einerseits die Qualifikation als einfache oder sofortige Beschwerde, andererseits aber auch der Kreis der beschwerdeberechtigten Personen.

a. Art der Beschwerde

Zum Teil wird angenommen, die Beschwerde sei eine sofortige Beschwerde, weil eine rasche Verfahrensdurchführung nur durch eine befristete sofortige Beschwerde gewährleistet sei[177]. Dies ist jedoch abzulehnen, weil nach §§ 306 II, 99 III 2 AktG, 309 I 1, 307 V 1 UmwG nur die Endentscheidung der sofortigen Beschwerde unterliegt[178]. Ein anderes Argument lautet, auch Entscheidungen über den besonderen Vertreter nach §§ 26 I 4, 206 I 3 UmwG seien nur mit der sofortigen Beschwerde angreifbar, was auf den gemeinsamen Vertreter zu übertragen sei[179]. Dem ist nicht zu folgen, weil der besondere Vertreter kein gesetzlicher Vertreter ist, sondern als Partei kraft Amtes im eigenen Namen auftritt[180] und als einziger Schadenersatzansprüche geltend machen kann. Aufgrund dieser Konstellation ist besonders wichtig, daß - jedenfalls nach Ablauf der Beschwerdefrist - endgültig Gewißheit über dessen Person besteht. Das ohnehin langdauernde Spruchverfahren wird bereits durch die Antragsteller in Gang gehalten.

Ansonsten gelten §§ 306 II, 99 I AktG, 307 I UmwG, 19 FGG. Allerdings entscheidet über diese Beschwerde nach § 19 II FGG nicht das LG, sondern das OLG (in Bayern das BayObLG[181]), da § 19 II FGG vom AG als erster Instanz

---

[176] *BayObLG*, AG 1992, 59, 60; *OLG Hamburg*, AG 1975, 191, 192; *Lutter/Krieger*, UmwG, § 308 Rn. 8; *Kirchheim*,, S. 71.

[177] *KG*, AG 1972, 50; *Geßler* in *Geßler/Hefermehl/Eckardt/Kropff*, § 306 Rn. 31.

[178] *Hüffer*, AktG, § 306 Rn. 14; *Widmann/Mayer/Schwarz*, § 308 Rn. 23; *Emmerich/Habersack*, § 306 Rn. 18; *OLG Düsseldorf*, OLGZ 1971, 279, 280 f.

[179] *Kallmeyer/Meister/Klöcker*, UmwG, § 308 Rn. 15.

[180] *Lutter/Grunewald*, UmwG, § 26 Rn. 15; *Kallmeyer/Marsch-Barner*, § 26 Rn. 11; *Dehmer*, § 26 UmwG Rn. 16.

[181] S.u. § 11 I.

ausgeht und nicht allgemeine Grundsätze der Gerichtsverfassung außer Kraft setzt; dementsprechend gibt es keine weitere Beschwerde nach § 27 FGG an den BGH, weil der Instanzenzug der freiwilligen Gerichtsbarkeit (mit Ausnahme des Vorlageverfahrens nach § 28 FGG) beim OLG endet[182].

b. Beschwerdeberechtigung

Beschwerdeberechtigt ist, wer in seinen Rechten beeinträchtigt ist (§ 20 I FGG). Bei der Nichtbestellung eines gemeinsamen Vertreters sind dies ebenso wie bei der Abberufung die nicht antragstellenden Anteilsinhaber. Auch wenn diese selbst nicht formell Beteiligte sind, muß ihnen wegen Art. 103 I GG und ihrer materiellen Beteiligtenstellung die Möglichkeit gegeben werden, auf die Bestellung eines gemeinsamen Vertreters hinzuwirken. Dies gilt jedoch nicht für die Antragsteller, denn ihre Rechte machen sie selbst geltend; ob und welcher gemeinsame Vertreter bestellt wird, beeinträchtigt nicht ihre Stellung im Verfahren[183]. Das herrschende oder abhängige bzw. umgewandelte Unternehmen kann durch die Nichtbestellung ebensowenig betroffen sein wie durch die Abberufung. Der Vertreter kann sich aber gegen seine Abberufung wehren[184]; ebenso können nur die nicht Antragstellenden gegen die Nichtabberufung mit dem Ziel der Bestellung eines anderen Vertreters Beschwerde erheben, nicht dagegen das herrschende oder abhängige bzw. umgewandelte Unternehmen[185].

Bei der Vertreterbestellung oder der Weigerung des Gerichts, einen Vertreter ersatzlos abzuberufen, stellt sich die Situation genau umgekehrt dar. Hier können die Rechte der Anteilsinhaber nicht berührt werden und, wie oben gezeigt, erst recht nicht die der Antragsteller. Das abhängige bzw. umgewandelte Unternehmen ist allein aufgrund der Pflicht, die Vergütung des Vertreters zu tragen, beschwerdeberechtigt[186]. Verneint wurde bisher eine Beschwerdeberechtigung

---

[182] *Keidel/Kuntze/Winkler/Kahl*, § 19 Rn. 48; *OLG Düsseldorf*, OLGZ 1971, 279, 281; *Jansen*, § 19 Rn. 48.

[183] *BayObLGZ* 1975, 305, 306 ff.; *Emmerich/Habersack*, § 306 Rn. 18; KK/*Koppensteiner*, § 306 Rn. 10; *Dehmer*, § 308 UmwG Rn. 13; MHAG/*Krieger*, § 70 Rn. 122; *Widmann/Mayer/Schwarz*, § 308 Rn. 25; anders *Kallmeyer/Meister/Klöcker*, UmwG, § 308 Rn. 15.

[184] *Kallmeyer/Meister/Klöcker*, UmwG, § 308 Rn. 19; allgemein zur Beschwerdeberechtigung des gemeinsamen Vertreters s.u. § 11 II 3.

[185] *OLG Düsseldorf*, DB 1988, 1108.

[186] *KG*, AG 1972, 50; *OLG Düsseldorf*, OLGZ 1971, 279, 281; *Dehmer*, § 308 UmwG Rn. 14.

für das herrschende Unternehmen[187]. Dem ist entgegenzuhalten, daß es die Vertretervergütung im Innenverhältnis zu tragen hat, weil es die Vorteile des Unternehmensvertrags genießt[188].

4. Rechtsverhältnis zu den nicht antragstellenden Anteilsinhabern

Der gemeinsame Vertreter kann Verfahrens- (insbesondere Beweis-)Anträge stellen, selbst Tatsachen vortragen und zum Vortrag der Gegenseite Stellung nehmen[189]. Er kann auch Vergleichen, Erledigterklärungen und Rücknahmen durch die Antragsteller zustimmen, wenn er das Verfahren nicht fortführt. All das ergibt sich aus der Funktion, die Rechte der Nichtantragsteller zu wahren und ihnen rechtliches Gehör zu vermitteln. Er hat nach §§ 306 IV 1 AktG, 308 I 2 UmwG die Stellung eines gesetzlichen Vertreters, und zwar eines Prozeßvertreters, da die Nichtantragsteller nicht materiellrechtlich verpflichtet werden können[190].

Dies beantwortet noch nicht die Frage nach dem der Vollmacht zugrundeliegenden Rechtsverhältnis zu den außenstehenden Anteilsinhabern, welches bislang ungeklärt ist. Dies wird im Falle einer pflichtwidrigen Handlung relevant, etwa bei Bestechlichkeit. Um eine Geschäftsführung ohne Auftrag handelt es sich nicht, da seiner Tätigkeit die Bestellung als gerichtlicher Akt zugrundeliegt und die §§ 677 ff. BGB gerade keine Vertretungsmacht schaffen. Als Partei kraft Amtes vergleichbar dem Insolvenzverwalter[191] ist er auf keinen Fall zu qualifizieren, da die Aktionäre die Verfügungsmacht über ihre Anteile behalten. Verschiedentlich wird § 1913 BGB (Abwesenheitspfleger) herangezogen[192]. Diese Vorschrift paßt analog auf den gemeinsamen Vertreter, denn er kümmert sich um die Rechte derjenigen, die nicht selbst am Prozeß teilnehmen können oder wollen. Für die Haftung gelten dann §§ 1915, 1833 BGB analog. Des Rückgriffs

---

[187] *Emmerich/Habersack*, § 306 Rn. 18; *Hüffer*, AktG, § 306 Rn. 14; *KG*, AG 1972, 50.

[188] Vgl. u. § 10 II 1.

[189] *J. Schmidt*, S. 56; *Geßler* in *Geßler/Hefermehl/Eckardt/Kropff*, § 306 Rn. 34; KK/*Koppensteiner*, § 306 Rn. 14.

[190] *Lutter/Krieger*, UmwG, § 308 Rn. 9; *Geßler* in *Geßler/Hefermehl/Eckardt/Kropff*, § 306 Rn. 34; ; KK/*Koppensteiner*, § 306 Rn. 14; *Hüffer*, AktG, § 306 Rn. 15; *Widmann/Mayer/Schwarz*, § 308 Rn. 31.

[191] *W. Meilicke*, DB 1972, 663, 665.

[192] *Rowedder*, FS Rittner, 1991, S. 509, 511.

auf ein allgemeines "gesetzliches Geschäftsbesorgungsverhältnis"[193] bedarf es daher nicht, denn genau ein solches ist die Pflegschaft.

§ 7 Sachurteilsvoraussetzungen

I. Streitverfahren der Freiwilligen Gerichtsbarkeit

Die meisten Verfahren der freiwilligen Gerichtsbarkeit stellen einen Gegensatz zur streitigen Gerichtsbarkeit dar, weil in ihnen die richterliche Fürsorge wesentliches Element ist[194]. Das Spruchverfahren wird hingegen als echtes Streitverfahren der freiwilligen Gerichtsbarkeit bezeichnet[195]. Besonders gekennzeichnet ist es durch die Auseinandersetzung mehrerer Beteiligter mit konträren Interessen über deren behauptete Rechte und Pflichten[196]. Das FGG wird in erster Linie deshalb in Bezug genommen, um den Untersuchungsgrundsatz (§ 12 FGG) anwenden zu können[197]. Die außenstehenden Aktionäre wären ansonsten erheblich benachteiligt. Sie wären nämlich kaum in der Lage, einen bestimmten Unternehmenswert darzulegen und zu beweisen (außer bei börsennotierten AGen[198]). Aufgrund der Ähnlichkeit mit einem streitigen ZPO-Verfahren können aber grundsätzlich ZPO-Normen auf das Spruchverfahren angewendet werden, soweit im AktG, UmwG oder FGG keine Sonderregelung getroffen ist[199].

II. Zuständigkeit

1. Sachliche und funktionelle Zuständigkeit

Das LG ist nach §§ 306 I 1 AktG, 305 sachlich für alle Spruchverfahren zuständig.

---

[193] So *Dehmer*, 308 UmwG Rn. 20; *Widmann/Mayer/Schwarz*, § 308 Rn. 30; *App*, BB 1995, 267, 268.

[194] *Bumiller/Winkler*, Freiwillige Gerichtsbarkeit, § 1 Anm. 2.

[195] *BayObLG*, AG 1997, 182; *OLG Düsseldorf*, AG 1993, 40, 41; *OLG Düsseldorf*, AG 1972, 248, 249

[196] *BayObLGZ* 1968, 233, 241; *Bumiller/Winkler*, Freiwillige Gerichtsbarkeit, § 1 Anm. 3a.

[197] *Hüchting*, S. 71f.; KK/*Koppensteiner*, § 306 Rn. 16.

[198] sehr str., s.o. § 3 III 3.

[199] *BayObLGZ* 1968, 233, 241; *Emmerich/Habersack*, § 306 Rn. 1.

Nach §§ 132 I 2 AktG, 306 II 1 UmwG wird - sofern vorhanden - vor der Kammer für Handelssachen verhandelt, die nach § 105 I GVG mit einem Berufsrichter als Vorsitzendem und zwei ehrenamtlichen Richtern besetzt ist. Die Zuständigkeit der Kammer für Handelssachen ist eine ausschließliche[200], so daß einer Verweisung durch eine unzuständige Zivilkammer nach § 98 III GVG nichts im Wege steht. Die Gegenansicht[201] überzeugt nicht, weil ansonsten die Zuständigkeitsregelungen im AktG und UmwG rein deklaratorisch wären. Nach § 95 I Nr. 4 a GVG fielen entsprechende Streitigkeiten ohnehin in die Zuständigkeit der Kammer für Handelssachen. Im Unterschied zur Verhandlung auf Antrag nach § 96 I GVG ist aber bereits durch den Wortlaut der §§ 132 I 2 AktG, 306 II 1 UmwG ("entscheidet") vorgegeben, daß es nicht auf einen Antrag ankommt. Gerichtsstandsvereinbarungen sind nicht möglich[202], da sowohl eine dem § 38 ZPO entsprechende Regelung im FGG fehlt[203] als auch bereits ein ausschließlicher Gerichtsstand vorgegeben ist, weshalb eine Vereinbarung schon wegen § 40 II 2 ZPO ausgeschlossen wäre.

Bestimmte Entscheidungen bleiben nach §§ 306 I 2 AktG, 306 II 2 UmwG dem Vorsitzenden allein überlassen. Mit Einverständnis der Beteiligten kann nach §§ 306 I 2 AktG, 306 II 3 UmwG sogar völlig ohne ehrenamtliche Richter entschieden werden.

2. *Örtliche Zuständigkeit*

Örtlich zuständig ist das LG am Sitz der Gesellschaft, deren Gesellschafter antragsberechtigt sind (§§ 320b III 3, 306 I 1 AktG, 306 I 1 UmwG), also der abhängigen bzw. übertragenden oder formwechselnden Gesellschaft[204]. Hat diese

---

[200] *Lutter/Krieger*, UmwG, § 306 Rn. 3; KK/*Koppensteiner*, § 306 Rn. 5; *Geßler* in *Geßler/Hefermehl/Eckardt/Kropff*, § 306 Rn. 5; *Hüffer*, AktG, § 306 Rn. 3; *Emmerich/Habersack*, § 306 Rn. 6; *Lutter/Krieger*, UmwG, § 306 Rn. 3.

[201] So wohl *Eckardt* in *Geßler/Hefermehl/Eckardt/Kropff*, § 132 Rn. 31; *Dehmer*, UmwG, § 306 Rn. 4, der jedoch in Rn. 5 ebenfalls § 98 III GVG verneint.

[202] *Hüchting*, Abfindung, S. 72; KK/*Koppensteiner*, § 306 Rn. 5; *Dehmer*, UmwG, § 306 Rn. 4 f.; *Emmerich/Habersack*, § 306 Rn. 6; *Bumiller/Winkler*, Freiwillige Gerichtsbarkeit, vor §§ 3-5 Anm. 3; *Keidel/Kuntze/Winkler/Kahl*, vor §§ 3-5, 7 Rn. 7; a.A. z.T. *Bärmann*, AcP 154, 373, 394.

[203] *Hüchting*, Abfindung, S. 72.

[204] Dies stellt *Bork*, ZIP 1998, 550, 551 f. für § 306 UmwG zwar in Frage, da nach Umwandlung der übertragende Rechtsträger erlösche und keine Anteilsinhaber mehr besitze, kommt

einen Doppelsitz, ist das zuerst befaßte Gericht zuständig, § 4 FGG[205]. Gemäß §§ 306 I 2, 132 I 3 AktG, 306 III 1 UmwG ist in einigen Ländern die Zuständigkeit auf ein oder mehrere LGe konzentriert, um die Einheitlichkeit der Entscheidungen zu fördern[206].

a. Verschmelzung von Rechtsträgern mit Sitz in verschiedenen deutschen Gerichtsbezirken

Ein vom Gesetz bislang nicht geregelter Konflikt tritt ein, wenn bei einer übertragenden Verschmelzung zweier Unternehmen auf ein neues die Anteilsinhaber beider Unternehmen eine Abfindung durch bare Zuzahlung nach § 15 II UmwG verlangen. Die dem Anteilstausch zugrunde liegende Verschmelzungswertrelation kann aber niemals gleichzeitig für die Anteilsinhaber beider übertragender Gesellschaften nachteilig sein, sondern nur zu Lasten einer Seite. Wird § 306 I 1 UmwG wortgetreu angewendet, kann es jedenfalls dann zu zwei sich widersprechenden Entscheidungen kommen, wenn die Zuständigkeitskonzentration der §§ 306 III 1, 309 III 1 UmwG weder in der ersten noch in der zweiten Instanz eingreift. Dies ist immer dann der Fall, wenn beide Unternehmen in verschiedenen deutschen Ländern ihren Sitz haben. Das eine Gericht kann den früheren Anteilsinhabern des einen übertragenden Unternehmens eine Zuzahlung zusprechen, das andere befaßte Gericht denen des anderen[207].

Eine Aussetzung nach § 148 ZPO analog ist weder möglich, noch wäre sie sinnvoll. Für § 148 ZPO wäre eine Vorgreiflichkeit des zuerst zu entscheidenden Rechtsstreits notwendig. Dazu muß die Entscheidung des auszusetzenden Rechtsstreits vom Bestehen oder Nichtbestehen des Rechtsverhältnisses abhängen, über das in einem anderen Verfahren entschieden wird. Wenn aber ein Gericht zugunsten der außenstehenden Gesellschafter des einen Unternehmens einen Zuzahlungsanspruch bejaht, so ist dies keine Vorfrage über den Anspruch der anderen. Anspruchsvoraussetzung ist nicht das Nichtbestehen des Anspruchs einer anderen Gruppe von Gesellschaftern, Vorfrage ist vielmehr die Verschmelzungswertrelation[208]. Sie ist gemeinsame Vorfrage beider Verfahren; das

---

letztlich aber nach historischer Auslegung doch zum Ergebnis, daß der Gedanke des § 306 AktG ins UmwG übernommen werden sollte.

[205] *Dehmer*, UmwG, § 306 Rn. 3; *Lutter/Krieger*, UmwG, § 306 Rn. 2.

[206] Näher dazu *Widmann/Mayer/Schwarz*, § 306 Rn. 9 ff.

[207] Diese Problematik hat als erster *Bork*, ZIP 1998, 550 ff., herausgearbeitet.

[208] *Bork*, ZIP 1998, 550, 553.

genügt aber nicht für § 148 ZPO[209]. Die Verschmelzungswertrelation ist nicht Bestandteil des Tenors und erwächst daher nicht in Rechtskraft. Für und gegen alle wirkt also nicht, ob die jeweils andere Seite keine Ansprüche hat. Selbst bei einer Aussetzung wäre der Anspruch der anderen Gesellschaftergruppe nicht Streitgegenstand. Auch wenn die Gesellschafter des anderen an der Verschmelzung beteiligten Unternehmens unabhängig von deren analoger Anwendbarkeit in der freiwilligen Gerichtsbarkeit im Wege der Nebenintervention teilhätten, könnten sie keine vorgreifliche Entscheidung erreichen[210].

Zur Lösung dieses Dilemmas wird vorgeschlagen, de lege ferenda die Zuständigkeit beim Gericht des Sitzes des neuen Rechtsträgers anzusiedeln[211]. Das ist jedoch nicht notwendig, denn auch de lege lata ist ein Ausweg möglich.

Auch § 4 FGG, der die vorrangige Zuständigkeit des erstbefaßten Gerichts bestimmt, bietet keine Lösungsmöglichkeit. Es handelt sich bei den verschiedenen Verfahren nicht um die gleiche Sache, denn es liegen unterschiedliche Verfahrensgegenstände vor. Nur die Ansprüche der Anteilsinhaber der einen Gesellschaft sind streitig, um die der anderen Gruppe geht es nicht[212].

Im Gegensatz dazu trifft gerade § 5 FGG auf die Situation zu, daß die Zuständigkeit eines Gerichts ungewiß ist. Weil feststeht, daß ausschließlich ein Gericht zuständig sein soll, nicht aber eines von mehreren bereits in der gleichen Sache zuständigen, ist § 5 FGG als Analogiebasis heranzuziehen. Unmittelbar ist die Vorschrift nicht anwendbar, da keine Ungewißheit über das örtlich zuständige Gericht besteht. Vielmehr besteht eine doppelte Zuständigkeit in unterschiedlichen Sachen, denn rein rechtlich kann beiden Gruppen eine Zuzahlung zugesprochen oder aberkannt werden. Letztlich hängt dies von möglicherweise unterschiedlichen Sachverständigengutachten ab, über die jedes Gericht entsprechend § 286 ZPO in freier Beweiswürdigung[213] entscheidet.

---

[209] *Zöller/Greger*, § 148 Rn. 5; *Stein/Jonas/Roth*, § 148 Rn. 22, 28; *OLG Frankfurt*, DB 1972, 525, 526; *OLG München*, MDR 1996, 197; a.A. (allein auf die Prozeßökonomie abstellend) MK ZPO/*Peters*, § 148 Rn. 10; *OLG München*, NJW-RR 1995, 779.

[210] *Bork*, ZIP 1998, 550, 553.

[211] *Bork*, ZIP 1998, 550, 554 f.

[212] Dies läßt das *LG Dortmund*, NZG 1999, 1175, ihm folgend *Lutter/Krieger*, UmwG, § 306 Rn. 2, unberücksichtigt, wenn es eine Analogie zu § 4 FGG konstruiert, vgl. dazu bereits *Behnke*, NZG 1999, 1175.

[213] *Bumiller/Winkler*, Freiwillige Gerichtsba*keit, § 15 Anm. 2 c hh; *Keidel/Kuntze/Winkler/Kayser*, § 12 Rn. 188, § 15 Rn. 65.

Eine Regelungslücke besteht für den Fall, daß zwar mehrere Gerichte zuständig sind, aber eine einheitliche Entscheidung sinnvoll ist. Den §§ 4, 5 FGG liegt der Rechtsgedanke zugrunde, daß widersprechende Entscheidungen verhindert werden sollen[214]. Dies kann dahin ausgedehnt werden, daß auch unzweckmäßige Doppelzuständigkeiten zu vermeiden sind, wie etwa bei in verschiedenen Gerichtsbezirken belegenen Grundstücken, deren einheitlicher Übereignungsvorgang genehmigungsbedürftig ist[215]. Eines von mehreren zuständigen Gerichten ist, sofern nicht § 4 FGG greift, nach Zweckmäßigkeitsgesichtspunkten zu bestimmen[216]. Die Bestimmung des zuständigen Gerichts hat analog § 5 I 1 FGG das dem zuerst mit einem Spruchverfahren befaßten LG übergeordnete OLG zu treffen. Daran anschließend kann eine Verfahrensverbindung analog § 147 ZPO erfolgen.

b. Internationale Zuständigkeit

Während die Eingliederung einer AG nur in eine andere AG mit Sitz im Inland möglich ist (§ 320 I 1 AktG) und Umwandlungsvorgänge ebenfalls nur unter Beteiligung von Rechtsträgern mit Sitz im Inland stattfinden können (§ 1 I UmwG), besteht hingegen die Möglichkeit des Abschlusses internationaler Unternehmensverträge. Das läßt sich § 305 II Nr. 3 AktG entnehmen, weil anders als in Nr. 1 und 2 die Voraussetzung des Inlandssitzes nicht mehr erwähnt ist[217].

---

[214] *Keidel*, DNotZ 1957, 150, 151; *BayObLGZ* 1956, 329, 331 f..

[215] *BayObLGZ* 1956, 329, 331 f.; a.A. *OLG Nürnberg*, RdL 1956, 226, das an die Kenntnis der örtlichen Verhältnisse anknüpft, einem Gesichtspunkt, der schon in Landwirtschaftssachen (*BayObLGZ* 1956, 329, 333), erst recht aber im Spruchverfahren (*Bork*, ZIP 1998, 550, 552) angreifbar ist.

[216] *Keidel/Kuntze/Winkler/Kahl*, § 5 Rn. 16; *BayObLGZ* 1958, 160, 164; *OLG Hamm*, JMBl. NRW 1957, 149, 150; *SchlHOLG*, SchlHA 1959, 196, 197; *KG*, OLGZ 1969, 493, 494.

[217] *Geßler* in *Geßler/Hefermehl/Eckardt/Kropff*, § 291 Rn. 58; KK/*Koppensteiner*, vor § 291 Rn. 94 f.; mit dem Diskriminierungsverbot des Art. 6 EGV argumentieren *Emmerich/Habersack*, § 291 Rn. 33; *Bayer*, ZGR 1993, 599, 612 f.; *Staudinger/Großfeld*, Internationales Gesellschaftsrecht, Rn. 574; grundsätzlich dafür auch *Lutter/Hommelhoff*, Anh. § 13 Rn. 63; die Einschränkung, sie nur bei Wahl deutschen Rechts zuzulassen (*Geßler* in *Geßler/Hefermehl/Eckardt/Kropff*, § 291 Rn. 58; *Wiedemann*, FS Kegel, S. 187, 208 f.), ist obsolet, da kollisionsrechtlich dieses ohnehin Anwendung findet; grundsätzlich dafür auch *Lutter/Hommelhoff*, Anh. § 13 Rn. 89; *Roth/Altmeppen*, Anh. § 13 Rn. 199; gegen eine Zulässigkeit grenzüberschreitender Unternehmensverträge äußert sich zT das ältere Schrifttum wegen Unterlaufens der Mitbestimmung: *Bernstein/Koch*, ZHR 143 (1979), 522, 531 ff.; *Duden*, ZHR 141 (1977), 145, 180 ff.; aber auch MK BGB/*Ebenroth* (2.Aufl.), nach Art. 10 EGBGB Rn. 417 ff., der jedoch verkennt, daß das Konzernrecht nicht an steuerrechtliche Wertungen

Sowohl der Sitz des abhängigen als auch des herrschenden Unternehmens kann sich im Ausland befinden. Abfindungs- und Ausgleichsansprüche richten sich gegen das herrschende Unternehmen[218]. Wenn dieses im Ausland ansässig ist, stellt sich die Frage, ob vor in- oder ausländischen Gerichten ein Spruchverfahren durchzuführen ist, falls die jeweilige ausländische Rechtsordnung ein solches oder ähnliches Verfahren überhaupt vorsieht[219].

Das deutsche Konzernrecht ist kollisionsrechtlich auch bei einer herrschenden Gesellschaft mit Sitz im Ausland auf die deutsche abhängige Gesellschaft anwendbar. Einigkeit besteht darüber, daß auf die hier ansässige abhängige Gesellschaft sowohl hinsichtlich der Gläubiger- als auch der Minderheitenschutzvorschriften deutsches Recht zur Anwendung kommt. Das Konzernrecht des AktG trägt speziell den Schutzbedürfnissen von Gesellschaftern und Gläubigern der abhängigen Gesellschaft Rechnung[220] und der Gefahrenschwerpunkt liegt stets bei der abhängigen Gesellschaft. Zudem ist der Unternehmensvertrag auch Organisationsvertrag für die abhängige AG, dessen Statut sich nach deren Sitz richtet[221]. Das Vertragsstatut liegt also in Deutschland[222].

Wirklicher Schutz für die außenstehenden Aktionäre einer in Deutschland ansässigen abhängigen Gesellschaft ist nur gewährleistet, wenn das Spruchverfahren nach §§ 306 AktG in Deutschland durchgeführt wird. Ansprüche aus §§ 304, 305 AktG sind besondere Ausprägung des Eigentumsschutzes nach Art. 14 I GG[223]. Wenn diese Vorschriften auch bei internationalen Unternehmensverträgen zur Anwendung kommen sollen, muß auch das Spruchverfahren im Inland durchgeführt werden. Es genügt nicht, daß deutsches materielles Konzernrecht von einem Richter im Ausland angewendet wird. Grundrechtsschutz kann in diesem Fall nur durch das genau darauf zugeschnittene Spruchverfahren ver-

---

anknüpft (*Staudinger/Großfeld*, Internationales Gesellschaftsrecht, Rn. 571, MK BGB/*Kindler*, IntGesR Rn. 573).

218 S.o. § 3 I 1.

219 zum Konzernrecht im Ausland *Maul*, AG 1998, 404 m.w.N. in Fn. 2.

220 *Emmerich/Habersack*, § 291 Rn. 32.

221 *Geßler* in *Geßler/Hefermehl/Eckardt/Kropff*, § 291 Rn. 58; KK/*Koppensteiner*, vor § 291 Rn. 88 f.

222 *Geßler* in *Geßler/Hefermehl/Eckardt/Kropff*, § 291 Rn. 58; KK/*Koppensteiner*, vor § 291 Rn. 88 f.

223 *BVerfGE* 14, 263, 283 ff.

wirklicht werden, mit dem die §§ 304, 305 AktG - insbesondere wegen des gemeinsamen Vertreters und der inter-omnes-Wirkung - überhaupt erst wirksam zugunsten aller außenstehenden Aktionäre durchgesetzt werden können. Das deutsche Recht kann aber einem ausländischen Richter nicht vorschreiben, ein Verfahren nach Maßgabe des § 306 AktG durchzuführen. Möglicherweise stehen der Durchführung eines Spruchverfahrens in Deutschland aber die Vorschriften des - im Verhältnis zum nationalen Recht höherrangigen[224] - EuGVÜ in dessen Vertragsstaaten entgegen.

Eine Zivil- und Handelssache i.S.d. Art. 1 I EuGVÜ liegt vor, weil dieser Begriff letztlich der Abgrenzung zum öffentlichen Recht[225] dient. Stellungnahmen, die die Erstreckung des Abkommens auf FGG-Verfahren erörtern, beschränken sich in der Regel auf die Feststellung, lediglich der Kernbereich der FGG-Verfahren wie z.B. Vormundschaftssachen, sei ausgenommen, echte Streitverfahren seien hingegen mitumfaßt, denn das EuGVÜ spreche von Klägern und Beklagten[226]. Dem ist auch für das Spruchverfahren zuzustimmen, denn auch dort stehen sich Antragsteller und -gegner wie Parteien nach der ZPO gegenüber[227].

Der ausschließliche Gerichtsstand des Art. 16 Nr. 2 EuGVÜ bietet sich zuerst für eine Subsumtion an. Genannt ist dort als Streitgegenstand nur die Gültigkeit von Beschlüssen des Organs einer juristischen Person. Gemäß §§ 304 III 2, 305 V 1 AktG ist eine Anfechtung des Zustimmungsbeschlusses der Hauptversammlung zum Unternehmensvertrag gerade ausgeschlossen. Die Differenzierung des Anfechtungsrechts nach Abfindungs- und Ausgleichshöhe einerseits (Spruchverfahren) und anderen Mängeln andererseits (Anfechtungsklage) dient der Rechtssicherheit, ändert aber nichts daran, daß es sich letztlich um eine materielle Überprüfung des Beschlußinhaltes handelt. Der Unterschied ist lediglich, daß der Beschluß nicht beseitigt, sondern durch die Vertragsgestaltung modifiziert wird. Auch positive Beschlußfeststellungsklagen, also die Verbindung von

---

[224] *Thomas/Putzo/Hüßtege*, Vorb. EuGVÜ Rn. 2; *Geimer/Schütze*, Europäisches Zivilverfahrensrecht, Einl. Rn. 13 ff.; *Kropholler*, Europäisches Zivilprozeßrecht, Einl. Rn. 13.

[225] *Kropholler*, Europäisches Zivilverfahrensrecht, Art. 1 Rn. 6; *Thomas/Putzo/Hüßtege*, Art. 1 EuGVÜ Rn. 2.

[226] *Geimer/Schütze*, Europäisches Zivilverfahrensrecht, Art. 1 Rn. 26; *Kropholler*, Europäisches Zivilprozeßrecht, Art. 1 Rn. 12.

[227] *Geimer*, FS Schippel, S. 869, 881 f.

Anfechtungsklage und Feststellung des stattdessen gültigen Beschlusses[228] fallen unter Art. 16 Nr. 2 EuGVÜ[229]. Dann ist erst recht das Spruchverfahren unter den Begriff der "Überprüfung von Beschlüssen" zu fassen. Bei Auslegung des EuGVÜ bleibt das nationale Recht außer Betracht; vielmehr ist sie vertragsautonom nach der ratio der jeweiligen Vorschriften vorzunehmen[230]. Grund für Art. 16 Nr. 2 EuGVÜ ist hauptsächlich die Erwägung, widersprüchliche Entscheidungen zu vermeiden. Ausschlaggebend ist auch eine Kongruenz sowohl des Gesellschaftsstatuts als auch des Ortes der Publizitätspflicht mit der lex fori gewesen. Desweiteren werden die Regel "actor sequitur forum rei" sowie deutsche Gerichtsstandsvorschriften als Vorbilder genannt[231]. Alle diese Beweggründe treffen auch für das Spruchverfahren zu. Wird ein Zustimmungsbeschluß zum Unternehmensvertrag aus anderen Gründen als wegen Unangemessenheit von Abfindung oder Ausgleich angefochten, ist nach Art. 16 Nr. 2 EuGVÜ das deutsche Gericht zuständig. Geht es um die Angemessenheit von Ausgleich und Abfindung und wäre ein ausländisches Gericht zuständig, so besteht die Gefahr, daß auf einen nichtigen Beschluß hin Zahlungen erfolgen müssen. Hiergegen bietet zwar auch Art. 22 EuGVÜ Schutz. Dieser stellt jedoch einen Auffangtatbestand dar und ist deshalb nicht mit der ratio des Art. 16 Nr. 2 EuGVÜ zu vermengen. Es gilt deutsches Konzernrecht, was auch die Veröffentlichung der Entscheidung in Deutschland beinhaltet (§ 306 VI AktG). Wie gezeigt, wird auch hier das Handeln des Gesellschaftsorgans Hauptversammlung überprüft, so daß der Ort dieser Handlung ausschlaggebend ist. Art. 16 Nr. 2 EuGVÜ ist zwar sehr eng gefaßt, weil kein allgemeiner Gerichtsstand des Gesellschaftssitzes für alle Gesellschaftsstreitigkeiten besteht[232]. Dieser enge Wortlaut hat letztlich nur für eine mögliche Leistungsklage auf Auszahlung von Ausgleich oder Abfin-

---

228 dazu *Scholz/K. Schmidt*, § 45 Rn. 180 m.w.N.

229 *Geimer/Schütze*, Europäisches Zivilverfahrensrecht, Art. 1 Rn. 26; *Kropholler*, Europäisches Zivilprozeßrecht, Art. 16 Rn. 189; *Geimer*, FS Schippel, S. 869, 884.

230 *Geimer/Schütze*, Europäisches Zivilverfahrensrecht, Art. 1 Rn. 55.

231 *Kropholler*, Europäisches Zivilverfahrensrecht, Art. 16 Rn. 33; *Jenard*-Bericht, EuGVÜ-ABl. 1979, C 59, S. 35.

232 *Kropholler*, Europäisches Zivilverfahrensrecht, Art. 16 Rn. 38; *Geimer/Schütze*, Europäisches Zivilverfahrensrecht, Art. 16 Rn. 142.

dung Bedeutung[233]. Auch andere Gerichtsstände sind im Schrifttum bereits untersucht worden und werden deshalb noch erörtert.

Der allgemeine Gerichtsstand richtet sich gemäß Art. 2 I, 3 I EuGVÜ nach dem Sitz des Beklagten, dem die Person des Antragsgegners im FGG-Verfahren gleichzustellen ist. Dies macht es erforderlich, den Antragsgegner im Spruchverfahren zu bestimmen. Das im Ausland ansässige herrschende Unternehmen fällt unter diesen Begriff, weil es zur Zahlung von Ausgleich und Abfindung verpflichtet ist[234]. Das abhängige Unternehmen ist jedoch nicht Antragsgegner[235], was bereits einen allgemeinen bzw. einen Wahlgerichtsstand nach Art. 6 Nr. 1 EuGVÜ im Inland zur Folge hätte. Beide Unternehmensvertragsparteien können deshalb keinesfalls als "mehrere Beklagte" gemäß Art. 6 Nr. 1 EuGVÜ eingestuft werden, so daß ein allgemeiner bzw. ein Wahlgerichtsstand im Inland nicht besteht.

Von den besonderen Gerichtsständen ist zunächst § 5 Nr. 1 EuGVÜ[236] einschlägig. Der Unternehmensvertrag selbst, der gleichzeitig ein Vertrag zugunsten der außenstehenden Aktionäre ist und dessen Gestaltung das Spruchverfahren dient[237], bildet den Gegenstand des Verfahrens. Auch Gestaltungsklagen sind von Art. 5 Nr. 1 EuGVÜ umfaßt[238]. Der Erfüllungsort des Ausgleichs oder der Barabfindung - nur eine solche kommt nach § 305 II Nr. 3 AktG in Betracht - ist anhand deutschen Rechts als maßgeblichem Kollisionsrecht[239] zu bestimmen und richtet sich nach § 270 I BGB. "Erfüllungsort" in Art. 5 Nr. 1 EuGVÜ ist ebenso wie in § 29 ZPO als Ort zu verstehen, an dem die Leistung zu erbringen ist (Leistungsort), nicht dort, wo der Erfolg eintreten soll (Erfolgsort). Der Leistungsort der Geldschuld als Schickschuld befindet sich mangels anderer Vereinbarung ebenso wie der Gerichtsstand im Ausland.

---

[233] a.A. (wohl auch für das Spruchverfahren), jedoch ohne genaue Differenzierung *Geimer*, FS Schippel, S. 869, 882.

[234] S.o. § 2 I 1.

[235] S.o. § 6 I.

[236] Diese Vorschrift übersieht *Maul*, AG 1998, 404, 409 ff. bei der Erörterung der internationalen Zuständigkeit für das Spruchverfahren.

[237] *Emmerich/Habersack*, § 306 Rn. 3; KK/*Koppensteiner*, § 305 Rn. 55.

[238] *Zöller/Geimer*, Art. 5 EuGVÜ Rn. 8; *Kropholler*, Europäisches Zivilprozeßrecht, Art. 5 Rn. 17.

[239] *EuGH* Slg. 1994 I 2913, 2958 Rn. 26 ff.; *Geimer/Schütze*, Europäisches Zivilverfahrensrecht, Art. 5 Rn. 64 f.

Auch § 5 Nr. 3 EuGVÜ kann nicht zu einem inländischen Gerichtsstand verhelfen. Die Verpflichtung zu Ausgleich und Abfindung beruht weder auf einer unerlaubten Handlung noch kann sie einer solchen gleichgestellt werden[240]. Nach deutschem Zivilrechtsdenken setzt eine unerlaubte Handlung grundsätzlich ein rechtswidriges, schuldhaftes Tun oder Unterlassen voraus. Der EuGH legt den Begriff jedoch weitergehend so aus, daß hierzu alle Schadenersatzklagen gehören, die nicht auf Vertrag beruhen und von Art. 5 Nr. 1 EuGVÜ erfaßt sind[241]. Weder die eine noch die andere Voraussetzung liegt indessen vor. Eingriffe in das abhängige Unternehmen sind gesetzlich in den §§ 291 ff. AktG zugelassen. Abfindung und Ausgleich lassen sich zwar als eine schadenersatzgleiche Kompensation verstehen, jedoch nur für die innerhalb der gesetzlich gezogenen Grenzen erfolgenden - also nicht unerlaubten - Eingriffe. Darüber hinaus gelten §§ 302, 303, 309, 310 AktG. Grundlage für die im gesetzlichen Rahmen bleibenden, durch §§ 304, 305 AktG zu kompensierenden Eingriffe ist der Unternehmensvertrag selbst, der hinsichtlich Ausgleich und Abfindung einen schuldrechtlichen Charakter aufweist[242] und den das Spruchverfahren gestaltet[243]. Es liegen jedoch nicht außervertragliche, deliktsähnliche Normen zugrunde, die zu gesetzlichen Ansprüchen führen würden[244].

Ebensowenig eröffnet Art. 5 Nr. 5 EuGVÜ einen inländischen Gerichtsstand. Grundsätzlich setzt die Vorschrift keine unselbständige Zweigniederlassung voraus[245]. Obwohl die herrschende Gesellschaft weitgehende Eingriffsrechte hat,

---

240 so aber *Maul*, AG 1998, 404, 409 f.

241 *EuGH*, Slg. 1988, 5565, 5584 Rn. 15.

242 *Schwenn*, Der Abfindungs- und Ausgleichsanspruch der außenstehenden Aktionäre bei Eintritt neuer Umstände, 1998, S. 53 f. m.w.N.

243 KK/*Koppensteiner*, § 305 Rn. 55; *Emmerich/Habersack*, § 306 Rn. 29, § 304 Rn. 89.

244 a.A. *Maul*, AG 1998, 404, 409, die in Analogie zu Ansprüchen aus §§ 302, 303 AktG, die durchaus gesetzlicher Natur sind (*Hüffer*, AktG, § 302 Rn. 4) und aus deren Anwendung auch im faktischen Konzern schließt, auch die benachbarten §§ 304, 305 seien gesetzlicher Natur, obwohl diese im faktischen Konzern mitnichten angewendet werden. Der Hinweis darauf, auch bei Fehlen von Abfindung und Ausgleich könne beides festgesetzt werden und sei damit unabhängig vom Unternehmensvertrag, trifft nicht zu, denn Verträge ohne Ausgleich sind nichtig, § 304 III 1 AktG. *Zöllner*, Gedächtnisschrift Knobbe-Keuk, S. 369, 381, ordnet deshalb die Ansprüche sowohl als gesetzlich als auch als vertraglich ein, wohl auch BGH, NZG 1998, 379, 380. Bereits die Formulierung " vertraglich zu gewährend" in §§ 304 III 3, 305 V 2 AktG widerlegt die Behauptung außervertraglicher Ansprüche, vgl. *Mülbert*, S. 495.

245 *Zöller/Geimer*, Art. 5 EuGVÜ Rn. 22; *Geimer/Schütze*, Europäisches Zivilverfahrensrecht, Art. 5 Rn. 234.

bleibt die abhängige Gesellschaft jedoch als Rechtssubjekt erhalten. Eine selbständige Tochtergesellschaft wurde aber nur deshalb als Zweigniederlassung behandelt, weil die Tochtergesellschaft den Rechtsschein einer bloßen Zweigniederlassung durch Auftreten im Namen der Muttergesellschaft gesetzt hat[246]. Wird eine abhängige Tochtergesellschaft - wie im Normalfall - weiterhin unter ihrem Namen tätig, ist Art. 5 Nr. 5 EuGVÜ nicht erfüllt[247]. Zudem müßte die Klage gerade auf den Betrieb der Niederlassung bezogen sein[248]. Hier aber bezieht sich der Antrag auf die Muttergesellschaft, die zu Ausgleich und Abfindung verpflichtet ist.

Selbst wenn das abhängige Unternehmen als Antragsgegnerin qualifiziert wird, ist der Rückgriff auf Art. 16 Nr. 2 EuGVÜ keinesfalls entbehrlich. Bei Vorliegen einer Gerichtsstandsvereinbarung kann diese nämlich nach Art. 17 III EuGVÜ allgemeine oder besondere, nicht aber - ein weiterer Vorteil der hier gefundenen Lösung - ausschließliche Gerichtsstände verdrängen, so daß für das Spruchverfahren stets ein Gerichtsstand im Inland gemäß § 306 I 1 AktG besteht.

III. Antrag

Das Spruchverfahren wird nur auf Antrag eingeleitet (§§ 304 III 3, 305 V 2, 320b II 2 AktG, 307 II UmwG). Eine besondere Form sieht das Gesetz nicht vor. Auch wenn der Antrag in der Praxis wohl ausschließlich schriftlich eingereicht wird, ist gemäß §§ 306 II, 99 I AktG, 307 I UmwG iVm § 11 FGG auch eine Antragstellung zu Protokoll der Geschäftsstelle des zuständigen Gerichts oder sogar eines beliebigen Amtsgerichts möglich. Selbstverständlich ist auch eine Antragstellung mittels Telefax möglich. Die kopierte Unterschrift genügt hierbei, da sie eine Individualisierung des Absenders ermöglicht[249]. Die Übermittlung per E-Mail läßt hingegen eine solche Individualisierung nicht in hinreichendem Maße zu[250]. Anwaltszwang und Schriftform bestehen gemäß §§ 306 II, 99 III 2 AktG, 309 I 2 UmwG nur bei der sofortigen Beschwerde, bei der Ein-

[246] *EuGH*, Slg. 1987, 4905, 4920 Rn. 13 ff.

[247] *Kropholler*, Europäisches Zivilverfahrensrecht, Art. 5 Rn. 88; *Maul*, AG 1998, 404, 409.

[248] EuGH Slg. 1978, 2183, 2194 Nr. 13; *Geimer/Schütze*, Europäisches Zivilverfahrensrecht, Art. 5 Rn. 234.

[249] *Keidel/Kuntze/Winkler/Kahl*, § 11 Rn. 29.

[250] *Keidel/Kuntze/Winkler/Kahl*, § 11 Rn. 29. Auf zukünftig anzuwendende Verfahren nach dem Signaturgesetz soll hier nicht eingegangen werden.

leitung des Spruchverfahrens dagegen nicht. Eine analoge Anwendung von § 78 ZPO verbietet sich, weil § 13 FGG bereits eine Regelung trifft, nach der Bevollmächtigte handeln können, aber nicht müssen.

Ein bestimmter Inhalt des Antrags ist nicht vorgeschrieben, ebensowenig wie eine Begründung. § 253 II ZPO kann im echten Streitverfahren nicht entsprechend herangezogen werden, da seine Anforderungen auf dem Beibringungsgrundsatz beruhen, der im streitigen FGG-Verfahren nur eingeschränkt gilt. Vielmehr muß der Antrag lediglich die Verfahrensbeteiligten und das Rechtsschutzziel erkennen lassen[251]. Dementsprechend sind die Unternehmensvertragsparteien, die Hauptgesellschaft im Rahmen der Eingliederung bzw. der durch die Umwandlung entstandene Rechtsträger zu benennen. Es genügt, wenn der Antragsteller ein von der Höhe der angebotenen Zahlung abweichendes Zahlungsbegehren geltend macht[252], obwohl es sich um eine Gestaltungsklage handelt. Mittelbares Ziel des Antrags ist die Zahlung eines Mehrbetrages, zu dessen Erreichung aber zuerst ein Gestaltungsurteil benötigt wird. Ob die Festsetzung von Abfindung oder Ausgleich verlangt wird, ist ggf. nach einem richterlichen Hinweis (§ 139 ZPO analog[253]) klarzustellen. Der angemessene Betrag des Ausgleichs oder der Abfindung muß nicht genannt werden, da dieser gerade durch das Gericht (idR mit Hilfe von Sachverständigen) ermittelt werden soll. Der Antragsteller muß nicht erklären, wieviele Anteile er besitzt[254].

IV. Antragsberechtigung

Der Antragsteller muß nach §§ 306 I AktG, 306 I 1 UmwG antragsberechtigt sein. Umstritten ist bereits die grundsätzliche Frage, ob die Antragsberechtigung zu den Sachurteilsvoraussetzungen gehört oder ob sie erst für die Begründetheit des Antrags maßgebend ist. Diese Streitfrage ist keineswegs nur akademischer Natur. Bei fehlender Antragsberechtigung ergeht im ersten Fall ein dem Prozeßurteil vergleichbarer Beschluß, der einen erneuten Antrag ermöglicht[255], während dies bei einer Entscheidung in der Sache selbst verwehrt bleibt, da ein Beschluß im Spruchverfahren sowohl formell (§§ 306 I 2, 99 V 1 AktG, 311 S. 1

---

[251] *Jansen*, vor §§ 8-18 Rn. 11, *Thywissen*, S. 44.

[252] *Thywissen*, S. 45.

[253] *Jansen*, vor §§ 8-18 Rn. 14.

[254] *OLG Düsseldorf*, NZG 1999, 941, 943.

[255] *Keidel/Kuntze/Winkler/Kahl*, § 31 Rn. 22b.

UmwG) als auch materiell (aufgrund der inter-omnes-Wirkung[256], §§ 306 I 2, 99 V 2 AktG, 311 S. 2 UmwG) Rechtskraft erlangt. Bei der Subsumtion unter die Antragsberechtigung ist vor allem umstritten, zu welchem Zeitpunkt der Antragsteller Gesellschaftsanteile besitzen muß. Entsprechend ist die Frage zu beantworten, unter welchen Voraussetzungen ein nicht antragstellender Gesellschafter an der Rechtskraftwirkung teilhat.

1. Zulässigkeits- oder Begründetheitsproblem?

Der im Gesetz verankerte Ausdruck der Antragsberechtigung erscheint bei unbefangener Betrachtung als ein Bestandteil der Zulässigkeitsprüfung, da die Existenz eines Antrags zu den Zulässigkeitsvoraussetzungen gehört. Teilweise werden jedoch auch die Begriffe "Aktivlegitimation"[257] bzw. "Sachbefugnis"[258] synonym verwendet, die in die Begründetheitsprüfung einzuordnen sind. Vor allem aber wird die Antragsberechtigung (auch "Antragsrecht" "Antragsbefugnis" oder "Klagebefugnis" genannt) im Rahmen der Anfechtungsklage gemäß § 245 AktG häufig als Element der Begründetheitsprüfung angesehen[259].

Dieser Auffassung liegt zugrunde, daß der Anfechtungsklage ein materielles Gestaltungsrecht gegen den Beklagten zugrundeliegt, dessen tatsächliches Vorliegen sich in der Begründetheitsprüfung herausstellt[260]. Die Begründung der wohl hM zur Anfechtungsklage muß sich der Kritik stellen. Zweifel sind auch angebracht, ob sich deren für die Anfechtungsklage gefundene Ergebnisse auf das Spruchverfahren übertragen lassen.

Nahezu überall dort, wo zur systematischen Stellung der Antragsberechtigung dezidiert Stellung genommen wird, knüpfen die Überlegungen an den Mißbrauch des Anfechtungsrechts an. Ob Rechtsmißbrauch das Fehlen eines materiellen Gestaltungsrechts zur Folge hat oder zur Verneinung des Rechtsschutzbedürfnisses führt, sagt zunächst noch nichts über die Existenz der Antragsberechtigung in Gestalt einer Sachurteilsvoraussetzung aus. Das Fehlen eines materi-

---

[256] *Keidel/Kuntze/Winkler/Kahl*, § 31 Rn. 18.

[257] *Beyerle*, DB 1982, 837, 838, 842; *LG Darmstadt*, AG 1971, 57, 58.

[258] *LG Darmstadt*, AG 1971, 57, 58.

[259] *BGH*, NJW-RR 1992, 1388; *OLG Karlsruhe*, WM 1987, 533, 536; *Hüffer*, AktG, § 245 Rn. 2; KK/*Zöllner*, 1. Aufl., § 245 Rn. 2; *Hachenburg/Raiser*, Anh § 47 Rn. 151; *Noack*, AG 1989, 78, 83; *Boujong*, FS Kellermann, S. 1, 10.

[260] *BGH*, NJW-RR 1992, 1388.

ellen Gestaltungsrechts ist in der Tat eine Frage der Aktivlegitimation, also der Begründetheit.

Da weder in ZPO noch FGG Begriffe wie Antragsberechtigung, -befugnis oder Aktivlegitimation erwähnt sind und es sich um Begriffe handelt, die auch im Verwaltungsprozeßrecht Verwendung finden, lohnt sich ein Vergleich mit diesem, zumal dort die Anfechtungsklage (§ 43 I VwGO) eine bedeutsame Klageart darstellt. Die Klagebefugnis setzt die substantiierte Behauptung eigener Rechtsverletzung voraus und schafft im Rahmen der Zulässigkeit eine Filterwirkung, die es ausschließt, Popularinteressen zum Gegenstand der Klage zu erheben[261]. Ob tatsächlich eine Rechtsverletzung vorliegt, entscheidet sich in der Begründetheitsprüfung (§ 113 V 1 VwGO). Auch dem Zivilrecht ist diese Unterscheidung nicht fremd, wie sich an § 13 II Nr. 1 UWG zeigt. Hier sind die Prozeßvoraussetzungen (Rechtsfähigkeit, Satzungserfordernisse) streng von der Aktivlegitimation (Innehaben eigener Unterlassungsansprüche) zu unterscheiden[262]. Nichts anderes beabsichtigt auch die Antragsberechtigung im Anfechtungs- oder Spruchverfahren[263]. Sie soll sicherstellen, daß nicht jedermann, sondern nur Gesellschafter ein solches Verfahren vor staatlichen Gerichten in Gang setzen können, denn andere Personen sind unmittelbar nicht betroffen. Die Antragsberechtigung stellt mithin bereits bei der Anfechtungsklage eine Ausprägung des Gestaltungsrechts als Recht des Klägers gegen den Staat auf prozessuale Überprüfung des Beschlusses dar[264]. Dies schließt zwar nicht aus, daß dieses Gestaltungsrecht auch als materielles Recht in Form eines Rechts gegen die Gesellschaft existiert[265], für die Antragsberechtigung ist dieses aber ohne Bedeutung, es wird vielmehr vorausgesetzt[266].

Zwischen Anfechtungsklage und Spruchverfahren bestehen Gemeinsamkeiten, aber auch wesentliche Unterschiede. Beide Verfahren dienen der Beschlußkontrolle, zwar mit unterschiedlichem Ziel, nämlich der Kassation bzw. der Abän-

---

[261] *Kopp/Schenke*, VwGO, § 42 Rn. 1.

[262] *Baumbach/Hefermehl*, Wettbewerbsrecht, § 13 Rn. 20

[263] *K. Schmidt*, FS Semler, 1993, 329, 332 f; GK AktG (4)/*K. Schmidt*, § 245 Rn. 75.

[264] *K. Schmidt*, FS Semler, 1993, 329, 333 f; *Henckel*, S. 34 f.; *Schlosser*, Gestaltungsklagen, S. 366 f.; 378 f.; *Staab*, S. 214 ff.

[265] *Rosenberg/Schwab/Gottwald*, § 94 I 2; *Bötticher*, FS Dölle, 1963, S. 54 ff.

[266] so für die Anfechtungsklage *K. Schmidt*, FS Semler, 1993, S. 329, 332 f; *K. Schmidt*, Gestaltungsprozesse, 1992, S. 22 ff.

derung, jedoch anhand des gleichen Mittels, der Gestaltungsklage. Während bei der Anfechtungsklage neben dem individuellen Interesse des Gesellschafters zur Beseitigung rechtswidriger Beschlüsse auch die objektive Rechtswahrung von Bedeutung ist[267], dient das Spruchverfahren aber primär der Erhaltung des in der Beteiligung verkörperten Wertes[268]. Anders als bei der Anfechtungsklage, bei der das materielle Gestaltungsrecht auf Aufhebung des Beschlusses gerichtet ist, kommt diesem im Spruchverfahren keine eigenständige Bedeutung zu. Zugrundeliegender materieller Anspruch der Anteilsinhaber ist der Anspruch auf Abfindung, Ausgleich oder bare Zuzahlung. Dessen Bestehen (also die Aktivlegitimation) wird erst in einer Leistungsklage auf Zahlung des im Unternehmens- oder Verschmelzungsvertrag festgesetzten, eventuell im Spruchverfahren abgeänderten Betrages (bzw. der Gewährung von Anteilen) relevant, nicht aber im Gestaltungsverfahren[269].

Die für die Einordnung der Antragsberechtigung entscheidenden Unterschiede ergeben sich zudem daraus, daß das Spruchverfahren nach dem FGG durchgeführt wird. Der Antrag ist bloßer Verfahrensantrag, kein Sachantrag[270]. Die Festsetzung einer bestimmten Höhe von Abfindung und Ausgleich, der baren Zuzahlung oder des Umtauschverhältnisses muß nicht begehrt werden[271]. Dem Antragsteller steht vielmehr das Recht zu, diese Festsetzung vom Gericht zu verlangen. Hieraus ergibt sich, daß im Spruchverfahren die prozessuale Seite des Gestaltungsrechts im Vordergrund steht und in Gestalt der Antragsberechtigung eine Sachurteilsvoraussetzung darstellt[272].

Dieses Ergebnis wird auch durch die systematische Betrachtung von §§ 306 I AktG, 306 I 1 UmwG gestützt. Antragsberechtigung und Zuständigkeit werden im gleichen Satz genannt. Die Zuständigkeit gehört zu den Sachurteilsvoraussetzungen. Das deutet darauf hin, daß Gleiches auch für die Antragsberechtigung gilt, denn es wäre kaum sinnvoll, im Rahmen der Zuständigkeitsprüfung Begründetheitserwägungen anzustellen.

---

267 *RGZ* 146, 385, 395; *BGHZ* 107, 296, 308; *Hüffer*, AktG, § 245 Rn. 3.

268 *Schulenberg*, AG 1998, 74, 76.

269 *Schulenberg*, AG 1998, 74, 76.

270 *Schulenberg*, AG 1998, 74, 76; *Schneider*, NJW 1971, 1109, 1111.

271 S.u. § 10 III 1.

272 *Schulenberg*, AG 1998, 74, 76.

2. *Aktienrecht*

Ausgangspunkt der Überlegungen zur Antragsberechtigung ist das Aktienrecht. Selbstverständlich ist, daß der Antragsteller zur Zeit der Antragstellung Aktionär der abhängigen oder einzugliedernden Gesellschaft ist, denn nur ein Gesellschafter kann Kompensation des aus der Mitgliedschaft entspringenden Vermögensrechtes beanspruchen. Die Frage stellt sich aber, was den außenstehenden Aktionär qualifiziert, ob die Aktionärsstellung bis zur letzten mündlichen Verhandlung bestehen muß und wie die Veräußerung von Anteilen zu behandeln ist.

a. Außenstehender Aktionär

Die Abgrenzung des außenstehenden Aktionärs wird üblicherweise in den materiellen Anspruchsvoraussetzungen der §§ 304, 305, 320b AktG behandelt. Gleichwohl ist dieser Begriff auch für die Antragsbefugnis relevant, weil § 306 AktG nur denjenigen die Einleitung eines Spruchverfahrens ermöglichen soll, die materiell anspruchsberechtigt sind. Das Gesetz liefert für den Begriff des außenstehenden Aktionärs keine Definition, obwohl er an mehreren Stellen im Gesetz (z.B. auch in §§ 295 ff.; 302, 306 f. AktG) verwendet wird. Gesicherte Erkenntnis ist nur, daß der andere Vertragsteil selbst nicht darunterfällt. Daraus ergibt sich zugleich, daß das zu Ausgleich oder Abfindung verpflichtete Unternehmen nicht zur Einleitung eines Spruchverfahrens berechtigt ist, sondern bei Unangemessenheit dieser Leistungen zum Nachteil des herrschenden Unternehmens oder der Hauptgesellschaft auf die Anfechtungsklage verwiesen werden muß[273].

Angemerkt sei jedoch von vornherein, daß dies bisher keine praktischen Probleme aufgeworfen hat, nicht zuletzt weil in den meisten Unternehmensverträgen die hier erörterten Problemfälle unmittelbarer oder mittelbarer Beteiligung ausdrücklich vom Status des Außenstehenden ausgeschlossen sind[274]. So erklärt sich auch das Fehlen gerichtlicher Entscheidungen.

Uneinigkeit besteht darüber, welche Gruppen von Aktieninhabern der abhängigen Gesellschaft dem herrschenden Unternehmen gleichzustellen sind und von Kompensationsansprüchen ausgeschlossen werden. Kriterien sind dabei vor allem das Ausmaß der Beteiligung am herrschenden bzw. umgekehrt des herrschenden Unternehmens und die Art der Konzernverbundenheit.

---

[273] KK/*Koppensteiner*, § 304 Rn. 62.

[274] *Bayer*, FS Ballerstedt, S. 157, 174 f.

Vereinzelt wird eine sehr enge Interpretation des Begriffs des außenstehenden Aktionärs vertreten, nach der bereits eine Sperrminorität genügen soll, um Aktionäre dem herrschenden Unternehmen gleichzustellen. Das wird damit begründet, daß deren Inhaber den Unternehmensvertrag hätte verhindern können und damit auch nicht ausgleichsberechtigt sei, da er ja "sehenden Auges" zugestimmt habe[275]. Weniger weitgehend wird für einen Ausschluß von Kompensationsansprüchen für ausreichend erachtet, daß irgendeine (auch faktische) Konzernverbindung nach §§ 17 AktG besteht, da das den Ausgleich begehrende Unternehmen dann bereits im wirtschaftlichen Lager des herrschenden Unternehmens stehe[276].

Dem herrschenden Unternehmen gleichgestellt werden sollen nach überwiegender Ansicht dessen Tochter- oder Muttergesellschaften, die mit ihm durch einen Unternehmensvertrag verbunden sind[277]. Begründet wird dies damit, daß Tochtergesellschaften mittelbar vom Unternehmensvertrag profitieren und Muttergesellschaften das abhängige Unternehmen selbst mittelbar beherrschen bzw. mittelbar dessen Gewinn an sich abführen können.

Die gleiche Argumentation liegt der verbreiteten Auffassung zugrunde, alle Unternehmen, an denen die herrschende Gesellschaft zu 100% beteiligt ist oder die umgekehrt zu 100% an der herrschenden Gesellschaft beteiligt sind, müßten gleichfalls von Kompensationen ausgeschlossen sein[278], ebenso eingegliederte Gesellschaften[279].

Alle Aktionäre außer dem herrschenden Unternehmen selbst sind nach der strengsten Auffassung außenstehende Aktionäre. Dies wird unterschiedlich begründet; entweder mit der ansonsten genommenen Möglichkeit der Rücklagen-

---

275 *Boëtius*, DB 1972, 1220, 1221.

276 *Geßler* in *Geßler/Hefermehl/Eckardt/Kropff*, § 304 Rn. 18; *von Godin/Wilhelmi*, § 304 Anm. 7; *Raiser*, Kapitalgesellschaften, § 54 Rn. 46.

277 KK/*Koppensteiner*, § 295 Rn. 19; *Geßler* in *Geßler/Hefermehl/Eckardt/Kropff*, § 304 Rn. 15; MHAG/*Krieger*, § 70 Rn. 64; *Hüffer*, AktG, § 304 Rn. 3; *Raiser*, Kapitalgesellschaften, § 54 Rn. 46; *Emmerich/Sonnenschein*, S. 273.

278 *Geßler* in *Geßler/Hefermehl/Eckardt/Kropff*, § 304 Rn. 15; *Hüchting*, S. 109 f.; MHAG/*Krieger*, § 70 Rn. 64; *Hüffer*, AktG § 304 Rn. 3; *Raiser*, Kapitalgesellschaften, § 54 Rn. 46; *Emmerich/Sonnenschein*, S. 273.

279 *Geßler* in *Geßler/Hefermehl/Eckardt/Kropff*, § 304 Rn. 14.

bildung und dem Prinzip der Vermögenstrennung[280] oder mit dem Verstoß gegen den Kapitalbindungsgrundsatz (§§ 57 ff. AktG)[281].

Auf die individuelle Prüfung, ob der Kompensation begehrenden Gesellschaft letztlich der Gewinn in gleicher Höhe zufließt als er durch den Verlust der Kompensation verringert wird[282], ist nicht abzustellen, weil dies eine den Rahmen des Spruchverfahrens sprengende ex-post-Betrachtung mit umfangreichen Berechnungen nach sich ziehen würde[283].

Ein Lösungsansatz muß von folgenden Ansatzpunkten ausgehen: Zweck des § 304 AktG ist der Ausgleich des durch den Unternehmensvertrag möglicherweise geschmälerten Gewinnanspruchs als ein der Aktie innewohnendes Vermögensrecht[284]. Ziel des § 305 AktG ist die Kompensation sowohl des möglichen Anteilswertverlustes als auch - soweit eine Abfindung in Aktien anzubieten ist - der Herrschaftsrechte durch die Fremdbeeinflussung[285]. Dafür gebührt dem Anteilsinhaber der "volle Ausgleich". Es ist also zu ermitteln, in welchen der oben genannten Fallgestaltungen diese Kompensation bereits auf andere Weise als durch Zahlungen nach §§ 304, 305 AktG sichergestellt oder entbehrlich ist, weil keine Nachteile entstehen. Desweiteren ist der Begriff des außenstehenden Aktionärs in beiden Vorschriften gleich auszulegen, da ein echtes Wahlrecht zwischen Ausgleich und Abfindung bestehen soll. Grundsätzlich gilt auch, daß Konzernunternehmen rechtlich eigenständige Gesellschaften bilden; die Durchbrechung dieses Grundsatzes muß besonders begründet werden (Trennungsprinzip)[286].

In den Fällen einer Sperrminorität, einer Mehrheitsbeteiligung oder einer bloß faktischen Konzernbeziehung ist eine anderweitige Kompensation der Rechtsverluste aus den Aktien als durch §§ 304, 305 AktG nicht gewährleistet. Gegen die Argumentation mittels der Sperrminorität spricht außerdem, daß auch derje-

---

[280] *Kley*, S. 34 ff; 41 f.

[281] *Adolf Pentz*, AG 1996, 97, 101 ff.

[282] *Brauksiepe*, BB 1966, 144, 145 f.

[283] *Kley*, S. 39.

[284] wie die Gesetzesbegründung (BT-Drs. IV/171, S. 223): *Emmerich/Habersack*, § 304 Rn. 7; *Raiser*, Kapitalgesellschaften, § 54 Rn. 50; *BGH*, NZG 1998, 379.

[285] wie die Gesetzesbegründung (BT-Drs. IV/171, S. 223): KK/*Koppensteiner*, § 305 Rn. 2; *Kley* S. 30; *Adolf Pentz*, AG 1996, 97, 105.

[286] *Hüffer*, AktG, § 1 Rn. 4.

nige, der einem Unternehmensvertrag zustimmt, nicht automatisch in das Zufügen von Nachteilen ohne Ausgleich einwilligt und nicht diskriminiert werden darf[287]. Eine Zurechnung anhand der Frage, ob der Anteil des herrschenden am abhängigen oder des abhängigen am herrschenden Unternehmen größer ist, ist allein als Abgrenzungsmerkmal nicht tauglich, denn dies ändert nichts an der Höhe der Einbuße.

Ist das Ausgleich oder Abfindung begehrende Unternehmen selbst mit dem potentiell zahlungspflichtigen Unternehmen aufgrund eines Unternehmensvertrages verbunden, wird eingewandt, auch hier müsse das Vermögen der herrschenden Gesellschaft strikt von dem der mit ihm anderweitig verbundenen Unternehmen getrennt werden. Vor allem verstoße eine Zurechnung des Gewinns des abhängigen Unternehmens über das Ausgleich oder Abfindung begehrende Unternehmen zum ausgleichspflichtigen herrschenden Unternehmen gegen die Kapitalbindung (§ 57 III AktG)[288] und das Prinzip der Vermögenstrennung[289] und die Möglichkeit der Rücklagenbildung[290]. Daß ein Unternehmen vom herrschenden Unternehmen Dividendenersatz hinsichtlich seiner Beteiligung am abhängigen Unternehmen erhalte, bedeute noch nicht, daß es selbst einen Gewinn erziele; eine fiktive Weiterleitung könne daher letztlich - im Verlustfall - einen Substanzverlust bedeuten[291]. Dem ist aber entgegenzuhalten, daß - ebenso wie bei der Eingliederung - die herrschende Gesellschaft zum Verlustausgleich verpflichtet ist (§§ 302 I, 324 III AktG), die genannte Gefahr also nicht besteht. Ob zur Rücklagenbildung eine Verpflichtung besteht (§ 300 AktG) läßt sich nur im Einzelfall feststellen[292]. Im umgekehrten Fall, wenn das Ausgleich oder Abfindung begehrende Unternehmen das zur Zahlung verpflichtete Unternehmen beherrscht, kann es die aus dem Unternehmensvertrag zwischen letzterem und dem abhängigen Unternehmen resultierenden Vorteile selbst abschöpfen. Soweit dem entgegnet wird, dies gelte allenfalls bei zwei nacheinandergeschalteten Gewinnabführungs-, nicht aber Beherrschungsverträgen[293], so wird dabei außer

---

[287] KK/*Koppensteiner*, § 295 Rn. 17; *Geßler/Hefermehl/Eckardt/Kropff*, § 304 Rn. 14.

[288] *Adolf Pentz*, AG 1996, 97, 103.

[289] *Adolf Pentz*, AG 1996, 97, 104; *Kley*, S. 34a ff.

[290] *Kley*, S. 34a ff.

[291] *Kley*, S. 34a ff.

[292] *Adolf Pentz*, AG 1996, 97, 103.

[293] *Adolf Pentz*, AG 1996, 97, 101 f.

Acht gelassen, daß es über seinen Einfluß auf die Geschäftsführung stets vorteilhafte Rechtsgeschäfte treffen kann, die einer Weiterleitung des Gewinns wirtschaftlich entsprechen. Der Verlustausgleich tritt gerade über Vermögensgrenzen hinweg ein. Dafür, daß die Vermögenstrennung untaugliches Argument ist, spricht auch, daß mit dem Begriff "außenstehend" wirtschaftliche Erwägungen eine Rolle spielen und nicht allein auf rechtliche Trennung abzustellen ist. Anderenfalls hätte es des Begriffs nicht bedurft, vielmehr hätte es genügt, einfach von "anderen" Aktionären zu sprechen.

Falls alle Aktionäre außer dem anderen Vertragsteil zu den außenstehenden gerechnet werden, treten Schwierigkeiten bei der Abfindung nach § 305 AktG auf, denn nach §§ 71 bzw. 71 d AktG ist der Erwerb eigener Aktien bzw. solcher des herrschenden Unternehmens verboten, was eine Abfindung in Aktien nach § 305 Nr. 1, 2 AktG verhindert, so daß zwei verschiedene Abfindungsarten angeboten werden müßten[294], was gesetzlich nicht vorgesehen ist und im Hinblick auf § 53 a AktG Bedenken begegnet. Auch dies spricht dafür, verbundene Unternehmen vom Begriff des außenstehenden Aktionärs auszunehmen. Ein Ausschluß nur der Abfindung[295] verletzt die Grundgedanken der gesetzlichen Regelung, nach der eine Entschädigung nicht nur für den Gewinnanspruch, sondern auch für Mitgliedschaftsrechte und Werteinbußen zu leisten ist.

Dies gilt jedoch nicht bei einer bloßen 100%-Beteiligung ohne unternehmensvertragliche Bindung bzw. ohne Eingliederung. Hier besteht erlaubterweise nur Einfluß hinsichtlich des Zuständigkeitsbereichs der Hauptversammlung einschließlich der Gewinnverwendung, weder wie nach § 308 AktG in bezug auf die Geschäftsführung, noch auf die unmittelbare Weiterleitung von Gewinnen. Auch wäre die scharfe Grenzziehung zu 99%-Beteiligungen nicht nachvollziehbar.

Festzustellen bleibt daher, daß vom Begriff des außenstehenden Aktionärs neben dem anderen Vertragsteil nur Anteilsinhaber ausgeschlossen sind, die selbst mit dem anderen Vertragsteil durch einen Unternehmensvertrag verbunden sind oder in den sie eingegliedert sind bzw. der in sie eingegliedert ist.

---

[294] *Adolf Pentz*, AG 1996, 97, 105; *Kley*, S. 42.

[295] MHAG/*Krieger*, § 70 Rn. 98.

b. Inhaber gewinnabhängiger Ansprüche

Kontrovers diskutiert wird die Frage, ob auch außerhalb des Kreises der außenstehenden Aktionäre andere Inhaber gewinnabhängiger Ansprüche, wie z.B. Genußscheininhaber oder tantiemenberechtigte Mitarbeiter ausgleichsberechtigt sind[296]. Eine Diskussion kann hier unterbleiben, da selbst bei Annahme eines materiellrechtlichen Ausgleichsanspruchs analog § 304 AktG eine Analogie zum Spruchverfahren zur Durchsetzung dieser Ansprüche nicht in Betracht kommt. Das Spruchverfahren ist für den Ausgleich von Mitgliedschaftsrechten, nicht von Gläubigerrechten, konzipiert. Es verbleibt der Zivilprozeß oder das arbeitsgerichtliche Verfahren, in dem selbstverständlich auf die im Spruchverfahren gewonnenen Erkenntnisse zurückgegriffen werden kann.

c. Maßgeblicher Zeitpunkt der Aktionärseigenschaft

Zu welchem Zeitpunkt der Antragsteller Aktieninhaber sein muß, um antragsbefugt zu sein, ist nach wie vor umstritten. Während vor allem kurz nach Inkrafttreten des AktG 1965 verlangt wurde, daß der Antragsteller bereits zur Zeit der über die Zustimmung zum Unternehmensvertrag beschließenden Hauptversammlung Aktionär gewesen sein muß[297], wurde später die Ansicht vertreten, bei Eintragung[298] oder bei Bekanntmachung[299] des Unternehmensvertrages im Handelsregister müsse der Antragsteller bereits Aktieninhaber gewesen sein. Nach einer im Vordringen befindlichen Meinung kommt es allein auf die Aktionärseigenschaft zum Zeitpunkt der Antragstellung an[300], wobei z.T. zwischen der Antrags- und der Anschlußfrist differenziert wird[301].

---

[296] bejahend *Emmerich/Sonnenschein*, S. 273; *Konzen*, RdA 1984, 65, 72 f., 80 ff.; dagegen *Geßler* in *Geßler/Hefermehl/Eckardt/Kropff*, § 304 Rn. 28; KK/*Koppensteiner*, § 304 Rn. 13; *BGHZ* 119, 305, 309 ff.

[297] *KG*, AG 1971, 158 f.; *LG Darmstadt*, AG 1978, 57, 58; GK AktG (3)/*Würdinger*, § 304 Anm. 31; *von Godin/Wilhelmi*; § 304 Rn. 10; *Werner*, WuB II A. § 306 2.90.

[298] *LG Köln*, AG 1998, 537 (obiter dictum).

[299] *Geßler* in *Geßler/Hefermehl/Eckardt/Kropff*, § 304 Rn. 133; MHAG/*Krieger*, § 70 Rn. 114; *Hüffer*, AktG, § 304 Rn. 24; *OLG Frankfurt*, NJW 1972, 641, 643.

[300] *H. Meilicke/Hohlfeld*, BB 1972, 1249 f.; *Emmerich/Habersack*, § 304 Rn. 81 f.; KK/*Koppensteiner*, § 304 Rn. 63; *Schulenberg*, AG 1998, 74, 77; *Hüchting*, S. 73; *U. Schneider*, NJW 1971, 1109, 1111; *J. Schmidt*, S. 40 f; *Van Aerssen*, AG 1999, 249, 254; *Jänsch*, S. 157 f.

[301] *OLG Frankfurt*, AG 1990, 396.

Die erstgenannte Ansicht wird mit einer Parallelargumentation zur Anfechtungsklage begründet. Indem dem Spruchverfahren eine Ersatzfunktion für die hinsichtlich des Umfangs des Ausgleichs- oder Abfindungsanspruchs ausgeschlossene Anfechtungsklage zugesprochen wird, werden auch die wesentlichen Verfahrensvoraussetzungen übertragen[302]. Doch diese pauschale Übertragung verwischt wesentliche Unterschiede in den Funktionen beider Verfahren. Für die Anfechtungsklage ist antragsbefugt nur derjenige, der Aktionär zur Zeit der Hauptversammlung war, wie sich aus § 245 Nr. 1-3 AktG ergibt. Eine Argumentation mit Hilfe des Widerspruchserfordernisses (§ 245 Nr. 1 AktG) herzuleiten, das in §§ 304 ff. AktG fehlt[303], ist unergiebig, da § 304 AktG dem § 245 Nr. 3 AktG nachgebildet ist[304], wo es eines Widerspruchs gerade nicht bedarf. Entscheidend ist aber, daß bei der Anfechtungsklage die Beeinträchtigung des Mitgliedschaftsrechts durch rechtswidrige Beschlüsse, mögen diese auch mittelbar den Anteilswert beeinflussen, im Vordergrund steht. Beim Spruchverfahren ist hingegen der Erhalt von Vermögensrechten unabhängig von Beschlußmängeln maßgebend[305]. Die Antragsbefugnis ist also anders als bei der Anfechtungsklage nicht auf diejenigen zu beschränken, die überhaupt am Zustandekommen des Beschlusses mitwirken konnten (§ 245 Nr. 1, 3 AktG) oder denen die Mitwirkung unrechtmäßig versagt blieb (§ 245 Nr. 2 AktG), sondern muß jedem zukommen, der in seinen Vermögensrechten beeinträchtigt sein kann.

Ein wesentlicher systematischer Unterschied zwischen Anfechtungklage und Spruchverfahren besteht auch darin, daß bei der Anfechtungsklage der Kreis der Klageberechtigten auch aus Gründen der Rechtssicherheit auf einen kleinen Kreis von Personen, vor allem solchen, die widersprechen, beschränkt wird. Dieses Erfordernis besteht beim Spruchverfahren nur in geringerem Maß, da die Wirksamkeit des Unternehmensvertrages gerade nicht dessen Gegenstand ist[306].

Auch die weitergehende Ansicht, es komme auf den Zeitpunkt der Bekanntmachung der Eintragung des Unternehmensvertrages ins Handelsregister an (§ 10 II HGB), beruht letztlich auf der abzulehnenden Prämisse der Parallelität von An-

---

[302] *KG*, AG 1971, 158 f.; *Hüffer* in *Geßler/Hefermehl/Eckardt/Kropff*, § 245 Rn. 27; *von Godin/Wilhelmi*; § 304 Rn. 10; *Werner*, WuB II A. § 306 a 2.90.

[303] *H. Meilicke/Hohlfeld*, BB 1972, 1249.

[304] *OLG Frankfurt*, NJW 1972, 641, 642 f.

[305] *U. Schneider*, NJW 1971, 1109, 1110 f.; *Heckschen*, WuB II A § 306 AktG 1.90.; *Schulenberg*, AG 1998, 74, 76; *Jänsch*, S. 159.

[306] *U. Schneider*, NJW 1971, 1109, 1111; KK/*Koppensteiner*, § 304 Rn. 63.

fechtungsklage und Spruchverfahren[307]; sie mildert nur die Konsequenzen für unwissende Aktionäre[308]. Indessen bedarf es einer solchen Abmilderung schon deshalb nicht, weil damit impliziert wird, die Kenntnis vom Unternehmensvertrag schließe Abfindungsansprüche eines Aktienerwerbers aus. Dieser Ansatzpunkt ist jedoch unzutreffend. Die Kenntnis des Vertrages bewirkt, daß das Risiko unzureichender Kompensation offenkundig wird, nicht aber einen konkludenten Verzicht auf Vermögensrechte, deren Entzug verfassungswidrig wäre und deren Umfang erst im Spruchverfahren endgültig geklärt wird. Letztlich wird hier unausgesprochen eine völlig verfehlte Analogie zu § 460 BGB gezogen. Die Entscheidung im Spruchverfahren gilt ausdrücklich für und gegen alle (§ 306 II, 99 III 2 AktG), ohne Differenzierung zwischen Kenntnis oder Unkenntnis des Unternehmensvertrages. Auch kann § 15 II HGB nicht zur Begründung herangezogen werden[309], denn einzutragende Tatsache ist nicht die Höhe der Ausgleichsleistung, sondern nur das Bestehen des Vertrages[310]. Gleichfalls verbieten sich Differenzierungen zwischen Antrags- und Anschlußfrist[311], da der Unterschied in der Bekanntmachungsweise der Anschlußfrist, nämlich nach § 306 III 1 AktG nur in den Gesellschaftsblättern und nicht im Handelsregister, nach dem oben Gesagten irrelevant ist.

Ein Scheinargument ist auch die Behauptung, ein so weiter Umfang des Kreises der Antragsberechtigten würde zu einer größeren Zahl von Mißbrauchsfällen führen[312]. Die Gefahr des Mißbrauchs wohnt jedem Verfahren inne; das Potential ist unter Hauptversammlungsteilnehmern nicht größer als unter denen, die danach Aktien erwerben, zumal auch schon vor der Hauptversammlung der geplante Abschluß eines Unternehmensvertrages bekannt ist[313], allein wegen der Tagesordnung.

---

[307] *OLG Frankfurt*, NJW 1972, 641, 643; *Hüffer*, AktG, § 304 Rn. 24.

[308] KK/*Koppensteiner*, § 304 Rn. 63.

[309] so aber *Geßler* in *Geßler/Hefermehl/Eckardt/Kropff*, § 304 Rn. 133; *Hüffer*, AktG, § 304 Rn. 24; *OLG Frankfurt*, NJW 1972, 641, 643

[310] *Van Aerssen*, AG 1999, 249, 253.

[311] *Heckschen*, WuB II A. § 306 AktG 1.90.

[312] *Hüffer*, AktG, § 304 Rn. 24; *OLG Frankfurt*, NJW 1972, 641, 643; *LG Darmstadt*, AG 1971, 57, 58; *Geßler* in *Geßler/Hefermehl/Eckardt/Kropff*, § 304 Rn. 133.

[313] *U. Schneider*, NJW 1971, 1109, 1111; *H. Meilicke/Hohlfeld*, BB 1972, 1249, 1250; *Timm*, EWiR § 306 AktG 1989, 633, 634); *Jänsch*, S. 160.

d. Veräußerung und Erwerb von Aktien

Ebenso ist umstritten, ob mit der Veräußerung von Aktien die Antragsbefugnis vom Veräußerer auf den Erwerber übergeht[314], dem Veräußerer erhalten bleibt[315] oder ob sie einfach wegfällt. Letzteres nehmen besonders diejenigen an, die die Aktionärseigenschaft bereits zum Zeitpunkt des Zustimmungsbeschlusses oder jedenfalls bei dessen Eintragung fordern und davon ausgehen, daß die Aktien in der gesamten Zeitspanne bis zur Entscheidung im Spruchverfahren gehalten werden müssen[316]. Gegen diese Ansicht sprechen sowohl dogmatische als auch praktische Erwägungen.

Sowohl der Dividendenanspruch ist in der Aktie verkörpert als auch der Wert der Aktie an sich. Gleiches gilt auch für die Surrogate des Ausgleichs und der Abfindung. Diese Vermögensrechte gehen bei Veräußerung auf den Erwerber über[317]. Dem materiellen Recht folgt auch die zu deren Durchsetzung dienende Antragsbefugnis. Jede andere Sichtweise würde zudem zu untragbaren Konsequenzen für die Verkehrsfähigkeit der Aktien führen. Aktionäre könnten ihre Aktien - wenn überhaupt - nur mit Verlust weiterveräußern, die Auseinandersetzung von Erbengemeinschaften oder anderen zu liquidierenden Vermögensmassen wäre erheblich erschwert[318].

Hiervon zu trennen ist jedoch die Frage, wie sich die Veräußerung auf ein bereits anhängiges Verfahren auswirkt. Hierfür bieten sich zwei Wege an, § 265 ZPO analog[319] oder ein Beteiligtenwechsel[320]. Nur selten wird dazu dezidiert

---

[314] *U. Schneider*, NJW 1971, 1109, 1111; *Hüffer*, AktG, § 304 Rn. 25; *OLG Frankfurt*, NJW 1972, 641, 643; *J. Schmidt*, S. 46; *Van Aerssen*, AG 1999, 249, 253; *H. Meilicke/Hohlfeld*, BB 1972, 1249, 1250; *Emmerich/Habersack*, § 304 Rn. 83; einschränkend *Geßler* in *Geßler/Hefermehl/Eckardt/Kropff*, § 304 Rn. 134; *Schulenberg*, AG 1998, 74, 81.

[315] *H. Meilicke/Hohlfeld*, BB 1972, 1249, 1250.

[316] *KG*, AG 1971, 158; *LG Darmstadt*, AG 1971, 57, 58; *OLG Frankfurt*, NJW 1971, 641, 643; GK AktG (3)/*Würdinger*, § 304 Anm. 31; ähnlich für die Veräußerung nach Bekanntmachung aber auch *Geßler* in *Geßler/Hefermehl/Eckardt/Kropff*, § 304 Rn. 135.

[317] *Van Aerssen*, AG 1999, 249, 253; *Schulenberg*, AG 1998, 74, 77 ff.; KK/*Koppensteiner*, § 304 Rn. 63; *U. Schneider*, NJW 1971, 1109, 1111; *Hüchting*, S. 73; *Jänsch*, S. 159.

[318] *U. Schneider*, NJW 1971, 1109, 1112; *Jänsch*, S. 162.

[319] *Keidel/Kuntze/Winkler/Kahl*, vor § 8 Rn. 4; *U. Schneider*, NJW 1971, 1109, 1112; *H. Meilicke/Hohlfeld*, BB 1972, 1249, 1250; *LG Köln*, AG 1998, 538; *Jänsch*, 161 ff.

[320] *J. Schmidt*, S. 46, nennt dies "Parteiwechsel" im Hinblick darauf, daß es sich um ein FGG-Verfahren handelt, wird hier statt "Partei" der Ausdruck des "Beteiligten" benutzt; vom "Übergang der Parteirolle" sprechen auch *Geßler* in *Geßler/Hefermehl/Eckardt/Kropff*, § 304

Stellung genommen; meist wird nur von der Fortsetzung des Verfahrens gesprochen[321] oder pauschal § 265 ZPO zitiert[322].

Maßgeblich ist dafür zunächst, ob § 265 ZPO überhaupt analog im FGG-Verfahren angewendet werden kann. Hierbei ist zu berücksichtigen, daß es sich beim Spruchverfahren um ein echtes Streitverfahren handelt, das dem ZPO-Verfahren weitgehend angenähert ist[323]. Eine Regelungslücke besteht, da spezielle Regelungen für das echte FGG-Streitverfahren nicht existieren. Rechtsähnlichkeit ist gegeben: Die Sachbefugnis, die in § 265 ZPO geregelt ist, gründet auf dem dem Sachantrag zugrunde liegenden materiellen Recht, während der Antrag im Spruchverfahren nur einen Verfahrensantrag darstellt. Dennoch liegt der Antragsbefugnis auch hier das materielle Recht zugrunde[324], so daß eine Analogie von daher keinen Bedenken begegnet.

Während keine Bedenken bestehen, § 265 I ZPO analog anzuwenden[325], ist genauer zu prüfen, ob die Anwendung des § 265 II ZPO Vorzüge gegenüber der Annahme eines Beteiligtenwechsels bietet. Die Konsequenzen unterscheiden sich: Bei § 265 II ZPO analog bleibt der Veräußerer der Aktien antragsbefugt; eine Abweisung des Antrags wegen Unzulässigkeit aufgrund fehlender Antragsbefugnis kann nicht erfolgen. Anders ist es bei Ablehnung einer Analogie zu § 265 ZPO und der alleinigen Anwendung des Rechtsinstituts des Beteiligtenwechsels. Beim gewillkürten Parteiwechsel[326] sind hierfür Erklärungen des alten und neuen Antragstellers sowie entweder die Zustimmung des Antragsgegners oder die Sachdienlicherklärung des Gerichts erforderlich[327]. Fehlt eine der genannten Voraussetzungen, führt dies zur Abweisung des Antrags.

Rn. 134; KK/*Koppensteiner*, § 304 Rn. 63; dem schließen sich *Emmerich/Habersack*, § 304 Rn. 83 und wohl auch *Hüffer*, AktG, § 304 Rn. 25, an.

321 *Hüffer*, AktG, § 304 Rn. 26.

322 *LG Köln*, AG 1998, 538. Einen vermeintlichen Mittelweg geht *Schulenberg*, AG 1998, 74, 81, für das UmwG-Spruchverfahren, der letztlich einen gesetzlichen Parteiwechsel als Modifikation des § 265 ZPO annimmt, ohne sich indes mit diesem Rechtsinstitut näher zu befassen.. Dies verkehrt die Rechtsfolge des § 265 ZPO jedoch in ihr Gegenteil.

323 *Jansen*, vor §§ 8-18, Rn. 60; Keidel/Kuntze/Winkler/Kahl, vor §§ 8-18 Rn. 4; *Schulenberg*, AG 1998, 74, 80.

324 S.o. § 7 IV 2 a.

325 *Emmerich/Habersack*, § 304 Rn. 83.

326 Ein gesetzlicher Parteiwechsel kommt mangels gesetzlicher Regelung nicht in Betracht.

327 Vgl. im einzelnen *Thomas/Putzo*, vor § 50 Rn. 20 ff.

Für § 265 II ZPO spricht, daß dieser im Zivilprozeß eine gesetzliche Spezialregelung für die Veräußerung der streitbefangenen Sache darstellt, während das Rechtsinstitut des Parteiwechsels einer umfassenden gesetzlichen Regelung ermangelt. Gegen eine Übertragung auf das Spruchverfahren soll sprechen, daß der Antragsgegner des Schutzes vor einem neuen Prozeß durch den Erwerber, den § 265 ZPO in erster Linie bezweckt[328], nicht bedürfe, weil dies bereits durch die Fristenregelungen sichergestellt sei[329]. Dabei werden andere Beteiligte aber außer Acht gelassen, nämlich die außenstehenden Aktionäre. Scheidet der einzige Antragsteller nach der Veräußerung seiner Aktien aus dem Verfahren aus und möchte der Erwerber das Verfahren nicht übernehmen, so muß der Antrag abgewiesen werden. Auch der gemeinsame Vertreter kann hier nicht helfen, da er zwar bei Rücknahme des Antrags in die Position des Antragstellers einrückt (§§ 306 II 10 AktG, 308 III UmwG), der Parteiwechsel aber nach heute hM gerade keine Klagerücknahme enthält[330]. Die Vorzüge des Parteiwechsels bietet auch § 265 II 1 ZPO analog, denn der Erwerber kann in das Verfahren eintreten. Hierfür ist im Spruchverfahren in Abweichung von § 265 II 1 ZPO nicht einmal die Zustimmung des Antragsgegners erforderlich, da dieser wegen der Fristen nicht vor einem neuen Verfahren geschützt werden muß. Eine Abweichung ergibt sich auch zur "Relevanztheorie" bei § 265 ZPO, nach der der Veräußerer den Antrag auf Leistung an den Rechtsnachfolger umstellen muß, damit das Rechtsschutzbedürfnis bestehen bleibt[331]. Dies ist wegen der inter-omnes-Wirkung und weil es sich um keinen Sachantrag handelt, nicht nötig[332], weshalb hier das Rechtsschutzbedürfnis im Spruchverfahren ebensowenig wegfällt wie bei Umstellung des Antrages bei § 265 ZPO.

§ 265 III ZPO ist wegen der inter-omnes-Wirkung nach § 306 II, 99 V 2 AktG bedeutungslos[333]. Einer Zustimmung des Gerichts bedarf es weder beim Beteiligtenwechsel noch bei § 265 II ZPO analog. Der Offizialcharakter des Spruchverfahrens erfordert dies nicht[334], denn wenn die Beteiligten Anträge zurück-

---

[328] *Thomas/Putzo*, § 265 Rn. 1;

[329] *J. Schmidt*, S. 46; ohne Begründung ablehnend auch *Emmerich/Habersack*, § 304 Rn. 83.

[330] *Baumbach/Lauterbach/Albers/Hartmann*, § 263 Rn. 6, 8.

[331] *Thomas/Putzo*, § 265 Rn. 13.

[332] So für das UmwG-Spruchverfahren *OLG Düsseldorf*, DB 1999, 681, 682.

[333] So auch *Schulenberg*, AG 1998, 74, 81.

[334] So aber *J. Schmidt*, S. 46 für den Parteiwechsel.

nehmen können, ein Beteiligter also ausscheidet, muß auch der Wechsel in der Disposition der Beteiligten stehen. Zudem wird bei analoger Anwendung des § 265 II ZPO der Prozeßökonomie[335] besser Rechnung getragen[336] als beim umständlicheren Beteiligtenwechsel.

Im Ergebnis ist also festzustellen, daß die Antragsbefugnis vor Antragstellung zugleich mit der Übertragung der Aktie und dem ihr innewohnenden Kompensationsanspruch auf den Erwerber übergeht. Nach der Antragstellung gilt § 265 II ZPO. Das zu §§ 304, 305 AktG Gesagte gilt in gleichem Maße für die Eingliederung.

e. Abtretung von Ausgleichs- und Abfindungsansprüchen

Grundsätzlich gelten die angestellten Überlegungen auch bei einer isolierten Abtretung des Abfindungs-/Ausgleichsanspruchs, sofern eine solche Trennung der Ansprüche vom Eigentum an der Aktie überhaupt möglich ist. In der Literatur wird dazu selten ausführlich Stellung genommen. Oft wird vom Ausgleichsanspruch als "vermögensrechtlichem Annex" des Mitgliedschaftsrechts gesprochen[337]. Zur Klärung sind die Unterschiede zwischen Ausgleichs- und Abfindungsanspruch hilfreich. Beim ersteren handelt es sich um einen Dividendenersatz, letzterer wird durch die Veräußerung der Aktie abgewickelt. Schon daraus ergibt sich für den Abfindungsanspruch, daß er durch die Aktie selbst verkörpert wird und nicht trennbar ist. Zu differenzieren ist beim Ausgleichsanspruch, der die Funktion eines Dividendenersatzes hat. Beim Dividendenanspruch nach § 58 IV AktG ist zu unterscheiden: Vor dem Gewinnverwendungsbeschluß ist das mitgliedschaftliche Dividendenrecht, verstanden als Anspruch gegen die Gesellschaft auf Herbeiführung des Gewinnverwendungsbeschlusses, nicht abtretbar[338]. Erst nach dem Entstehen eines Zahlungsanspruchs ist es verkehrsfähig[339]. Nur beim reinen Gewinnabführungsvertrag, bei dem kein auszuschüttender Gewinn entsteht, ergibt sich der Ausgleichsanspruch nicht aus dem

---

[335] Auch diese bezweckt § 265 ZPO, *Zöller/Greger*, § 265 Rn. 1.

[336] So für das UmwG-Spruchverfahren *OLG Düsseldorf*, DB 1999, 681, 682.

[337] KK/*Koppensteiner*, § 304 Rn. 63; *Heckschen*, WuB II A. § 306 AktG 1.90; U. *Schneider*, NJW 1971, 1109, 1111; GK AktG (3)/*Würdinger*, § 304 Anm. 5; im Ergebnis auch *Schulenberg*, AG 1998, 74, 78 f.

[338] *Hüffer*, AktG , § 58 Rn. 26;

[339] *Hüffer*, AktG, § 58 Rn. 28; KK/*Lutter*, § 58 Rn. 100; *Geßler/Bungeroth* in *Geßler/Hefermehl/Eckardt/Kropff*, § 58 Rn. 129.

Gewinnverwendungsbeschluß, sondern unmittelbar aus dem Unternehmensvertrag; lediglich die künftige Fälligkeit des Ausgleichs richtet sich nach dem jeweiligen Datum des Gewinnverwendungsbeschlusses. Beim Beherrschungsvertrag hingegen kann ein ausschüttungsfähiger Gewinn vorhanden sein, so daß der Ausgleichsanspruch nach der Differenz zwischen ausgeschüttetem und garantiertem Gewinn zu berechnen ist[340]. Auch hier entsteht ein abtretbarer Zahlungsanspruch erst nach dem Gewinnverwendungsbeschluß. Eine Abtretung des Ausgleichsanspruchs ist somit nur beim reinen Gewinnabführungsvertrag möglich. In diesem Fall gilt ebenfalls § 265 ZPO analog.

f. Besonderheiten bei Namensaktien

Bei Namensaktien können zwei Besonderheiten hinsichtlich deren Übertragung für die Prüfung der Antragsbefugnis relevant werden. Zum einen stellt sich die Frage, ob der Antragsteller bei Ablauf der Antrags- oder Anschlußfrist bereits im Aktienregister eingetragen sein muß (§ 67 II AktG) und zum anderen, ob bei vinkulierten Namensaktien die Zustimmung (§ 68 II Akt) zur Übertragung bei Fristablauf vorliegen muß.

Nach § 67 II AktG gilt der Erwerber gegenüber der Gesellschaft erst mit der Eintragung als Aktionär. Erst dann ist er berechtigt, Mitgliedschaftsrechte, u.a. Dividendenansprüche, geltend zu machen[341]. Daraus ließe sich schließen, daß auch der dem Dividendenanspruch vergleichbare Ausgleichsanspruch erst nach der Eintragung verlangt werden kann und die grundsätzlich dem materiellen Recht folgende Antragsbefugnis dementsprechend erst nach der Eintragung vorliegt. Diese Argumentation wäre aber unrichtig. Für den Aktienerwerb selbst ist die Eintragung völlig irrelevant, dieser vollzieht sich nach den allgemeinen Vorschriften[342]. Durch § 67 II soll die AG davor geschützt werden, Leistungen an Nichtberechtigte zu erbringen und Rechtsklarheit zu schaffen[343]. Die Eintragung mag daher für den materiellen Ausgleichs- oder Abfindungsanspruch unverzichtbar sein, für die gerichtliche Verfahrenseinleitung, die ein Prozeßrechtsverhältnis begründet und damit außerhalb der mitgliedschaftlichen Rechtsbezie-

---

[340] KK/*Koppensteiner*, § 304 Rn. 20;

[341] *Hüffer*, AktG, § 67 Rn. 10.

[342] *Hüffer*, AktG, § 67 Rn. 7.

[343] *Hüffer*, AktG, § 67 Rn. 1.

hung steht, ist sie es nicht[344]. Die AG ist auch in keiner Weise schutzbedürftig, da das Spruchverfahren nicht über individuelle Zahlungsansprüche entscheidet.

Bei Vinkulierung gilt nichts wesentlich anderes. Die Zustimmung in Form der nachträglichen Genehmigung wirkt grundsätzlich ex tunc nach § 184 I BGB. Etwas anderes gilt für die Antragsbefugnis auch dann nicht, wenn die Genehmigung konkludent durch Eintragung im Aktienregister nach § 67 II AktG erfolgt. Hinsichtlich des Mitgliedschaftsverhältnisses wird dann der Genehmigung durch § 67 II AktG zwar eine ex-nunc-Wirkung zuteil (§ 184 I BGB: "soweit nichts anderes bestimmt ist"), nicht aber - wie erläutert - hinsichtlich der Antragsbefugnis[345].

g. Abstimmungsverhalten

Während im aktienrechtlichen Spruchverfahren[346] und beim Spruchverfahren wegen Zuzahlungsansprüchen nach § 15 UmwG[347] nach einhelliger Ansicht die Zustimmung zum Unternehmensvertrag bzw. der Verschmelzung nicht die Einleitung eines Spruchverfahrens hindert, wird dies bei der Antragsbefugnis hinsichtlich eines Spruchverfahrens wegen Abfindungsansprüchen nach § 29 UmwG (früher: § 375 AktG) von der hM anders gesehen: Der dort notwendige Widerspruch könne nur nach negativer Stimmabgabe erfolgen[348]. Diese Auffassung wird zumeist überhaupt nicht oder nur damit begründet, das Gesetz stelle so sicher, daß nicht eine große Zahl von Anteilsinhabern den Weg der Abfindung wähle und unüberschaubare Belastungen entstünden[349]. Im Gesetz ist diese Einschränkung, daß die Zahl der Ausscheidenden mit allen Mitteln zu begrenzen ist, freilich ebensowenig wie in dessen Begründung erwähnt[350]. Auch bei der

---

344 *LG Köln*, AG 1998, 537.

345 *LG Köln*, AG 1998, 537.

346 *Hüffer*, AktG, § 304 Rn. 23; KK/*Koppensteiner*, § 304 Rn. 62; *Geßler* in *Geßler/Hefermehl/Eckardt/Kropff*, § 304 Rn. 136.

347 *Lutter/Bork*, UmwG, § 15 Rn. 4; *Dehmer*, UmwG, § 15 Rn. 4; *Kallmeyer/Marsch-Barner*, UmwG, § 15 Rn. 5; *Krieger*, Spruchverfahren, S. 275, 278; *Goutier/Knopf/Tulloch/Bermel*, § 15 UmwG Rn. 5.

348 KK/*Zöllner*, 1. Aufl., § 375 Rn. 5; *Semler/Grunewald* in *Geßler/Hefermehl/Eckardt/Kropff*, § 375 Rn. 4; *Dehmer*, UmwG, § 29 Rn. 13; *Lutter/Bork*, UmwG, § 29 Rn. 10; *Goutier/Knopf/Tulloch/Bermel*, § 29 UmwG Rn. 18.

349 *Lutter/Bork*, UmwG, § 29 Rn. 10.

350 *Kallmeyer/Marsch-Barner*, UmwG, § 29 Rn. 13; BT-Drs. 12/6699, S. 94.

Anfechtungsklage, die nach § 245 Nr. 1 AktG grundsätzlich einen Widerspruch erfordert, ist ein Widerspruch auch nach Zustimmung möglich[351]. Auch aus dem Rechtsinstitut des venire contra factum proprium, das dem Widerspruchserfordernis zugrunde liegt[352], läßt sich nicht begründen, warum ein dem Beschluß über den Unternehmensvertrag oder der Umwandlung zustimmender Aktionär keinen Widerspruch erheben darf. Zum einen ist Anknüpfungspunkt des venire contra factum proprium erst die formale, ins Protokoll aufzunehmende Erhebung des Widerspruchs und nicht der Abstimmungsvorgang, hinsichtlich dessen zwar die Pflicht besteht, das Abstimmungsergebnis zu protokollieren, nicht aber das individuelle Abstimmungsverhalten. Zum anderen ist mit der Zustimmung noch kein Einverständnis mit den vermögensrechtlichen Folgen des Beschlusses gegeben; insbesondere kann ein Anteilsinhaber durch die Treuepflicht oder einen Stimmbindungsvertrag zur Zustimmung verpflichtet sein, ohne deshalb auch die vermögensrechtlichen Folgen tragen zu wollen[353]. Auch kann ein Aktionär trotz Zustimmung zur Mischverschmelzung rein vorsorglich Widerspruch erheben, um an der Erhöhung der Abfindung im Spruchverfahren teilzuhaben, denn zum Ausscheiden verpflichtet er sich durch den Widerspruch noch nicht. Es wäre geradezu widersinnig, wenn ein Anteilsinhaber das Ziel haben muß, den Vertragsschluß zunichte zu machen, um von einer Entschädigung zu profitieren.

3. Abweichungen im Umwandlungsrecht

Maßgeblicher Anknüpfungspunkt der Gesellschafteransprüche im Umwandlungsrecht sind nicht die durch die Konzernierung, sondern die aufgrund der Umstrukturierung entstehenden Gefahren. Dementsprechend bedarf es hier nicht der Rechtsfigur des "außenstehenden Gesellschafters".

Ein Unterschied zu den soeben für das Aktienrecht aufgestellten Grundsätzen ergibt sich möglicherweise beim Spruchverfahren aufgrund formwechselnder Verschmelzung nach § 34 UmwG. Dort ist Voraussetzung für einen materiellen Anspruch und ebenso für die Antragsbefugnis der Widerspruch des Anteilsinhabers gegen den Verschmelzungsbeschluß (§ 29 I 1 UmwG) bzw. dessen Nichtzulassung zur Gesellschafterversammlung (§ 29 II UmwG). Daraus wird die

---

[351] *Hüffer*, AktG, § 245 Rn. 13.

[352] GK AktG (4)/*K. Schmidt*, § 245 Rn. 19.

[353] Diesen Widerspruch sieht auch *Lutter/Bork*, UmwG, § 29 Rn. 10; ohne indessen die gebotene Schlußfolgerung daraus zu ziehen, will er für diesen Fall lediglich eine Ausnahme zulassen.

Schlußfolgerung gezogen, daß in diesen Fällen die Veräußerung der Anteile zu einem Wegfall der Antragsbefugnis führen muß[354]. Demgegenüber soll jedenfalls eine Anfechtungsbefugnis nach § 245 Nr. 1 AktG nach einer Ansicht[355] auf einen Erwerber übergehen, soweit der Vorgänger Widerspruch erhoben hat. Dem ist auch für das Spruchverfahren nach § 34 UmwG zuzustimmen. Unabhängig von der Frage nach strukturellen Unterschieden oder Gemeinsamkeiten beider Verfahrensarten ist auch hier für die Antragsbefugnis das zugrunde liegende materielle Recht maßgeblich. Durch den Widerspruch entsteht bereits das Recht, das Abfindungsangebot anzunehmen, das der zur Abfindung verpflichtete neue Rechtsträger bereits abgegeben hat (§ 29 I 1 UmwG). Dieses Optionsrecht ist mit dem Anteil verbunden und wird mitübertragen. Anderenfalls würden sich auch die gleichen Bedenken ergeben wie zum aktienrechtlichen Verfahren[356].

Im Gegensatz zur aktienrechtlichen Situation wird die Frage der isolierten Abtretbarkeit von Abfindungs-/Zuzahlungsansprüchen nach dem UmwG unterschiedlich behandelt. Während einige (überwiegend ältere Quellen) von der Trennbarkeit ausgehen[357], wird auch die im Aktienrecht verbreitete Meinung des "vermögensrechtlichen Annexes" vertreten[358]. Bei der Umwandlung soll eine Abfindung (§ 29 UmwG) oder bare Zuzahlung (§ 15 UmwG) den Verlust des Anteils kompensieren, soweit der Anteil am neuen Rechtsträger kein vollständiges Äquivalent ist. Solange die Umwandlung nicht eingetragen ist, verkörpert der Anteil am übertragenden Unternehmen den Zuzahlungs- bzw. Abfindungsanspruch. Nach der Eintragung existieren grundsätzlich keine Anteile am übertragenden Rechtsträger mehr (§ 20 I Nr. 3 UmwG). Daraus könnte man schließen, daß der Anspruch losgelöst vom Anteil existiert[359]. Dagegen spricht jedoch, daß sowohl die Mitgliedschaft am neuen Rechtsträger als auch die Zuzahlung Surrogate für den Wegfall der früheren Beteiligung sind. Damit muß auch nach der Umwandlung beides wieder in der neuen Beteiligung untrennbar miteinan-

---

[354] *Van Aerssen*, AG 1999, *249, 255*.

[355] GK AktG (4)/*K. Schmidt*, § 245 Rn. 17 f.; KK/*Zöllner*, 1. Aufl., § 245 Rn. 33.

[356] s.o. § 7 IV 2 c.

[357] *Kallmeyer/Marsch-Barner*, UmwG, § 29 Rn. 21; *Dehmer*, Umwandlungsrecht, 1. Aufl., § 32 Anm. 4 (in der 2. Aufl. nicht mehr erwähnt); *Hachenburg/Schilling*, 7. Aufl., Anh. § 77, § 32 UmwG a. F. Rn. 1; *Lutter/Bork*, UmwG, § 15 Rn. 2.

[358] *Goutier/Knopf/Tulloch/Bermel*, § 15 UmwG Rn. 6; *Schulenberg*, AG 1998, 74, 78 f.

[359] So die in Fn. 311 Genannten.

der verknüpft sein, zumal die Ansprüche erst zeitgleich mit dem Wirksamwerden der Umwandlung nach § 20 I UmwG entstehen[360].

V. Fristen

Die in §§ 304 IV 2, 305 IV 4, 320b III 2 AktG, 305 UmwG genannte Frist von zwei Monaten zur Stellung des ersten Antrags wirft ebenso wie die Frist für Folgeanträge in §§ 306 III AktG, 307 III 2 UmwG neben der Berechnungsweise die Frage auf, ob ihre Nichteinhaltung jeweils zur Unzulässigkeit oder Unbegründetheit des Antrags führt. Dies ist von Bedeutung für die Möglichkeit einer Wiedereinsetzung in den vorigen Stand bei Fristversäumnis.

1. Antragsfrist

a. Bestandteil der Zulässigkeits- oder Begründetheitsprüfung?

Ob die Antragsfrist eine materielle Ausschlußfrist oder eine prozessuale Frist mit Wiedereinsetzungsmöglichkeit darstellt, ist umstritten. Häufig wird sie als materiellrechtliche Frist behandelt[361], überwiegend jedoch lediglich als Ausschlußfrist gekennzeichnet[362]. Ausdrücklich als prozessuale Frist wird sie nur selten bezeichnet[363], jedoch wird dies unausgesprochen zugrundegelegt, sofern § 22 II FGG, der die Wiedereinsetzung bei einer sofortigen Beschwerde regelt, analog angewendet wird[364].

Der Zweck der Antragsfrist liegt jedoch auf materiellrechtlichem Gebiet. Dies ergibt sich aus einem Vergleich mit der Anfechtungsfrist des § 246 I AktG. Diese dient der Rechtssicherheit, nach Fristablauf soll sich die Gesellschaft auf die Wirksamkeit des Beschlusses verlassen können und auf dessen Grundlage weitere Dispositionen treffen können. Nach Fristablauf sollen die Unternehmen Si-

---

360 *Schulenberg*, AG 1998, 74, 79, Fn. 54; *Dehmer*, § 15 UmwG Rn. 12, § 29 Rn. 15; anders *Kallmeyer/Marsch-Barner*, UmwG, § 29 Rn. 21, der für die Abfindung erst die Übertragung neu erworbener Anteile voraussetzt, dabei jedoch nicht bedenkt, daß aufgrund des Widerspruchs überhaupt keine neuen Anteile erworben werden sollen (so *Dehmer*, § 29 UmwG, Rn. 13).

361 *Hüffer*, AktG, § 304 Rn. 26; *Emmerich/Sonnenschein*, S. 303; *Emmerich/Habersack*, § 304 Rn. 84; *OLG Düsseldorf*, DB 1991, 2181.

362 *Geßler* in *Geßler/Hefermehl/Eckardt/Kropff*, § 304 Rn. 129; KK/*Koppensteiner*, § 304 Rn. 62; *Lutter/Krieger*, UmwG, § 305 Rn. 10; MHAG/*Krieger*, § 70 Rn. 85.

363 *Widmann/Mayer/Schwarz*, § 305 Rn. 36, genau umgekehrt aber in § 307 Rn. 2.

364 *Dehmer*, UmwG, § 305 Rn. 3 f.

cherheit darüber haben, ob noch eine Anpassung erfolgen kann und sie dies in die Finanzplanung mit einbeziehen müssen oder ob der materiellrechtliche Gehalt des Unternehmensvertrages bzw. Umwandlungsbeschlusses unangetastet bleibt[365]. Die Wirksamkeit des Beschlusses ist eine materiell-rechtliche Frage, so daß es sich um eine materiellrechtliche Frist handelt[366]. Die gleichen Erwägungen gelten auch für das Spruchverfahren. Daraus folgt, daß ein Antrag bei Versäumung der Antragsfrist unbegründet ist.

Ohne auf die Rechtsnatur der Antragsfrist näher einzugehen, wird teilweise eine Wiedereinsetzungsmöglichkeit kraft Verfassungsrechts wegen sonst fehlenden rechtlichen Gehörs (Art. 103 I GG) gefordert. Begründet wird dies zum einen mit der unangemessenen Kürze der Frist und zum anderen mit der fehlenden Belehrungspflicht, denn im Verwaltungsrecht setzten Monatsfristen eine Rechtsbehelfsbelehrung voraus[367]. Das Argument der fehlenden Belehrung läßt sich nicht ohne weiteres ins Zivilrecht übertragen, denn auch andere kurze Fristen (vor allem § 4 KSchG: Drei-Wochen-Frist) setzen keine Belehrung voraus, dem Betroffenen ist vielmehr die Einholung rechtlichen Rates zuzumuten. Die Ausnahme des § 2 HTWG läßt sich nicht ins Aktienrecht übertragen, da die Schutzbedürftigkeit von Verbrauchern nicht mit der von Aktionären identisch ist. Die Frist des § 246 I AktG ist noch kürzer und wird ebenfalls nicht durch eine Wiedereinsetzungsmöglichkeit abgemildert[368]. Dies wird jedoch durch § 125 AktG kompensiert, der auf Wunsch des Aktionärs eine Mitteilung der gefaßten Beschlüsse fordert. Das aber gilt genauso bei Zustimmungsbeschlüssen zu Unternehmensverträgen oder Umwandlungen nicht nur der AG (vgl. § 51a GmbHG). Bei jeder Gesellschaftsform ist außerdem zur Gesellschafterversammlung zu laden, um eine Beschlußfähigkeit zu gewährleisten. Einer besonderen Information über die Bekanntmachung des Beschlusses bedarf es nicht mehr, da der Gesellschafter diese - außer durch Lektüre der Gesellschaftsblätter

---

[365] *OLG Düsseldorf*, DB 1991, 2181; *Lutter/Krieger*, UmwG, § 305 Rn. 10.

[366] KK/*Zöllner*, 1. Aufl., § 246 Rn. 6; *Hüffer*, AktG, § 246 Rn. 20; GK AktG (4)/*K. Schmidt*, § 246 Rn. 13; *Henn*, AG 1989, 230, 232.

[367] *W. Meilicke*, DB 1972, 663, 665; *H. u. W. Meilicke*, ZGR 1974, 296, 312 f. Ähnlich argumentiert *Demharter*, EWiR 1992, 631, 632, mit § 16 V BRAO unter Hinweis auf die dort von der Rechtsprechung gegebene Wiedereinsetzungsmöglichkeit

[368] *Hüffer*, AktG, § 246 Rn. 20. Deshalb greift auch der Einwand von *Demharter*, EWiR 1992, 631, 632, nicht, der die von der Rechtsprechung gewährte Wiedereinsetzungsmöglichkeit bei § 23 IV WEG entsprechend heranziehen möchte, denn § 246 AktG steht der Antragsfrist im Spruchverfahren wesentlich näher.

- auch bei der Gesellschaft oder dem zuständigen Registergericht erfragen kann. Jedenfalls bei börsennotierten Gesellschaften findet im übrigen in der Wirtschaftspresse eine rege Diskussion von Ereignissen statt, die ein Spruchverfahren nach sich ziehen können.

b. Fristberechnung

Die Berechnung der Frist beginnt nach §§ 320b III 2 AktG, 305 IV 4, 304 IV 2, 10 II HGB (Eingliederung/Unternehmensvertrag) bzw. 19 III 2, 201 S. 2 UmwG (Verschmelzung/Formwechsel) i.V.m. 187 I BGB am Tag nach der letzten Bekanntmachung der Eintragung des Bestehens des Unternehmensvertrages oder der Umwandlung. Dies kann der Tag des Erscheinens des Bundesanzeigers oder des anderen vom Gericht benannten Mitteilungsblattes sein[369]. Bei der Verschmelzung oder der Vermögensübertragung, die sowohl am Sitz des übertragenden als auch des aufnehmenden Rechtsträgers ins Handelsregister eingetragen werden muß, ist auf die Eintragung am Sitz des aufnehmenden Rechtsträgers abzustellen, da erst mit dieser die Umwandlung vollzogen wird (§§ 20 I, 202 I UmwG)[370]. Die Frist endet nach § 188 II BGB zwei Monate nach der Bekanntmachung. Fällt dieser Tag auf einen Samstag, Sonn- oder Feiertag, verschiebt sich das Fristende nach § 193 II BGB auf den nächsten Werktag. Der Heranziehung von § 17 FGG[371] bedarf es bei einer materiellrechtlichen Frist nicht.

Die Frist soll nur gewahrt sein, wenn der Antrag beim zuständigen Gericht innerhalb der Frist gestellt wird[372]. Das entspricht weder den für materiellrechtliche Verjährungsfristen[373] noch den für die Anfechtungsklage nach § 246 AktG[374] geltenden Grundsätzen.

Der Grund dafür, daß im allgemeinen auch Klagen vor örtlich oder sachlich unzuständigen Gerichten die Verjährung nach § 209 I ZPO unterbrechen, ergibt

---

[369] dazu näher *van Aerssen*, AG 1999, 249, 250.

[370] *Dehmer*, UmwG, § 305 Rn. 1.

[371] so *Krieger*, Spruchverfahren, S. 275, 281; *Lutter/Krieger*, UmwG, § 305 Rn. 8; *Dehmer*, UmwG, § 305 Rn. 3.

[372] so *Dehmer*, UmwG, § 305 Rn. 3; *Krieger*, Spruchverfahren, S. 275, 282; in *Lutter/Krieger*, UmwG, § 305 Rn. 11 jedoch auf den zu Protokoll gestellten Antrag beschränkt.

[373] *Palandt/Heinrichs*, BGB, § 209 Rn. 5; *BGHZ* 78, 1, 5; *BGH*, NJW 1978, 1058.

[374] KK/*Zöllner*, 1. Aufl. § 246 Rn. 59.

sich aus § 212 I BGB, nach dem erst bei wegen Unzulässigkeit abgewiesenen Klagen die Unterbrechungswirkung rückwirkend endet[375]. Die Übertragbarkeit dieses Grundsatzes auf die Ausschlußfrist des § 246 I AktG ist umstritten. Abgelehnt wird sie mit der Begründung, bei ausschließlicher Zuständigkeit könne eine Klage fristwahrend nur beim örtlich zuständigen Gericht eingereicht werden[376]. Dies wird wiederum aus der Rechtsprechung des BGH und RG hergeleitet. Während das RG die Fristwahrung bei Ausschlußfristen bei ausschließlicher Zuständigkeit verneint hat[377], hat der BGH nach anfänglicher Übernahme der Rechtsprechung des RG[378] diese ausdrücklich aufgegeben[379]. Zur Begründung hat der BGH auf die Verweisungsbestimmungen zwischen verschiedenen Rechtswegen abgestellt, die früher ausdrücklich eine Fristwahrung vorsahen (17 III GVG, 48a II ArbGG, 41 III VwGO, 52 III SGG a.F.), was erst recht innerhalb des gleichen Rechtsweges gelten müsse[380]. Diese Vorschriften sind jedoch inzwischen abgeändert worden. Maßgeblich ist heute deshalb allein die Regelung des § 281 II 1 ZPO, die bewirkt, daß der Rechtsstreit nach der Verweisung am neuen Gericht anhängig ist und damit alle bisherigen Prozeßhandlungen fortwirken[381]. Soweit eine Verweisung erfolgt, kann auch die Klage an ein unzuständiges Gericht fristwahrend erfolgen, unabhängig von ausschließlichen Gerichtsständen[382].

Völlig widersprüchlich ist es, die Fristwahrung durch Anfechtungsklage vor dem örtlich unzuständigen Gericht zu verneinen, vor dem sachlich unzuständigen Gericht dagegen zu bejahen, weil nur im ersteren Fall die Gefahr divergierender Entscheidungen gegeben sei[383]. Das trifft nicht zu, denn soweit kein Ver-

---

375 *Palandt/Heinrichs*, BGB, § 209 Rn. 5.

376 *Henn*, AG 1989, 230, 232 f.; *Heuer*, AG 1989, 234, 236.

377 *RGZ* 92, 40, 43 ff.; 114, 122, 126; anders aber *RGZ* 151, 233, 235.

378 *BGHZ* 34, 230, 235.

379 *BGHZ* 35, 374, 377 ff.; 97, 155, 160 f. Diese Entscheidungen übersieht *Heuer*, AG 1989, 234, völlig.

380 *BGHZ* 35, 374, 377 ff.; 97, 155, 160 f.

381 *BGHZ* 97, 155, 160 f.; *Baumbach/Lauterbach/Albers/Hartmann*, § 281 Rn. 52.

382 so für die Anfechtungsklage auch GK AktG (4)/*K. Schmidt*, § 246 Rn. 18.

383 *Henn*, AG 1989, 230, 233 f.

weisungsantrag gestellt wird, wird in beiden Fällen gleichermaßen die Klage abgewiesen, da es eine rügelose Einlassung nicht gibt[384].

Auch die Argumentation, § 212 I BGB sei auf Ausschlußfristen nicht anwendbar, greift nicht. Eine entsprechende Anwendung der Verjährungsvorschriften auf Ausschlußfristen kann nicht generell verneint oder bejaht werden, sondern ist im Einzelfall zu prüfen[385]. Die Vorschrift, aus der die Möglichkeit der Fristwahrung auch durch Klage vor dem unzuständigen Gericht abgeleitet wird, baut auf den Vorschriften der §§ 39, 281, 295 ZPO auf, die es ermöglichen, daß auch in zunächst unzulässigen Klagen eine Sachentscheidung ergehen kann und eine Unterbrechung der Verjährung daher sinnvoll ist. Das läßt sich auf die Ausschlußfristen des Aktien- und Umwandlungsrechts übertragen. Im Prozeß nach der ZPO ist sowohl eine rügelose Einlassung hinsichtlich der örtlichen oder sachlichen[386] Zuständigkeit nach § 39 ZPO möglich, als auch eine Verweisung nach § 281 ZPO. Auf das FGG-Verfahren ist § 39 ZPO zwar schon generell nicht übertragbar[387], speziell auf das Spruchverfahren wegen der ausschließlichen Zuständigkeit[388] ebensowenig wie auf die Anfechtungsklage nach § 246 AktG. Anwendbar ist hingegen § 281 ZPO sowohl auf die Anfechtungsklage als auch auf das Spruchverfahren als echtes FGG-Streitverfahren[389]. Damit bleibt aber noch Raum für eine Übertragung nicht des § 212 BGB selbst, aber des ihm zugrundeliegenden Grundsatzes auf die genannten Fristen. Die Frist ist auch bei Einreichung des Antrags beim unzuständigen Gericht gewahrt.

Umstritten ist, welchen Einfluß auf die Fristberechnung eine erhobene Anfechtungsklage gegen den das Spruchverfahren auslösenden Beschluß über Unternehmensvertrag oder Umwandlung hat. Einer Auffassung nach soll Anknüpfungspunkt der Frist für die Antragstellung im Spruchverfahren erst die Bekanntmachung der Eintragung des angefochtenen Beschlusses sein[390]. Dem ist

---

[384] S.u. im Anschluß hierzu.

[385] *BGHZ* 43, 235, 237; 53, 271, 272; 73, 99, 101; 79, 1, 3, wo jeweils ausdrücklich die frühere gegenteilige Auffassung (*BGHZ* 33, 353, 363; 34, 230, 235; *RGZ* 158, 137, 140) abgelehnt wird; ebenso zustimmend *Staudinger/Dilcher*, BGB, 12.A., vor § 194 Rn. 10; *Soergel/Walter*, BGB, vor 194 Rn. 12; dagegen *Palandt/Heinrichs*, BGB, § 209 Rn. 8.

[386] auch hierfür gilt § 39 ZPO: *Baumbach/Lauterbach/Albers/Hartmann*, § 39 Rn. 2.

[387] *BGH*, NJW 1952, 1055.

[388] S.o. § 7 II 1.

[389] *Brehm*, Rn. 144.

[390] *Hachenburg/Schilling*, 7. Aufl., Anh. § 77 § 32 UmwG Rn. 2.

jedoch nicht zuzustimmen[391]. In der Regel bewirkt die Anfechtung eine Registersperre, so daß die genannte Frist nicht vor Abschluß des Anfechtungsverfahrens beginnt, wenn nicht ein Antrag im Unbedenklichkeitsverfahren des § 16 III UmwG gestellt wurde. Zwar ist es richtig, daß eine Entscheidung über Kompensationsleistungen nur dann sinnvoll ist, wenn ein wirksamer Unternehmensvertrag vorliegt. Dennoch ist es nicht nötig, die Antragsfrist entsprechend zu verlängern. Zweck der Antragsfrist ist, daß Klarheit darüber besteht, ob höhere Kompensationen in die Finanzplanung mit einbezogen werden müssen. Mit höheren Zahlungen muß das Unternehmen aber rechnen, solange kein Urteil die Nichtigkeit des Beschlusses bewirkt, wenn Anträge im Spruchverfahren gestellt wurden. Wurden keine Anträge gestellt, müssen mit Sicherheit keine höheren Kompensationsleistungen erwartet werden. Um zu verhindern, daß eine Vertragsanpassung noch vor der Entscheidung im Anfechtungsprozeß vorgenommen wird, ist eine Aussetzung analog § 148 ZPO[392] das besser geeignete Mittel.

2. *Folgeantragsfrist*

a. Bestandteil der Zulässigkeits- oder Begründetheitsprüfung?

§ 307 III 4 UmwG, demgemäß Fristversäumnis zur Unzulässigkeit führt, stellt im Umwandlungsrecht klar, daß es sich bei der Folgeantragsfrist um eine prozessuale Frist handelt. Im aktienrechtlichen Spruchverfahren gilt trotz Fehlens einer entsprechenden Vorschrift nichts anderes. Ein den materiellrechtlichen Bestand des Umwandlungs- oder Unternehmensvertragsbeschlusses betreffendes Interesse besteht seit der Einleitung des Spruchverfahrens nicht mehr. Zweck der Folgeantragsfrist ist eine Bündelung der Anträge bei Gericht, sie hat rein prozessuale Funktion[393]. Entsprechend wird einhellig eine Wiedereinsetzung für möglich gehalten[394]. Im FGG ist diese jedoch nur in Sondervorschriften geregelt (§§ 22 II, 92, 93 II, 96, 137, 140, 159 FGG). Diese können analog auf das Spruchverfahren angewendet werden, eines Rückgriffs auf die ZPO bedarf es

---

[391] Ablehnend (ohne nähere Begründung) auch *Krieger*, Spruchverfahren, S. 275, 281; *Dehmer*, UmwG, § 305 Rn. 3.

[392] *Widmann/Mayer/Schwarz*, § 307 Rn. 13.

[393] *OLG Düsseldorf*, DB 1991, 2181.

[394] *OLG Düsseldorf*, DB 1991, 2181; *Lutter/Krieger*, UmwG, § 307 Rn. 9; *Emmerich/Sonnenschein*, S. 303; *Emmerich/Habersack*, § 306 Rn. 9; *Geßler* in *Geßler/Hefermehl/Eckardt/Kropff*, § 306 Rn. 13.

deshalb nicht mehr[395]. Der wesentliche Unterschied gegenüber der Anwendung der ZPO-Vorschriften besteht darin, daß Entscheidungen über die Wiedereinsetzung im Gegensatz zu § 238 III ZPO nach § 22 II FGG analog[396] durch sofortige Beschwerde angreifbar sind.

b. Fristberechnung

Hier ergibt sich kein Unterschied zur Antragsfrist. §§ 187 I, 188 II BGB finden hier allerdings erst über die Verweisung des § 17 FGG Anwendung, so daß statt § 193 II BGB nun § 17 II FGG gilt. Die Frist beginnt mit der Bekanntmachung des ersten eingegangenen Antrags[397]. Hier ist zur Fristwahrung der Eingang beim zuständigen Gericht allerdings deshalb notwendig, da dieses in der Bekanntmachung schon wegen der Hinweispflicht auf die Folgeantragsmöglichkeit nach §§ 306 III AktG, 307 III UmwG angegeben sein muß. Der sich Anschließende bedarf deshalb keines Schutzes mehr.

c. Folgeantragsgegenstand

Nach h.M. können sich Folgeanträge nur auf den mit dem Hauptantrag begründeten Verfahrensgegenstand beziehen[398]; diese Einschränkung bezieht sich jedoch nicht auf verschiedene Aktiengattungen[399]. Es soll mit einem Folgeantrag nicht Festsetzung der Abfindung beantragt werden dürfen, wenn mit dem Hauptantrag lediglich Ausgleichsfestsetzung begehrt wurde. Diese soweit ersichtlich an keiner Stelle näher begründete Aussage ist kritisch zu hinterfragen. Die Folgeantragsfrist ist nach dieser Auffassung nämlich beinahe entbehrlich, weil in ihr dann lediglich bisher nicht genannte Argumente von anderen Anteilsinhabern nachgetragen werden können, denn von der Rechtskraft sind ja bereits ohne eigene Antragstellung alle antragsberechtigten Anteilsinhaber umfaßt. Das allein ist mit der Frist des § 306 III 2 AktG nicht bezweckt. Zwar ist die h.M.

---

[395] *OLG Düsseldorf*, DB 1991, 2181.

[396] *OLG Düsseldorf*, DB 1991, 2181.

[397] *Hachenburg/Schilling*, 7. Aufl., Anh. § 32 UmwG Rn. 2; *Dehmer*, UmwG, § 307 Rn. 26; *Widmann/Mayer* Rn. 655; *Krieger*, Spruchverfahren, S. 275, 284.

[398] *Emmerich/Habersack*, § 306 Rn. 11; *Geßler* in *Geßler/Hefermehl/Eckardt/Kropff*, § 306 Rn. 17; KK/*Koppensteiner*, § 306 Rn. 8; MHAG/*Krieger*, § 70 Rn. 119; *Dehmer*, UmwG, § 307 Rn. 29.

[399] *Emmerich/Habersack*, § 306 Rn. 11; *Geßler* in *Geßler/Hefermehl/Eckardt/Kropff*, § 306 Rn. 18; KK/*Koppensteiner*, § 306 Rn. 8; MHAG/*Krieger*, § 70 Rn. 119.

konsequent in der Benutzung des Begriffes "Anschlußfrist", jedoch ist dieser - im Unterschied zu anderen Anschlußfristen wie z.B. §§ 521, 556, 577a ZPO - nicht explizit genannt. Selbst mit den genannten Anschlußmöglichkeiten können gegenläufige Interessen vertreten werden, was hier nicht der Fall ist. Die Frist ist vielmehr als Nachfrist aufzufassen[400]. Nur dies wird dem Zweck gerecht, andere Antragsteller zu einem "eigenen Antrag" (so die Formulierung in §§ 306 III 2 AktG, 307 III 2 UmwG) zu ermutigen und ihnen eine Überlegungsfrist[401] einzuräumen. Rechtssicherheitsgesichtspunkte sprechen nicht dagegen, denn bereits nach Ablauf der Antragsfrist steht fest, ob der Beschluß grundsätzlich abgeändert werden kann oder ob er Vertrauensschutz genießt.

d. Rücknahme des Erstantrags

Umstritten ist, ob Folgeanträge wirksam bleiben, wenn die Erstanträge vor Ablauf der Antragsfrist bereits wieder zurückgenommen wurden. Zu unterscheiden sind zwei besondere Konstellationen. Einigkeit besteht darin, daß ein Folgeantrag wirksam bleibt, obwohl nach dessen Anhängigkeit der Erstantrag zurückgenommen wird[402]. Dies entspricht allgemeinen zivilprozessualen Grundsätzen[403]. Die Frage, ob das auch gilt, wenn der Erstantrag erst zurückgenommen wird und dann im Anschluß daran innerhalb der Folgeantragsfrist - evtl. sogar nach erfolgter Bekanntmachung des Erstantrags trotz dessen Rücknahme[404] - ein Folgeantrag gestellt wird, wird dagegen uneinheitlich beantwortet. Dagegen wird ausgeführt, daß mit der Rücknahme des Erstantrags das Interesse der Folgeantragsteller, sich eine Teilnahme am eingeleiteten Verfahren noch zu überlegen, zusammen mit dem einleitenden Erstantrag gegenstandslos werde[405]. Dem ist nicht zuzustimmen[406]. Die Rücknehmenden können die Durchführung des Verfahrens

---

[400] so schon KK/*Biedenkopf/Koppensteiner*, 1. Aufl., § 306 Rn. 5.

[401] *Dehmer*, UmwG, § 307 Rn. 26.

[402] *Emmerich/Habersack*, § 306 Rn. 12; *Geßler* in *Geßler/Hefermehl/Eckardt/Kropff*, § 306 Rn. 20.; KK/*Koppensteiner*, § 306 Rn. 8; MHAG/*Krieger*, § 70 Rn. 119; *Dehmer*, UmwG, § 307 Rn. 27; BayObLG, DB 1973, 1290, 1291; *BGH*, AG 1986, 291, 292 f.; *OLG Düsseldorf*, AG 1986, 293, 294.

[403] § 522 II ZPO für die fristgemäße Anschlußberufung; dazu *Thomas/Putzo* § 522 Rn. 5.

[404] dazu *BGH*, AG 1986, 291, 292 f.

[405] *Krieger*, Spruchverfahren, S. 275, 284; *Geßler* in *Geßler/Hefermehl/Eckardt/Kropff*, § 306 Rn. 20.; KK/*Koppensteiner*, § 306 Rn. 8.

[406] so auch *Dehmer*, UmwG, § 307 Rn. 27.

ohnehin nicht verhindern, solange der gemeinsame Vertreter nicht zustimmt (§§ 306 IV 10 AktG, 308 III 1 UmwG). Es darf nicht vom Zufall abhängen, ob das Spruchverfahren stattfindet, was aber der Fall wäre, wenn ein Folgeantrag nur kurz nach der Rücknahme eines Erstantrags gestellt wird. Außerdem wird der Zweck der Folgeantragsmöglichkeit, die Überlegungszeit zur Stellung eigener Anträge[407], ansonsten konterkariert.

VI. Nicht rechtsmißbräuchliche Klage

Das allgemeine Rechtsschutzbedürfnis ergibt sich grundsätzlich bereits aus der Antragsberechtigung[408]. Im folgenden beschränkt sich die Untersuchung daher allein auf den möglichen Mißbrauch des Antragsrechts. Bereits umstritten ist, ob dieser überhaupt dem allgemeinen Rechtsschutzbedürfnis unterfällt.

1. Frage der Zulässigkeit oder der Begründetheit?

Uneinigkeit besteht darüber, ob eine rechtsmißbräuchliche Antragstellung zur Abweisung als unzulässig oder unbegründet führt. Wie oben bereits im Rahmen der Erörterungen zur Antragsberechtigung ausgeführt[409], handelt es sich um keine lediglich akademische Frage. Im Rahmen des Spruchverfahrens nach AktG und UmwG wird der Frage meist nicht ausführlich nachgegangen[410], anders aber bei der Anfechtungsklage[411]. Zur Lösung ist auf die bereits zur Antragsberechtigung entwickelte Lösung zurückzugreifen. Anders als bei der Anfechtungsklage z.T. befürwortet[412], steht im Spruchverfahren kein materielles Gestaltungsrecht, sondern ein Anspruch an das staatliche Gericht zur Gestaltung des Unternehmensvertrages im Vordergrund, was sich durch den nur verfahrensrechtlichen

---

[407] s. soeben c.

[408] *J. Schmidt*, S. 35; *Hüchting*, S. 74; KK/*Koppensteiner*, § 306 Rn. 4.

[409] S.o. § 7 IV vor 1.

[410] Für das Spruchverfahren nehmen Unzulässigkeit an: *Dehmer*, UmwG, § 307 Rn. 36; *Hüchting*, S. 74; *J. Schmidt*, S. 35; *KG*, AG 1971, 158, 159, 160; *H. u. W. Meilicke*, ZGR 1974, 309; *Bodewig*, Minderheitsrechte, S. 122 f.; wohl auch KK/*Koppensteiner*, § 306 Rn. 4; für Unbegründetheit *Diekgräf*, S. 303 f.

[411] Für die Anfechtungsklage nehmen Unzulässigkeit an: *Heuer*, WM 1989, 1401, 1402; *Teichmann*, JuS 1990, 269, 271; GK AktG (4)/*K. Schmidt*, § 245 Rn. 75; *OLG Frankfurt*, AG 1992, 271; für Unbegründetheit: *BGHZ* 122, 211, 216; *BGH*, AG 1992, 448, 449; *OLG Karlsruhe*, AG 1992, 273; *Hüffer*, AktG, § 245 Rn. 26; *Diekgräf*, S. 37 f.; KK/*Zöllner*, 1. Aufl., § 245 Rn. 89; *Boujong*, FS Kellermann, 1991, S. 1, 10; *Hirte*, BB 1988, 1469, 1474.

[412] S. die soeben zur Unbegründetheit Genannten.

Charakter des Antrags manifestiert[413]. Dementsprechend erscheint es sogar konsequent, bei einer rechtsmißbräuchlichen Antragstellung nicht das Rechtsschutzbedürfnis, sondern die zur Zulässigkeit erforderliche Antragsberechtigung auszuschließen[414]. Dagegen spricht aber, daß das Problem einer rechtsmißbräuchlichen Klage in der zivilprozessualen Dogmatik stets im Rahmen des Rechtsschutzbedürfnisses behandelt wird[415]. Diese Wertung kann auf das echte FGG-Streitverfahren übertragen werden[416]. Auch in der verwaltungsrechtlichen Lehre, die im Gegensatz zum Zivilprozeß das Erfordernis einer Antragsberechtigung kennt, ist dies nicht anders[417].

2. Geringe Zahl von Aktien

Übereinstimmung besteht darin, daß auch der Inhaber nur einer Aktie berechtigt ist, ein Spruchverfahren einzuleiten und ihm nicht etwa das Rechtsschutzbedürfnis fehlt[418]. Auch wenn für die Anfechtungsklage empfohlen wird, de lege ferenda ein Quorum einzuführen, weil bei den heute möglichen Aktiennennwerten (1 Euro oder nennwertlos, § 8 II 1, III 1 AktG) der Inhaber nur weniger Aktien nicht mehr "nennenswert wirtschaftlich engagiert" sei[419], kann dies de lege lata nicht angenommen werden. Zum einen kennt Art. 14 I GG, zu deren Durchsetzung das Spruchverfahren dient, keine Bagatellbeschränkung[420]. Zum anderen ist wegen der inter-omnes-Wirkung der Entscheidung nach §§ 311 UmwG; 306 II, 99 V 2 AktG auch nicht allein auf das wirtschaftliche Interesse des Antragstellers abzustellen[421].

---

[413] S.o. § 7 IV 1.

[414] So für die Anfechtungsklage GK AktG (4)/*K. Schmidt*, § 245 Rn. 75.

[415] *Bodewig*, Minderheitsrechte, S. 123; *Baumbach/Lauterbach/Albers/Hartmann*, Einl. III, Rn. 64.

[416] *Jansen*, vor § 8 Rn. 16.

[417] *Kopp/Schenke*, VwGO, vor § 40 Rn. 30, 52.

[418] *Geßler* in *Geßler/Hefermehl/Eckardt/Kropff*, § 304 Rn. 137; *KG*, AG 1971, 158, 160 f.; KK/*Koppensteiner*, § 306 Rn. 4; *Dehmer*, UmwG, § 307 Rn. 36.

[419] *Hüffer*, AktG, § 245 Rn. 27; *Boujong*, FS Kellermann, 1991, S. 14.

[420] S.u. § 14 I 2.

[421] *J. Schmidt*, S. 35.

3. Gefahren des Rechtsmißbrauchs im Spruchverfahren

Die Diskussion um Rechtsmißbrauch im Spruchverfahren ist weitgehend abgeebbt. Dies ist auch verständlich, da beim - hier alleine zu behandelnden - Spruchverfahren nur noch ein sehr geringes Mißbrauchspotential besteht.

Wird der Mißbrauchstatbestand darin gesehen, daß der Antragsteller - neben seinem anzuerkennenden wirtschaftlichen Interesse an einer möglichst hohen Kompensation für die Beeinträchtigung oder den Verlust seines Anteilswerts - den sog. "Lästigkeitswert", d.h. das geldwerte Interesse des Antragsgegners, die durch ein langdauerndes Verfahren bestehende Ungewißheit, negative Pressepublizität oder die Kostentragung nach §§ 306 VII 7, 8 AktG, 312 IV UmwG (insbesondere Sachverständigenkosten) zu vermeiden, zum Gegenstand seiner Forderung macht[422], besteht diese Möglichkeit im Spruchverfahren kaum noch. Die Ungewißheit der Kompensationsleistungen ist für den Antragsgegner im Spruchverfahren weitaus weniger schwerwiegend als bei der Anfechtungsklage, weil bei letzterer ein Schwebezustand hinsichtlich der Gültigkeit wichtiger Beschlüsse und möglicherweise ein Eintragungshindernis besteht[423]. Letzterem hat der Gesetzgeber bei Umwandlungsbeschlüssen durch das Unbedenklichkeitsverfahren nach § 16 III UmwG einen Riegel vorgeschoben. Die finanziellen Auswirkungen bei langdauerndem Spruchverfahren hingegen sind für die Antragsteller, die ihren vollen Anteilswert lange nicht realisieren können, härter als für die Antragsgegner, die allenfalls Rückstellungen bilden. Nicht ohne Grund wird wegen der Eigenheit des Spruchverfahrens, den zugrundeliegenden Beschluß gerade in seiner Wirksamkeit unberührt zu lassen, dieses de lege ferenda als weniger mißbrauchsträchtige Alternative für manche mit der Anfechtungsklage zu rügenden Mängel vorgeschlagen[424].

Der meistgebrauchten Mißbrauchsvariante, dem "Abkaufenlassen", d.h. einem überhöhten Vergleich zwischen Antragsteller und Antragsgegner, wurde durch die neue Vorschrift des § 308 III UmwG und die Verweisung darauf in § 306 IV 10 AktG der Boden entzogen. Damit der Vergleich dem Antragsgegner einen Vorteil brachte, mußte sich der Antragsteller gegen Zahlung einer überhöhten Geldsumme zur Rücknahme des Antrags verpflichten. Die Rücknahme aber

---

[422] *Diekgräf*, S. 283 f; *Beyerle*, BB 1978, 784, 785; *Säcker*, DB 1978, 271, 276; *Lehmann* in *Timm*, Mißbräuchliches Aktionärsverhalten, S. 51, 59.

[423] *Martens* in *Timm*, Mißbräuchliches Aktionärsverhalten, S. 63, 77; *Hüffer*, AktG, § 306 Rn. 7; *Diekgräf*, S. 282.

[424] *Rebmann*, S. 38 f.

führt durch Erstarken der Rechtsposition des gemeinsamen Vertreters in eine dem Antragsteller gleiche Stellung nicht mehr zur Verfahrensbeendigung, so daß ein "Abkaufen" durch den Antragsgegner nunmehr sinnlos ist[425]. Dagegen ließe sich allenfalls einwenden, daß bereits mit dem Angebot des Antragstellers zur Entgegennahme einer überhöhten Vergleichssumme das Rechtsschutzbedürfnis unmittelbar entfällt und der Antrag abzuweisen ist, bevor §§ 308 III UmwG, 306 IV 10 AktG, die eine Rücknahme voraussetzen, überhaupt eingreifen können. Dann aber werden die genannten Vorschriften geradezu konterkariert, denn wenn zwar das "Abkaufenlassen" nicht im Wege der dadurch motivierten Rücknahme das Spruchverfahren nicht beendet, wohl aber durch das Wegfallen des Rechtsschutzbedürfnisses, ist den durch den gemeinsamen Vertreter repräsentierten Anteilsinhabern erst recht nicht gedient. Geschützt wird dann nur noch der Antragsgegner vor einer überhöhten Zahlung an den Antragsteller, weil einem Vergleich die Grundlage genommen ist. Die Befugnis der Gesellschaft zu solchen Zahlungen ist aber allein eine Frage des materiellen Rechts[426].

§ 8 Beweiserhebung

I. Untersuchungsgrundsatz

Die Beweiserhebung erfolgt im Spruchverfahren von Amts wegen aufgrund des nach § 12 FGG geltenden Untersuchungsgrundsatzes. Dieser gilt ungeachtet der Tatsache, daß es sich um ein echtes Streitverfahren handelt, in dem ansonsten auch Normen des ZPO-Streitverfahrens herangezogen werden können[427]. Gerade um die Beweislast nicht dem Antragsteller aufzubürden, ist das Spruchverfahren - anders als die Anfechtungsklage - in die freiwillige Gerichtsbarkeit verwiesen worden[428]. Die Geltung des Untersuchungsgrundsatzes bedeutet jedoch weder, daß jegliche Mitwirkung der Beteiligten unterbleiben kann, noch, daß kein Beteiligter das Risiko der Unaufklärbarkeit einer Tatsache tragen müßte. Die nach-

---

[425] BT-Drs. 12/6699, S. 170.

[426] Dazu *Diekgräf*, S. 295 ff.; *Lehmann* in *Timm*, Mißbräuchliches Aktionärsverhalten, S. 51, 77 f.

[427] *Keidel/Kuntze/Winkler/Kayser*, § 12 Rn. 198; *Jansen*, § 12 Rn. 1; *Habscheid*, FG, § 19 II 1; *Lindacher*, JuS 1978, 577, 580.

[428] S. o. § 7 I.

stehenden Ausführungen dürften zukünftig in Spruchverfahren, die börsennotierte AGen betreffen, nur noch geringe Bedeutung haben, da Kursdaten problemlos erhältlich sind. Beweismittel können Zeugen (§ 15 FGG), Urkunden[429] und vor allem Sachverständige (§ 15 FGG) sein; jedoch kann das Gericht auch im Freibeweisverfahren tätig werden und z.B. amtliche Auskünfte (etwa über den Börsenkurs) einholen[430].

1. *Darlegungslast*

Die Beteiligten sind gehalten, an der Aufklärung des Sachverhaltes mitzuwirken. Es obliegt ihnen, sich zum Vorbringen anderer Beteiligter umfassend zu äußern. Das Gericht darf annehmen, daß die Beteiligten die ihnen zum Vorteil gereichenden Tatsachen unaufgefordert vortragen[431]. Die Aufklärungspflicht des Gerichts findet ihre Grenze vor allem bei Vorgängen aus der Sphäre der Beteiligten[432], wie z.B. Unternehmensinterna, die nur diese selbst mitteilen können. Sofern nicht der Börsenkurs als Bewertungsgrundlage ausreicht, wird das Gericht die Erstellung eines Sachverständigengutachtens zur Unternehmensbewertung veranlassen. Nahezu alle Streitigkeiten bei der Beweiserhebung im Spruchverfahren beziehen sich darauf.

2. *Feststellungslast*

Infolge des Untersuchungsgrundsatzes kann es auch im echten Streitverfahren keine Beweislast im zivilprozessualen Sinne geben, weil nicht die Parteien verpflichtet sind, Beweis zu erbringen, um nicht abgewiesen zu werden, sondern das Gericht von Amts wegen ermittelt. Dennoch bedarf es einer Lösung für den Fall, daß sich eine beweisbedürftige Tatsache auch nach Durchführung von Amtsermittlungsmaßnahmen nicht aufklären läßt. Die Tragung dieser Feststellungslast bemißt sich nach den gleichen Grundsätzen wie die objektive Beweislast im Zivilprozeß. Derjenige Beteiligte, für den die nichterweisbare Tatsache vorteilhaft gewesen wäre, muß sie tragen, weil die ihm günstigen Rechtsnormen

---

[429] Sie sind in § 15 nicht erwähnt, jedoch ist ihre Eignung und die Geltung von §§ 414-419 ZPO als Beweismittel im FGG-Verfahren unumstritten: *Keidel/Kuntze/Winkler/Schmidt*, § 15, Rn. 53; *Jansen*, § 15 Rn. 77; a.A. für Privaturkunden *Bärmann*, FG, § 16 III 4 b

[430] *Keidel/Kuntze/Winkler/Kayser*, § 12, Rn. 43.

[431] *Keidel/Kuntze/Winkler/Kayser*, § 12, Rn. 89; 12 Rn. 6; *Hüchting*, S. 76; *Lindacher*, JuS 1978, 577, 580; *BayObLGZ* 1989, 44, 48.

[432] *Keidel/Kuntze/Winkler/Kayser*, § 12, Rn. 88; *Lindacher*, JuS 1978, 577, 580 f.

tatbestandlich nicht erfüllt sind[433]. Läßt sich die Unangemessenheit der angebotenen Leistungen nicht nachweisen, muß der Antrag abgewiesen werden[434].

3. *Gutachten*

a. Sachverständigengutachten

Keinesfalls besteht für das Gericht automatisch die Pflicht, einen Sachverständigen mit der Erstellung eines Gutachtens zur Angemessenheit der angebotenen Leistungen zu beauftragen, denn es liegt - abgesehen vom Vertrags- (§ 293a AktG) bzw. Verschmelzungs- (§ 8 I UmwG) oder Umwandlungsbericht (§ 192 UmwG) - bereits der Prüfungsbericht des Unternehmensvertrages (§ 293e AktG) bzw. der Verschmelzungsprüfungsbericht (§ 12 UmwG) vor, in denen sich ein Wirtschaftsprüfer bereits mit den relevanten Fragen beschäftigt hat, ganz abgesehen von evtl. zu berücksichtigenden Börsenkursen. Vielmehr muß es die Berichte zunächst selbst und unter Berücksichtigung des Vorbringens der Beteiligten kritisch würdigen, den Prüfer befragen und den Beteiligten Gelegenheit zu dessen Befragung geben[435]. Das nach § 12 FGG bestehende freie Ermessen des Gerichts ist hier dadurch beschränkt, daß Gutachten neuer Sachverständiger Kosten und Dauer des Verfahrens in die Höhe treiben und dies den Interessen aller Beteiligten zum Nachteil gereicht. Erst wenn die genannten Maßnahmen nicht genügen, ist ein Sachverständiger zu beauftragen[436]. Auch der gerichtlich bestellte Sachverständige hat auf Wunsch eines Beteiligten sein Gutachten zu erläutern[437].

In der Praxis ist es oft schwierig, einen geeigneten Sachverständigen zu finden. Das liegt daran, daß die Honorarsätze nach dem auch im FGG-Verfahren anwendbaren[438] ZSEG (§§ 15 FGG, 413 ZPO) von maximal 100 DM (§ 3 II ZSEG) bis 150 DM pro Stunde (nur unter den engen Voraussetzungen des § 3 III ZSEG) für Wirtschaftsprüfergutachten nicht marktgerecht sind. Eine höhere

---

[433] *Keidel/Kuntze/Winkler/Kayser*, § 12, Rn. 190; *Jansen*, § 12 Rn. 9 f.

[434] *J. Schmidt*, S. 74.

[435] *Lutter/Krieger*, UmwG, § 307 Rn. 10; *OLG Düsseldorf*, AG 1998, 37, 38.

[436] *Krieger*, Spruchverfahren, S. 275, 287.

[437] *BVerfG*, NZG 1998, 633.

[438] *Hartmann*, § 7 ZSEG Nr. 3; *BGH*, NJW 1994, 2022; *LG Köln*, AG 1997, 187; *Hüffer*, AktG, § 306 Rn. 21.

Honorierung ist allein im Rahmen des § 7 ZSEG möglich. Sie bedarf einer Vereinbarung von Antragsteller und Antragsgegner (§ 7 I ZSEG). Die Erklärung eines der Genannten kann durch die Zustimmung des Gerichts ersetzt werden, das dann aber vom Stundensatz des § 3 ZSEG nicht abweichen soll. In der Regel wird der angefragte Sachverständige seine abweichenden Honorarvorstellungen mitteilen.

Die Antragsteller haben keinen Grund, eine Einverständniserklärung zu verweigern. Ihnen werden grundsätzlich die Kosten nicht auferlegt (§§ 306 VII 7 AktG, 312 IV 1 UmwG). Die Argumentation, sie könnten dies aus berechtigten Interessen tun, weil die Möglichkeit einer abweichenden Kostenentscheidung zu ihren Lasten nach §§ 306 VII 8 AktG, 312 IV 2 UmwG bestehe[439], ist unrichtig. Die offensichtliche Unzulässigkeit oder Unbegründetheit eines Antrags kann bereits vor der Beweisaufnahme festgestellt werden, sonst fehlt es bereits an der Offensichtlichkeit. Ob das Gericht bei seiner Zustimmung ausnahmsweise ("soll" in § 7 II 2 ZSEG) von § 3 II ZSEG abweichen darf oder ob Erklärungen und Zustimmung zu höheren Sätzen überhaupt notwendig sind, kann dahingestellt bleiben, wenn der Sachverständige verpflichtet ist, für die Entschädigung (die sich schon begrifflich von der Vergütung unterscheidet) tätig zu werden. Genau das aber ist nach §§ 15 FGG, 407 ZPO der Fall. Ein Wirtschaftsprüfer ist nach §§ 1 I, 2 I WPO öffentlich bestellt für betriebswirtschaftliche Prüfungen, was auch die Unternehmenswertfeststellung umfaßt.

Ablehnungsgründe bestehen allenfalls nach §§ 408 I, 383 I Nr. 6 ZPO. Dieser kann zum einen kaum dahingehend Anwendung finden, daß Mitglieder der dort genannten Personengruppe, zu denen ein Wirtschaftsprüfer gehört[440], stets die Gutachtenerbringung verweigern können[441]. Zum anderen ist das Ergebnis der Sachverständigentätigkeit, die Verschmelzungswertrelation selbst oder die ermittelte angemessene Höhe von Kompensationszahlungen aufgrund der Unternehmensbewertung, nicht geheim, da ein solches ja bereits in den vorangegangenen Berichten dargelegt werden mußte. Inwieweit die Tatsachengrundlagen geheimzuhalten sind, ergibt sich erst aus einer Abwägung mit Auskunftsrechten (dazu unten). Daneben kommt § 408 III ZPO in Betracht, wenn der Beauftragte

---

439 *LG Köln*, AG 1997, 187 f.

440 *J. Schmidt*, S. 77, der die Problematik jedoch nur für den Parteigutachter oder Vertragsprüfer sieht.

441 Anderenfalls könnte ein Wirtschaftsprüfer nie Gutachten erstatten; so entsprechend für den Arzt *Wieczorek*, 2. A., § 383 Anm. C III c 2; *BGH*, NJW 1964, 449, 451.

Mitglied eines Schiedsgerichts[442] über die Unternehmensbewertung war. Aus diesem Grund ist es abzulehnen, bei Weigerung von Gutachtern den Antrag abzuweisen[443]. Eine solche Rechtsschutzverweigerung mißachtet die Rechtsschutzgarantie des Art. 19 IV GG. Auch läßt sich dabei nicht mit der Feststellungslast argumentieren, denn bevor diese eingreift, muß das Gericht alle Aufklärungsmöglichkeiten ausgeschöpft haben. Dies bedeutet äußerstenfalls das Verhängen eines Ordnungsgeldes nach §§ 15 FGG, 409 ZPO.

b. Privatgutachten

Die Einbringung von Privatgutachten in das Verfahren ist im Rahmen des Vorbringens der Antragsteller unbeschränkt möglich. Streit besteht jedoch darüber, ob die Kosten für ein vom Antragsteller während des Rechtsstreits eingeholtes Privatgutachten vom Antragsgegner zu ersetzen sind.

Im Zivilprozeß ist dies wegen des Konflikts, der sich mit der gerichtlichen Hoheit über die Beweisaufnahme ergibt, grundsätzlich nur unter der Voraussetzung statthaft, daß der Gegner selbst ein Privatgutachten vorgelegt hat, es der Partei an eigener Sachkunde mangelt oder das Privatgutachten zur Überprüfung eines gerichtlich bestellten Gutachtens erforderlich ist; umstritten ist lediglich, ob die Vorlage des Privatgutachtens den Rechtsstreit fördern muß[444]. Diese Grundsätze sind auf das Spruchverfahren als echtes FGG-Streitverfahren übertragbar[445]. Der Amtsermittlungsgrundsatz hindert dies nicht. Selbst wenn das Gericht hier den Umfang der Beweisaufnahme bestimmt, müssen die Beteiligten die Möglichkeit haben, das Gutachten durch eigenes Vorbringen in Frage zu stellen; dies ergibt sich bereits aus dem Anspruch auf rechtliches Gehör sowie daraus, daß sie damit korrespondierend ihrer Informationslast nachkommen[446]. Reicht eine Befragung des Sachverständigen oder die eigene Sachkunde nicht aus, das Gutachten nachzuvollziehen, muß der Antragsteller ein Privatgutachten heranziehen. Eigene Sachkunde ist einem anwaltlich vertretenen Antragsteller in hohem Maße zu unterstellen[447]. Jedoch führt die Tatsache, daß meistens bereits Wertgutachten

---

[442] *Thomas/Putzo*, § 408 Rn. 3.

[443] So aber *LG Köln*, AG 1997, 187 f.; aufgehoben von *OLG Düsseldorf*, AG 1998, 37 f.

[444] *Stein/Jonas/Bork*, § 91, Rn. 61.

[445] *OLG Düsseldorf*, AG 1992, 234 f.; *OLG Zweibrücken*, AG 1997, 182.

[446] *BVerfG*, NZG 1998, 633.

[447] *OLG Düsseldorf*, AG 1992, 235.

wegen §§ 293a, 293e AktG, 8 I, 12, 192 UmwG vorhanden sind, zum Ausnahmecharakter eines notwendigen Privatgutachtens. Aus der Betrachtung der genannten Berichte im Zusammenhang mit denen des gerichtlich bestellten Sachverständigen können in der Regel bereits Angriffspunkte formuliert werden, die zur Erschütterung geeignet sind. Wenn auch der grundsätzlichen Ablehnung von Privatgutachten[448] wegen der Gemeinsamkeiten des streitigen FGG-Verfahrens nicht zuzustimmen ist, so muß die Erstattungsfähigkeit doch restriktiv gehandhabt werden.

c. Schiedsgutachtenvereinbarung

Das Bestehen eines Schiedsgutachtenvertrages hat die Wirkung, daß das Gericht die vom Gutachter zu ermittelnde Wertermittlung nicht selbst vornehmen darf, sondern an die Ergebnisse des Gutachtens gebunden ist. Liegt das Gutachten bei Entscheidungsreife im übrigen nicht vor, kann das Gericht eine Frist zu dessen Beibringung setzen oder den Antrag als zur Zeit unbegründet abweisen[449].

Verfahrensrechtliche Bedenken bestehen in echten FGG-Streitsachen nicht, da die Beteiligten über den Verfahrensgegenstand disponieren können[450]. Ein solcher Schiedsgutachtenvertrag ist aber nur möglich, wenn alle Betroffenen zustimmen. Dies sind vor Verfahrensbeginn alle Antragsberechtigten und die Antragsgegner, danach müssen sich Antragsteller, -gegner und gemeinsamer Vertreter einigen. Auch wenn der letztere nicht von vornherein die Position des Antragstellers innehat, ist eine effektive Interessenwahrung nur möglich, wenn er zustimmen muß, um zu verhindern, daß sich die Antragsteller etwa gegen Vergütung auf einen dem Antragsgegner wohlgesonnenen Gutachter abstimmen.

II. Geheimnisschutz

Für die Ermittlung des Unternehmenswertes - jedenfalls anhand der Ertragswertmethode - werden zahlreiche Daten benötigt, die das Unternehmen geheim halten möchte. Für eine reelle Bewertung sind z.B. stille Reserven, Patente oder Umsatzzahlen bestimmter Produkte maßgebend. Diese sind für Konkurrenten interessant, weil sie Geschäftsstrategien und die finanzielle Situation erkennen lassen. Auf der anderen Seite läßt sich von den Antragstellern ein Gutachten

---

[448] *Kowalski*, EWiR 1997, 147 f.

[449] *Thomas/Putzo*, vor § 1029 Rn. 4.

[450] *Keidel/Kuntze/Winkler/Schmidt*, § 1 Rn. 11; *OLG Zweibrücken*, ZMR 1986, 63, 64.

zum Unternehmenswert kaum nachvollziehen, wenn nicht zugleich die Tatsachen mitgeteilt werden, auf denen es beruht.

1. Öffentlichkeit

Das Spruchverfahren als FGG-Verfahren ist nicht wie das ZPO-Verfahren nach § 169 GVG jedermann zugänglich, da das GVG gemäß § 2 EGGVG nur auf die streitige ordentliche Gerichtsbarkeit Anwendung findet. Zudem ist in § 8 FGG nicht auf §§ 169 ff. GVG verwiesen. Bliebe man aber bei der Anwendung dieser Vorschriften stehen, hieße das, Art. 6 I 1 EMRK zu ignorieren. Obwohl dieser als einfaches Bundesgesetz und nicht als supranationales Recht gilt, ist er als lex posterior vorrangig zu berücksichtigen[451]. Im Spruchverfahren wird über zivilrechtliche Ansprüche entschieden, wie es Art. 6 I 1 EMRK verlangt; hierbei ist unbeachtlich, daß kein Leistungsurteil ergeht, weil durch den Gestaltungsbeschluß die Anspruchshöhe rechtskräftig festgestellt wird. Im echten Streitverfahren gilt daher grundsätzlich der Öffentlichkeitsgrundsatz[452]. Dafür spricht außerdem noch, daß das Spruchverfahren im Unterschied zur Anfechtungsklage nur wegen § 12 FGG der freiwilligen Gerichtsbarkeit zugewiesen wurde. Der Untersuchungsgrundsatz verlangt aber nicht nach einer Öffentlichkeitsbeschränkung. Die Beweisaufnahme ist auf jeden Fall nach §§ 15 I FGG, 402, 397 II ZPO beteiligtenöffentlich, da die Möglichkeit zur Fragestellung an den Gutachter bestehen muß[453]. Allein dadurch besteht bereits die Gefahr, daß Unternehmensinterna nach außen getragen werden. Inwieweit diese vom Gutachter oder Unternehmen bekanntgegeben werden müssen, bemißt sich nicht nach Verfahrens-, sondern nach materiellem Recht.

2. Bekanntgabe von geheimhaltungsbedürftigen Tatsachen

a. Rechtliches Gehör

Dem Geheimhaltungsinteresse des Unternehmens steht der Anspruch der Antragsteller auf rechtliches Gehör gegenüber, der sich in §§ 15 I FGG, 402, 397 II

---

[451] *Schilken*, Gerichtsverfahrensrecht, Rn. 160; *Wolf*, Gerichtsverfassungsrecht, § 25 III 1 a; *Kissel*, GVG, § 169 Rn. 79; *BVerfGE* 10, 271, 274.

[452] *Kissel*, GVG, § 169 Rn. 5; *Schilken*, Gerichtsverfahrensrecht, Rn. 160; *Wolf*, Gerichtsverfassungsrecht, § 25 III 1 a; *Jansen*, § 8 Rn. 61; *Keidel/Kuntze/Winkler/Kahl*, vor §§ 8-18 Rn. 7a; MK ZPO/*Wolf*, § 169 GVG Rn. 8, 22; *Brehm*, Rn. 315; *BGHZ* 124, 204, 208; *BayObLG*, NJW-RR 1988, 1151; *KG*, NJW-RR 1990, 456.

[453] So explizit auch *LG Düsseldorf*, AG 1998, 98.

ZPO konkretisiert. Ohne das Gutachten zu kennen oder die zugrundeliegenden Tatsachen hinterfragen zu können, ist es den Antragstellern verwehrt, das Gutachten zu erschüttern und ihr Erhöhungsbegehren durchzusetzen. Auch wenn hier zwei Grundrechte - Art. 103 I sowie Art. 14 GG (Recht am eingerichteten und ausgeübten Gewerbebetrieb) - abzuwägen sind, finden sich bereits einfachrechtliche Normen, die diesen Konflikt zum Gegenstand haben. Soweit ein Auskunftsrecht besteht, ist § 383 I Nr. 6 ZPO dementsprechend eingeschränkt.

b. Schranken des Auskunftsrechts

Ein umfassender Auskunftsanspruch ist in §§ 293g III, 295 II 3, 319 III 4 AktG für Unternehmensverträge bzw. Eingliederung und §§ 49 III, 64 II UmwG für die Verschmelzung von AGen bzw. GmbH geregelt. In der Haupt- bzw. Gesellschafterversammlung sind die Gesellschafter danach auch über alle für den Beschluß wesentlichen Angelegenheiten auch der anderen Gesellschaft zu unterrichten. Bereits das Wort "auch" impliziert, daß dies erst recht für die eigene Gesellschaft gilt. Zudem können nach § 293g III AktG die Gesellschafter jeweils wechselseitig Informationen über die andere Gesellschaft verlangen, so daß es widersinnig wäre, ein entsprechendes Recht gegenüber der eigenen Gesellschaft zu verweigern[454]. Dem Gutachten zugrundeliegende Tatsachen sind stets für den Beschluß wesentlich. Angelegenheiten, die zu einer Erhöhung der Kompensationsleistungen führen, hätten den Gesellschaftern nicht vorenthalten werden dürfen, weil diese sonst möglicherweise dem Vertrag oder der Umwandlung nicht zugestimmt hätten[455], wenn sie gewußt hätten, daß ihnen eigentlich weit höhere Ersatzleistungen zustehen. Daraus, daß die Höhe der Kompensation nicht zur Anfechtung des Beschlusses berechtigt, darf nicht geschlossen werden, daß diesbezügliche Informationen für die Zustimmung unmaßgeblich sind. Wenn das Geheimhaltungsinteresse in der Hauptversammlung zugunsten der Information der Gesellschafter nachrangig ist, so muß dies auch für das Spruchverfahren gelten, in dem der Kreis der Beteiligten viel kleiner ist als auf der Hauptversammlung. Ebenso wie die Hauptversammlung ist das Gericht zur Wahrheitsermittlung (§ 12 FGG) auf die Informationen angewiesen.

In §§ 293g III, 295 II 3, 319 III 4 AktG, 49 III, 64 II UmwG ist keine Beschränkung auf Mitteilung von Tatsachen, die dem Unternehmen nicht zum Nachteil gereichen können, enthalten. Umstritten ist, ob diese - allgemein in § 131 III Nr.

[454] Das übersehen MHAG/*Krieger*, § 70 Rn. 43 und *Kort*, ZGR 1987, 46, 70.

[455] *BGHZ* 107, 296, 307 f.

1 AktG geregelte - Einschränkung dennoch auf die eingangs genannten Vorschriften anzuwenden ist.

Dafür wird in erster Linie vorgetragen, daß § 293g III AktG eine besondere Ausprägung des § 131 AktG sei und deshalb den gleichen Beschränkungen unterliege[456]. Die Gesetzesbegründung geht für § 64 II UmwG, ohne näher auf das Problem einzugehen, ebenfalls davon aus[457].

Dagegen spricht vor allem, daß in den genannten Vorschriften anders als in den Berichte und Testate betreffenden Normen (293a II, 293e II AktG, 8 II, 12 III UmwG) gerade nicht auf § 131 III AktG verwiesen wurde. Auch der Zweck der Vorschriften, den Aktionären Informationen über alle relevanten Umstände hinsichtlich der Auswirkungen des angestrebten Beschlusses auf ihre Gesellschaft zu gewähren[458], rechtfertigt ein umfassendes Informationsrecht[459].

Zur Verhinderung der Preisgabe existenzbedrohender Geheimnisse kann § 93 I 2 AktG entsprechend herangezogen werden[460].

Daraus ergibt sich die Pflicht und das Recht des Gutachters, sich auf Befragen umfassend über die dem Gutachten zugrundeliegenden Tatsachen zu offenbaren[461]. Das gilt erst recht für das Gutachten selbst, das ohnehin nicht immer von den Tatsachen trennbar ist, auf denen es basiert.

---

[456] *BayObLGZ* 1974, 208, 212; *LG Frankfurt*, AG 1989, 331; *Bungert*, DB 1995, 1449, 1451; *Geßler* in *Geßler/Hefermehl/Eckardt/Kropff*, § 293 Rn. 76 (für § 293 IV a. F.); KK/*Kraft*, 1. Aufl., § 340 Rn. 15; *Lutter/Grunewald*, UmwG, § 64 Rn. 8; MHAG/*Krieger*, § 70 Rn. 43; *Ebenroth*, Auskunftsrecht, 1970, S. 62 f.; *Spitze/Diekmann*, ZHR 1994, 447, 450 f.; *Bayer*, AG 1988, 323, 329; *Kallmeyer/Marsch-Barner*, UmwG, § 64 Rn. 6; *Dehmer*, UmwG, § 64 Rn. 5; *Hüchting* S. 94; *Goutier/Knopf/Tulloch/Bermel*, § 64 UmwG Rn. 10.

[457] BT-Drs- 12/6699, S. 130.

[458] *BayObLGZ* 1974, 208, 211 f.; *Emmerich/Habersack*, § 293g Rn. 10.

[459] *BGHZ* 119, 1, 16; *OLG München*, AG 1996, 327; *Emmerich/Habersack*, § 293g Rn. 22; GK AktG (3)/*Würdinger*, § 293 Anm. 8; *Emmerich/Sonnenschein*, S. 199 f.; *Hüffer*, AktG, § 293g Rn. 4; KK/*Koppensteiner*, § 293 Rn. 29 (beide für § 293 IV a. F.); *J. Schmidt*, S. 79.

[460] *Emmerich/Habersack*, § 293g Rn. 22;

[461] *Emmerich/Habersack*, § 306 Rn. 25; *LG Düsseldorf*, AG 1998, 98; anders *OLG Frankfurt*, AG 1989, 442; *OLG Düsseldorf*, ZIP 1984, 586, 593 f.

3. Lösungsmöglichkeiten

Die Feststellung einer weitgehenden Auskunftspflicht entbindet nicht davon, Möglichkeiten zu suchen, nach denen eine Offenbarung nachteiliger Informationen über den Kreis der Beteiligten hinaus verhindert werden kann.

a. Treuepflicht

Inzwischen kann die lange diskutierte Frage nach der grundsätzlichen Existenz einer Treuepflicht zwischen einer AG und ihren Aktionären als geklärt gelten. Auch wenn die Treuebindungen eines Aktionärs regelmäßig in ihrer Intensität nicht mit denen einer GmbH oder Personengesellschaft zu vergleichen sind, sind sie dennoch vorhanden und bedürfen der Ausformung im Einzelfall[462]. Selbst wenn man eine Geheimhaltungsverpflichtung der Aktionäre aufgrund der Treuepflicht bejaht, ist eine Verletzung in der Praxis weitgehend sanktionslos[463]. Ein Schadenersatzanspruch aufgrund der Veröffentlichung der geheimhaltungsbedürftigen Tatsachen wäre schwer zu beziffern und die Kausalität schwer zu beweisen. Im übrigen handelt es sich um Informationen, die bereits auf der Hauptversammlung, also noch einem weit größeren Publikum hätten mitgeteilt werden müssen. Die Treuepflicht allein ist ein stumpfes Schwert. Nicht zu folgen ist allerdings der Argumentation, eine Verletzung dieser Treuepflicht sei deshalb erlaubt, weil auch bei Aufsichtsratsmitgliedern oftmals der Geheimnisschutz gegenüber Wettbewerbern nicht ernst genommen werde[464]. Aus der Pflichtverletzung anderer erwächst nicht die Berechtigung, es diesen gleichzutun.

b. Vertragsstrafe und strafrechtlicher Schutz

Wegen der Ungeeignetheit der Treuepflicht als Sanktionsmittel besteht die Tendenz bei Gerichten, den Beteiligten die geheimen Tatsachen nur unter der Bedingung zugänglich zu machen, daß diese eine mit Vertragsstrafe bewehrte Unterlassungserklärung abgeben, wenn ein beteiligtes Unternehmen dies ver-

---

[462] *BGHZ* 103, 184, 194 ("Linotype") für Aktionäre untereinander; *RGZ* 146, 385, 395 für das Verhältnis Aktionär-AG, das hier primär berührt ist; *Hüffer*, FS Steindorff, S. 59, 64 ff.; *Hüffer*, AktG, § 53a Rn. 16; *Piepenburg*, a.a.O., S.113 ff.

[463] *LG Düsseldorf*, AG 1998, 98.

[464] So *LG Düsseldorf*, AG 1998, 98.

langt[465]. Auf den ersten Blick mutet dies als bestechende Lösung an. Dennoch bestehen Bedenken. Niemand unterschreibt gerne eine Erklärung mit einer Vertragsstrafe von 50.000 DM, schon gar nicht der gemeinsame Vertreter, der unter Umständen selbst mangels Aktieneigentums nicht an der Erhöhung der Leistungen partizipiert. Es bedarf der umständlichen Prozedur überhaupt nicht. Weil aufgrund von Art. 6 I 1 EMRK der Öffentlichkeitsgrundsatz auch in echten Streitverfahren der freiwilligen Gerichtsbarkeit gilt[466], kann das Gericht auch die Öffentlichkeit nach Art. 6 I 2 EMRK, § 172 Nr. 2, 3 analog ausschließen. Wird ein entsprechender Beschluß gefaßt, kann zusätzlich nach § 174 III GVG allen Anwesenden durch Beschluß eine Schweigepflicht auferlegt werden. Eine Offenbarung ist dann strafbar nach § 353d Nr. 2 StGB[467]. Diese Vorgehensweise hat gegenüber der Unterlassungserklärung den Vorteil, daß nicht um die Höhe der Vertragsstrafe gestritten werden muß.

§ 9 Verfahrensbeendigung

I. Gerichtliche Entscheidung

Das Gericht entscheidet durch Beschluß, in welchem es die neu festgesetzte Kompensationsleistung sowie die Zinsen (§ 305 III 3, 320b I 6 AktG, 15 II 1 UmwG) ausspricht. Entspricht diese dem Angebot, wird der Antrag als unbegründet zurückgewiesen, bei fehlenden Sachurteilsvoraussetzungen als unzulässig.

Für eine einstweilige Anordnung fehlt es an einer Sondervorschrift. §§ 935 ff. ZPO sind nicht analog im FGG anwendbar, weil wegen zahlreicher Sonderregelungen gerade bei den echten Streitsachen (§§ 13 HRV, 53a III 2, FGG, 44 III WEG, 18 LwVG) zu erkennen ist, daß es einen allgemeinen vorläufigen Rechtsschutz im FGG außerhalb der Fürsorgeverfahren nicht gibt. Nicht einmal das Interesse, Aktien als Abfindung möglichst bald zu erhalten, um an den die Untergesellschaft betreffenden Entscheidungen der Obergesellschaft mitwirken

---

[465] *OLG Frankfurt*, AG 1989, 444, 445; *LG Frankfurt*, AG 1996, 187, 188; zustimmend *Ebenroth*, EWiR 1989, 1055; a.A. *LG Hamburg*, DB 1991, 2029.

[466] S.o. § 8 II 1; dies verkennt *Ebenroth*, EWiR 1989, 1055, wenn er § 174 III GVG für unanwendbar hält.

[467] LK StGB/*Träger*, § 353d Rn. 23 f.

zu können, rechtfertigt eine Abweichung hiervon, da eine solche Möglichkeit im AktG und UmwG bewußt nicht geschaffen wurde[468].

II. Rücknahme des Antrags

Die Möglichkeit einer Antragsrücknahme ist bereits durch §§ 306 IV 10, 308 III 1 UmwG vorgezeichnet. Zu einer Verfahrensbeendigung kann es erst dann kommen, wenn alle Antragsteller ihre Anträge zurückgenommen haben und der gemeinsame Vertreter das Verfahren nicht weiterführen will. In diesem Fall bedarf es analog § 269 III 1, 1. Hs. ZPO keiner gerichtlichen Entscheidung mehr und eine bereits ergangene Entscheidung wird unwirksam, sofern sie noch nicht rechtskräftig ist[469]. Die Rücknahme von Anträgen ist auch aufgrund außergerichtlichen Vergleichs möglich[470].

Bislang nicht geklärt ist, ob es einer Einwilligung des Antragsgegners bedarf. Einer Auffassung nach soll für das echte Streitverfahren nach Einlassung des Antragsgegners zur Hauptsache eine Einwilligung des Antragsgegners erforderlich sein, damit kein neues Verfahren mehr eingeleitet werden kann, bei dem sich die Beweislage zu Lasten des Antragsgegners geändert haben könnte[471]. Im ZPO-Verfahren ist die Einwilligung erforderlich, weil der Beklagte ein unentziehbares Recht auf Entscheidung erlangt[472]. Grundsätzlich ist das Einwilligungserfordernis des § 269 I ZPO wie viele ZPO-Normen auf das echte FGG-Streitverfahren übertragbar, da das FGG keine besondere Regelung trifft[473]. Für das Spruchverfahren im besonderen ist eine Analogie jedoch nicht interessengerecht. Mit der Rücknahme steht für den Antragsgegner fest, welche Kompensationsleistungen er erbringen muß. Für ihn macht es keinen Sinn, eine Entscheidung in der Sache herbeizuführen, denn dabei ginge er das Risiko ein, daß die

---

[468] *OLG Düsseldorf*, DB 1995, 2412.

[469] *OLG Düsseldorf*, NJW 1980, 349; *LG Neustadt*, MDR 1956, 239; *OLG Hamm*, RdL 1961, 205; *KG*, NJW 1971, 2270, 2271 f.; *Lindacher*, RPfl 1965, 41, 42; *Jansen*, vor § 8 Rn. 18.

[470] *Hüffer*, AktG, § 306 Rn. 18; *Diekgräf*, S. 276.

[471] *Keidel/Kuntze/Winkler/Kayser*, § 12 Rn. 14; *OLG Düsseldorf*, NJW 1980, 349.

[472] *Stein/Jonas/Schumann*, § 269 Rn. 10; *Lindacher*, RPfl 1965, 41, 42.

[473] Dafür *LG Neustadt*, MDR 1956, 239; *OLG Hamm*, RdL 1961, 205; *OLG Düsseldorf*, NJW 1980, 349; *Bärmann*, FG, § 18 I b; *Jansen*, vor § 8 Rn. 20; *Lutter/Krieger*, UmwG § 307 Rn. 4; *Kallmeyer/Meister/Klöcker*, § 307 Rn. 17; *Hüffer*, AktG, § 99 Rn. 4; *Widmann/Mayer/Schwarz*, § 307 UmwG Rn. 30; dagegen *Keidel/Kuntze/Winkler/Kayser*, § 12 Rn. 4; *Lindacher*, RPfl 1965, 41 f.; *Habscheid*, FG, § 19 I 1 d.

Kompensationsleistung erhöht wird. Wird der Antrag hingegen abgewiesen, bleibt es beim vertraglich festgelegten Ausgleich ebenso wie im Fall der Rücknahme. Außerdem ist nach Ablauf der kurzen Antragsfrist von zwei Monaten ein neuer Antrag ohnehin ausgeschlossen. Diese Interessenlage gebietet es nicht, die Einwilligung des Antragsgegners zu verlangen.

§ 269 III 2 ZPO kann nicht auf das Spruchverfahren übertragen werden. Die Rücknahme allein führt nicht zu einer Kostentragungspflicht des Antragstellers[474]. Die Möglichkeit erneuter Antragstellung im Spruchverfahren besteht dennoch, jedoch nur im Rahmen der Antragsfrist.

Dem gemeinsamen Vertreter ist keine Frist zur Abgabe der Erklärung, das Verfahren weiterführen zu wollen, gesetzt. Einerseits muß ihm eine angemessene Bedenkzeit gegeben werden, um festzustellen, ob eine Weiterführung im Interesse der von ihm Vertretenen ist, andererseits hat der Antragsgegner ein Interesse, in angemessener Zeit zu erfahren, ob das Verfahren beendet ist. In Anlehnung an die Beschwerdefrist des des § 22 I 1 FGG ist auch hier eine Zwei-Wochen-Frist angemessen, weil er die gleichen Überlegungen wie bei der Beschwerde anstellen muß, ob die Möglichkeit besteht, daß höhere Kompensationsleistungen festgesetzt werden.

III. Gerichtlicher Vergleich

Ein gerichtlicher Vergleich im Spruchverfahren ist unzulässig. Weder Antragsteller noch gemeinsamer Vertreter sind Parteien des Unternehmensvertrages und können den Unternehmensvertrag, der den materiellrechtlichen Abfindungs- oder Ausgleichsanspruch enthält, dementsprechend nicht abändern[475]. Das aber wäre wegen der Doppelnatur des Prozeßvergleichs Voraussetzung[476]. Die Gegenmeinung stellt auf die Ansprüche der Antragsteller ab[477], über die sie selbstverständlich verfügen dürfen. Jedoch werden im Spruchverfahren anders als in einer Leistungsklage nicht unmittelbar Ansprüche zuerkannt. Außer durch die Vertragsparteien kann der Unternehmensvertrag nur durch inter-omnes-

---

[474] S.u. § 10 II 1.

[475] *Hüffer*, AktG, § 306 Rn. 18; *Diekgräf*, S. 273; KK/*Koppensteiner*, 2. Aufl., 1987, § 306 Rn. 18; *BayObLG*, AG 1980, 76, 77.

[476] *BGH* NJW 1982, 2072, 2073; 1988, 65; *Thomas/Putzo*, § 794 Rn. 3; a.A. *Baumbach/Lauterbach/Albers/Hartmann*, Anh. § 307 Rn. 3.

[477] *Kallmeyer/Meister/Klöcker*, § 307 Rn. 20; ohne nähere Begründung für einen gerichtlichen Vergleich *Widmann/Mayer/Schwarz*, § 311 UmwG Rn. 21.

wirkende gerichtliche Entscheidung (§§ 306 II, 99 V 2 AktG) gestaltet werden. Ein außergerichtlicher Vergleich ist dagegen privatautonom möglich.

IV. Übereinstimmende Erledigungserklärung

Zur Beendigung eines Zivilprozesses durch übereinstimmende Erklärungen von Kläger und Beklagtem, daß das Verfahren in der Hauptsache erledigt sei, kommt es nicht auf das Vorliegen eines erledigenden Ereignisses an. Im Rahmen des § 91a ZPO wirken diese Prozeßhandlungen unmittelbar verfahrensbeendend[478] und es wird nur noch über die Kosten entschieden. Nach §§ 306 II, 99 I AktG findet das FGG Anwendung, in dem es an einer dem § 91a ZPO entsprechenden Vorschrift fehlt. Dennoch kann ergänzend § 91a ZPO herangezogen werden. Die Vergleichsfeindlichkeit des Spruchverfahrens schließt die Anwendung von § 91a ZPO nicht aus. Wenn eine Rücknahme möglich ist, muß auch die übereinstimmende Erledigungserklärung zulässig sein. Die Anwendung des FGG erfolgt nicht, um die Parteiherrschaft auszuschließen.

Jedoch darf die Neuregelung des § 306 IV 10 AktG i.V.mit § 308 III UmwG nicht umgangen werden. Die Vorschrift ordnet an, daß der gemeinsame Vertreter das Verfahren auch nach Antragsrücknahme weiterführen kann und im Fall der Weiterführung selbst die Position eines Antragstellers erwirbt. Dies dient dem Schutz vor einem "Auskaufen" antragstellender Aktionäre. Dieses Schutzes bedarf es genauso im Fall einer übereinstimmenden Erledigterklärung. Ebenso wie sich ein Antragsteller in einem außergerichtlichen Vergleich zur Antragsrücknahme verpflichten kann, könnte er sich - evtl. nach Zahlung einer hohen Geldsumme - zur Zustimmung zu einer Erledigterklärung des Antragsgegners verpflichten, sich also "auskaufen" lassen. Der Schutz des § 306 IV 10 AktG i. V. mit § 308 III UmwG bliebe dann den übrigen außenstehenden Aktionären versagt[479]. Daraus ist aber nicht abzuleiten, daß eine übereinstimmende Erledigungserklärung im Spruchverfahren unzulässig bleibt oder einer besonderen Rücknahmeerklärung bedarf[480]. Vielmehr ist § 306 IV 10 AktG i. V. mit § 308 III UmwG analog anzuwenden, denn wenn bei einer Klagerücknahme der gemeinsame Vertreter in die Position des Antragstellers einrücken kann, darf ihm diese Möglichkeit bei der übereinstimmenden Erledigung nicht vorbehalten

---

[478] *Thomas/Putzo*, § 91a Rn. 17; *Baumbach/Lauterbach/Albers/Hartmann*, § 91a Rn. 110.

[479] zu § 308 III UmwG *Lutter/Krieger*, UmwG, § 307 Rn. 5.

[480] so *Lutter/Krieger*, UmwG, § 307 Rn. 5; Erledigung und Rücknahme schließen sich gerade gegenseitig aus.

bleiben. Es obliegt der Beurteilung des gemeinsamen Vertreters, ob eine Verfahrensbeendigung sinnvoll erscheint oder ob er das Verfahren im Interesse der anderen außenstehenden Aktionäre weiterführt.

Bei übereinstimmenden Erledigungserklärungen ist mit den dargelegten Einschränkungen im Spruchverfahren nur noch über die Kosten zu entscheiden[481]. Für die Gerichtskosten bestimmt § 306 VII 7 AktG als Kostenschuldner grundsätzlich die Vertragsteile des Unternehmensvertrags, unter Billigkeitsgesichtspunkten aber auch einen anderen Beteiligten (§ 306 VII 8 AktG). Diese gesetzliche Wertung ist auch bei den außergerichtlichen Kosten heranzuziehen, sei es nach §§ 306 II, 99 I AktG, 13a I 1 FGG[482] oder analog § 91a I 1 ZPO[483].

V. Einseitige Erledigungserklärung

Die gebräuchliche Formulierung der "einseitigen Erledigungserklärung" ist insofern nicht exakt, als die Erledigung des Verfahrens nicht unmittelbar durch die Erklärung eines Beteiligten eintreten kann. Sie bedeutet vielmehr, daß der Kläger in einem ZPO-Verfahren beantragt, die Erledigung der Hauptsache festzustellen[484]. Diese Klageänderung in einen Feststellungsantrag gemäß § 256 ZPO ist nach § 264 Nr. 2 ZPO zulässig. Das Feststellungsinteresse besteht im ZPO-Verfahren wegen der Frage der Kostentragung. Diese hängt damit zusammen, daß bei Abweisung des ursprünglichen Antrags die Kosten dem Kläger auferlegt werden, bei Obsiegen mit dem Erledigungsfeststellungsantrag dagegen dem Beklagten. Dem Kläger soll nicht zum Nachteil gereichen, daß sein Antrag zulässig und begründet war, sich das bis zur letzten mündlichen Verhandlung aber ändert.

Unabhängig von der Frage nach der allgemeinen Übertragbarkeit dieses zivilprozessualen Rechtsinstituts in die freiwillige Gerichtsbarkeit[485] ist festzustellen, daß es im Spruchverfahren des Rechtsinstituts der einseitigen Erledigungserklärung nicht bedarf. Im Spruchverfahren ist die Kostentragung nicht vom Obsie-

---

[481] *BayObLG*, AG 1997, 182; *Hüffer*, AktG, § 306 Rn. 22; *Emmerich/Habersack*, § 306 Rn. 26.

[482] *OLG Stuttgart*, DB 1992, 1470; *Hüffer*, AktG, § 306 Rn. 22; *OLG Düsseldorf*, AG 1993, 40, 41; *Emmerich/Habersack*, § 306 Rn. 35; *Schulze-Osterloh*, EWir 1992, 1157.

[483] *BayObLG*, AG 1997, 182.

[484] *Thomas/Putzo*, § 91a Rn. 32.

[485] Bejaht wird dies für WEG-Sachen: *Bärmann/Pick/Merle*, § 44 Rn. 99.

gen oder Unterliegen abhängig. Die Kosten sind vielmehr nur bei mutwilliger Rechtsverfolgung dem Antragsteller aufzuerlegen, ansonsten trägt sie kraft Gesetzes der Antragsgegner (§§ 306 VII 7 AktG, 312 IV 1 UmwG). Damit fehlt das Feststellungsinteresse für eine einseitige Erledigungserklärung, weil sich die Kostentragung nach dem Erledigungsfeststellungsantrag von der Kostentragung bei Abweisung des Antrags (wegen des erledigenden Ereignisses) nicht unterscheidet.

VI. Auswirkungen der Beendigung des Unternehmensvertrags

1. Einfluß auf Ansprüche aus §§ 304, 305 AktG

a. Auswirkung auf den Ausgleichsanspruch

Der Ausgleichsanspruch nach § 304 I AktG wird durch den Unternehmensvertrag begründet. Dieser stellt einen echten Vertrag zugunsten Dritter (§ 328 BGB) dar[486]. Aus dieser Einordnung ergibt sich, daß wegen § 333 BGB der Ausgleichsanspruch unmittelbar aufgrund des Unternehmensvertrages entsteht, ohne daß der Aktionär dieses Angebot annehmen muß; vielmehr müßte er den Ausgleich zurückweisen, wenn er ihn nicht in Anspruch nehmen will. Mit der Beendigung des Unternehmensvertrags endet gleichzeitig der Ausgleichsanspruch[487], gleichgültig aus welchem Grund sie erfolgt.

Dies bedeutet jedoch nur, daß für die Zeit nach Beendigung kein Ausgleich mehr verlangt werden kann. Bereits während der Dauer des Vertrages entstandene Ausgleichsansprüche bleiben unberührt, soweit die Beendigung ex nunc wirkt[488], anders als bei einem ex tunc wirkenden Ereignis. Durch das Spruchverfahren wird der Unternehmensvertrag hinsichtlich des Ausgleichs rückwirkend umgestaltet[489], so daß eine gerichtliche Neufestsetzung nichts daran ändert, daß der Anspruch bereits vor Beendigung des Vertrages entstanden ist und auch bestehen bleibt. Die teilweise geäußerte Auffassung, mit dem Kündigungsrecht nach § 304 V AktG sei dem herrschenden Unternehmen die Gelegenheit gegeben, sich bei Abänderung des Ausgleichs- oder Abfindungsanspruchs im

---

486 *Schwenn*, S. 53.

487 *Emmerich/Habersack*, § 304 Rn. 70.

488 *W. Meilicke*, AG 1995, 185 f.

489 *Emmerich/Habersack*, § 304 Rn. 89; *Geßler* in *Geßler/Hefermehl/Eckardt/Kropff*, § 304 Rn. 74; *Kley*, S. 26.

Spruchverfahren von allen mit dem Unternehmensvertrag verbundenen Verpflichtungen zu lösen[490], ist unzutreffend. Dies kann zum einen nur für zukünftig entstehende Verpflichtungen gelten, deren Höhe die herrschende Gesellschaft anders einkalkuliert hat, denn auch hier gilt, daß eine Kündigung ex nunc wirkt[491]. Zum anderen wäre dies ein grober Verstoß gegen Art. 14 I GG, der durch das BVerfG dahingehend präzisiert worden ist, daß Aktionäre ein Äquivalent für den Verlust der Unabhängigkeit der Gesellschaft mit all dessen Risiken erhalten müssen[492]. Das Spruchverfahren wäre sinnlos, wenn sich die herrschende Gesellschaft dessen Konsequenzen einfach entziehen kann. Ein Verständnis des § 304 V AktG, das es ermöglicht, sich rückwirkend aller Verpflichtungen des Unternehmensvertrags zu entledigen, ermöglicht es auch, ohne Risiko durch nachteilige Weisungen ein anderes Unternehmen in den Ruin zu treiben, denn nachträglich lassen sich schädliche Einzelweisungen kaum noch nachweisen, die eine Ersatzpflicht nach § 311 nach sich ziehen könnten[493]. Solange im Spruchverfahren um die Angemessenheit des Ausgleichs oder der Abfindung gestritten wird, erlischt weder der Ausgleichsanspruch noch die Antragsbefugnis.

b. Auswirkung auf den Abfindungsanspruch

Der Abfindungsanspruch aus § 305 I AktG ist gegenüber dem Ausgleichsanspruch durch wesentliche Unterschiede gekennzeichnet. Er beinhaltet keinen periodisch zu leistenden Dividendenersatz, sondern eine einmalig zu zahlende Entschädigung für den Verlust der Mitgliedschaft und er muß nicht zwingend im Unternehmensvertrag festgesetzt werden. Die zuletzt genannte Tatsache führt zu der Fragestellung, ob der Abfindungsanspruch dem Gesetz oder dem Unternehmensvertrag entspringt und wann er entsteht. Entsteht er erst aufgrund Gesetzes nach beendetem Vertrag durch gerichtliche Entscheidung, könnte die Grundlage für diesen gesetzlichen Anspruch bereits entfallen sein. Notwendige Voraussetzung für das Entstehen des Abfindungsanspruchs ist immer dessen Geltendmachung durch den Aktionär.

---

[490] *OLG Zweibrücken*, AG 1994, 563, 564

[491] *W. Meilicke*, AG 1995, 181, 185 f.; *Emmerich/Habersack* § 304 Rn. 91; *LG Stuttgart*, AG 1998, 103, 104.

[492] *BVerfGE* 14, 263, 284 f.; *BGHZ* 135, 374, 377.

[493] *W. Meilicke*, AG 1995, 181, 185 f.

Der Abfindungsanspruch ist vertraglicher Natur. Ob im Vertrag eine Abfindung angeboten ist und diese vom Gericht erhöht wird oder ob vom Gericht erst eine Abfindung festgesetzt wird, kann keinen Unterschied machen. Der Unternehmensvertrag ist ein sogenannter normierter Vertrag[494]. Er wird zwar (je nach Ertragslage des abhängigen Unternehmens mehr oder weniger) frei ausgehandelt, sein Inhalt wird jedoch durch gesetzliche Vorschriften stark reglementiert. Selbst wenn der Abfindungsanspruch bei fehlendem Angebot im Unternehmensvertrag als gesetzlicher Anspruch eingestuft wird, entsteht er bereits rückwirkend zur Zeit seiner Geltendmachung. Ansonsten - hier bleibt in der Tat nur noch die bekannte Argumentation mit Art. 14 I GG, nach dem eine vollständige Entschädigung der Ausscheidenden nötig ist[495] - würden Aktionäre bei zu geringen Abfindungsangeboten besser gestellt (Entstehen des Anspruchs vor Ende des Unternehmensvertrags) als bei fehlendem Angebot, bei dem sie leer ausgehen müßten (kein Entstehen des Anspruchs nach Vertragsende mehr). Es wäre äußerst widersprüchlich, wenn die Vertragsparteien, die absichtlich keinen Ausgleich festsetzen, auch noch davon profitieren sollten. Wie beim bereits entstandenen Anspruch berühren ex nunc wirkende Ereignisse bereits geltend gemachte Abfindungsansprüche nicht. Denjenigen Aktionären, die das Abfindungsangebot bereits angenommen haben, kommt ggf. ein Abfindungsergänzungsanspruch zu, für den der Ausgang des Spruchverfahrens maßgebend bleibt. Zu § 305 V 4 AktG gilt das oben zu § 304 V AktG Gesagte.

c. Auswirkung auf das noch nicht ausgeübte Wahlrecht

Der Anspruch entsteht wie erwähnt durch Geltendmachung des Rechts auf Abfindung. Das kann durch Annahme des Angebots (wenn ein solches vorhanden ist) oder konkludent durch einen entsprechenden Antrag im Spruchverfahren geschehen (wenn ein Angebot fehlt). Nicht unumstritten ist, ob auch noch nach Vertragsbeendigung in offener Frist ein Wahlrecht auf Abfindung besteht. Einige Stimmen in der Literatur, die die Unabhängigkeit bereits entstandener Ansprüche von der Vertragsbeendigung nicht in Zweifel ziehen, sind der Ansicht, dies gelte nicht bei noch offenem Wahlrecht des Aktionärs. Dieser müsse sich mit dem Ausgleich begnügen, für eine Abfindung sei es zu spät[496]. Dies gilt es zu hinterfragen. Das durch den Unternehmensvertrag eingeräumte Recht, Abfin-

---

[494] *Schwenn*, S. 152.

[495] *BVerfGE* 14, 263, 284; *BGHZ* 135, 374, 377.

[496] *Wilhelm*, S. 41, 46; *Kley*, S. 107 f.

dung zu verlangen, ist als Optionsrecht zu charakterisieren[497]. Der Begriff des Optionsrechts wird für zwei verschiedene Fallgestaltungen verwendet. Es kann zum einen ein Vertragsangebot bedeuten, an das sich der Anbieter abweichend von § 147 II BGB sehr lange gebunden hält. Zum anderen kann es das Recht bezeichnen, durch eine einseitige Gestaltungserklärung einen Vertrag zu begründen, wobei die Optionserklärung eine aufschiebende Bedingung darstellt[498].

Bei § 305 AktG wird ein Optionsrecht der letzteren Art eingeräumt, nicht nur ein langfristig bindendes Angebot[499]. Die Annahme des dem Dritten zugewendeten Rechts ist nach §§ 328, 333 BGB gerade nicht nötig, so daß es auch keines Angebotes bedarf; vielmehr muß die Ablehnung erklärt werden. Durch den Unternehmensvertrag erwirbt der außenstehende Aktionär einen auflösend bedingten Ausgleichs- und einen aufschiebend bedingten (sowie in der Regel befristeten) Abfindungsanpruch. Bedingung ist die Ausübung der Option durch Verlangen der Abfindung, weil er nicht zum Verlassen der Gesellschaft gezwungen werden soll. Die Konstruktion eines Angebots paßt nicht zum Vertrag zugunsten Dritter, bei der es gerade keines Angebots und keiner Annahme bedarf, sondern unmittelbar ein Recht zugewendet wird.

Auch nach einer Entscheidung im Spruchverfahren kann das Wahlrecht gemäß § 305 IV 3 AktG noch mindestens zwei Monate nach der Bekanntmachung ausgeübt werden. Die vom Gesetzgeber eingeräumten Fristen verdeutlichen, daß Aktionären grundsätzlich eine gewisse Überlegungszeit zuzubilligen ist, weil jeder abwägen muß, was für Zukunftschancen er für das abhängige Unternehmen sieht; bei positiven Erwartungen wird er beim Ausgleich bleiben, um noch lange Gewinnanteile einzustreichen, glaubt er an dessen Ausbeutung, möchte er seinen Anteilswert vergütet wissen bzw. vom Ertrag der herrschenden Gesellschaft profitieren.

Es ließe sich dagegen argumentieren, der Aktionär hätte schließlich immer noch die zweimonatige Überlegungsfrist des § 305 IV 2 AktG gehabt, wenn der Unternehmensvertrag erst nach Ablauf des Spruchverfahrens endet und das Wahlrecht damit erlöschen würde. Maßgebend ist jedoch, daß ein Aktionär, der von der Einleitung eines Spruchverfahrens erfährt und auf die Entscheidung über die Höhe der Abfindungs- und Ausgleichsansprüche wartet, um dann erst seine

---

[497] *Schwenn*, S. 54.

[498] *Palandt/Heinrichs*, vor § 145 BGB Rn. 23.

[499] *Schwenn*, S. 54; *Haase*, AG 1995, 7, 10; a.A. KK/*Koppensteiner*, § 305 Rn. 4

Entscheidung zwischen Abfindung und Ausgleich zu treffen, benachteiligt wäre gegenüber demjenigen, der schon sein Wahlrecht hinsichtlich der Abfindung geltend gemacht hat und sich lediglich einen Abfindungsergänzungsanspruch erhofft. Damit aber wäre das Wahlrecht ebenso überflüssig wie die Fristbestimmung des § 305 IV 3 AktG. Jeder müßte dann damit rechnen, daß der Vertrag eventuell enden kann und sein Wahlrecht, dadurch wiederum seine Abfindung gefährdet ist. Er würde spätestens zum Fristablauf des § 305 IV 2 AktG die Abfindung wählen, so daß § 305 IV 3 für vorsichtige Aktionäre nicht zum Tragen käme.

Entscheidend für ein Bestehenbleiben des Optionsrechts auch nach Ende des Unternehmensvertrages spricht Art. 14 GG, denn dem Aktionär wäre sonst eine volle Entschädigung für den Wert seines Anteils vorenthalten[500]. Soweit dagegen eingewandt wird, mit Ende des Unternehmensvertrages stünden dem herrschenden Unternehmen keine Vorteile mehr aus diesem zu und eine Abfindung mache zu diesem Zeitpunkt wirtschaftlich keinen Sinn mehr[501], wird dabei übersehen, daß die Vorteile während der Vertragsdauer durchaus in Anspruch genommen wurden und die Abfindung jetzt genauso wie während des Vertrages eine Kompensation der dadurch entstandenen Risiken bezweckt.

2. *Einzelfälle*

a. Beendigung durch Kündigung aus wichtigem Grund oder Fristablauf

Unternehmensverträge werden in der Regel für mindestens fünf Jahre mit oder ohne Verlängerungsoption abgeschlossen, damit nach § 14 Nr. 4 S. 1 KStG die Wirkungen der steuerlichen Organschaft eintreten. Befristete Unternehmensverträge sind mit Zeitablauf beendet[502]. Die Kündigung eines Unternehmensvertrages ist nach § 297 I AktG aus wichtigem Grund auch ohne Zustimmung der außenstehenden Aktionäre möglich. Eine besondere Kündigungsmöglichkeit stellen §§ 305 V 4, 304 V AktG dar, wenn Ausgleich oder Abfindung durch ein Spruchverfahren erhöht werden. Der Beendigungstatbestand des § 307 AktG spielt hier keine Rolle, da in diesem Fall wegen § 304 I 3 AktG ohnehin keine Abfindungs- und Ausgleichsansprüche bestehen. Wie oben dargelegt, berührt

---

[500] *BVerfGE* 14, 263, 284; *BGHZ* 135, 374, 381.

[501] *Kley* S. 108.

[502] *Emmerich/Habersack*, § 297 Rn. 33; *Geßler* in *Geßler/Hefermehl/Eckardt/Kropff*, § 297 Rn. 6; *OLG München*, AG 1991, 358, 360.

die ex nunc wirkende Beendigung des Unternehmensvertrages bis dahin entstandene Ansprüche und Wahlrechte nicht.

b. Beendigung durch Rücktritt

Durch einen Rücktritt kann sich das herrschende Unternehmen seinen Abfindungs- und Ausgleichsverpflichtungen nicht entziehen, weil auch er in dem hier interessierenden Zeitraum nicht ex tunc wirkt. Es ist umstritten, ob ein vertragliches oder gesetzliches Rücktrittsrecht nach der Invollzugsetzung des Vertrages[503] oder nach dessen Eintragung ins Handelsregister[504], wie bei Dauerschuldverhältnissen üblich, durch das Kündigungsrecht ersetzt wird. Letztlich kommt es auf diese Streitfrage für das Bestehen von Abfindungs- und Ausgleichsansprüchen nicht an. Die Eintragung ist gemäß § 294 II AktG Wirksamkeitsvoraussetzung für den Unternehmensvertrag. Ohne diese können hinsichtlich eines Beherrschungsvertrages die besonderen mit § 308 AktG verbundenen Risiken nicht eintreten, es gilt vielmehr § 311 AktG. Gewinn darf aufgrund eines noch nicht wirksamen Gewinnabführungsvertrages wegen 58 IV AktG (Rückerstattung nach § 62 I AktG) noch nicht abgeführt werden. Wird der Vertrag vor Eintragung in Vollzug gesetzt, sind die Aktionäre dadurch hinreichend vor einer Schmälerung ihrer Gewinnansprüche geschützt. Vergeht nach der Eintragung noch eine gewisse Zeit bis zur Invollzugsetzung, bestehen ohnehin keine Risiken für die Aktionäre. Danach ist nur noch eine Kündigung möglich.

c. Beendigung durch Aufhebungsvertrag oder Kündigung mit Sonderbeschluß

Besteht kein wichtiger Grund (einen solchen nennt z.B. auch § 304 V AktG) für eine Kündigung durch das abhängige Unternehmen oder soll der Vertrag einvernehmlich aufgehoben werden, müssen die außenstehenden Aktionäre durch Sonderbeschluß zustimmen (§§ 296 II, 297 II AktG). Anders als bei Kündigung aus wichtigem Grund oder Fristablauf sieht es hier auf den ersten Blick so aus, als ob die außenstehenden Aktionäre mit ihrer Zustimmung hier in den Verlust ihrer Ansprüche einwilligen. Diese Sichtweise überzeugt bei näherem Hinsehen aus mehreren Gründen nicht. Auch hier wirken Kündigung und Aufhebungsver-

---

503 *Emmerich/Habersack* § 297 Rn. 32; *Geßler* in *Geßler/Hefermehl/Eckardt/Kropff*, § 297 Rn. 42; KK/*Koppensteiner*, § 297 Rn. 14.

504 *Kley*, S. 59 ff.; *Wilhelm*, S. 17 f.

trag ex nunc[505]. In bereits entstandene Abfindungs- und Ausgleichsansprüche kann aus den oben genannten Gründen deshalb ebensowenig eingegriffen werden wie auch in das Wahlrecht der Aktionäre, die noch keine Abfindung gewählt haben[506].

Die Aktionäre, die der Aufhebung oder Kündigung zustimmen, müßten allenfalls zusätzlich im Beschluß erklären, daß sie auf alle Ansprüche aus dem Unternehmensvertrag verzichten. Dies kann nicht konkludent geschehen, weil kein verständiger Empfänger einen Zustimmungsbeschluß zur Aufhebung entsprechend verstehen muß. Selbst ein ausdrücklicher Beschluß dieses Inhalts kann weder durch qualifizierte Mehrheit noch einstimmig beschlossen werden, weil Aktionäre, die ihr Wahlrecht hinsichtlich der Abfindung bereits ausgeübt haben und dieses im Tausch gegen die Aktie entgegengenommen haben, nicht mehr stimmberechtigt sind, also auch keinem Eingriff in ihre Ansprüche zustimmen können[507]. Soweit diesen Aktionären noch ein Abfindungsergänzungsanspruch zustehen kann, ist das Spruchverfahren bereits deshalb fortzusetzen.

Selbst wenn niemand Abfindung verlangt hat, etwa weil das Angebot fehlt oder inakzeptabel ist, besteht immer noch das Optionsrecht auf dessen Geltendmachung, in das als Gläubigerrecht nicht durch einen Mehrheitsbeschluß, sondern nur mit Zustimmung jedes Aktionärs eingegriffen werden kann[508]. Dem Mißbrauch durch Depotbanken oder dem Mehrheitsaktionär nahestehende Aktionäre wäre zudem Tür und Tor geöffnet, wenn mit deren Hilfe ein Zustimmungsbeschluß mit 75%-Mehrheit erreicht werden kann[509].

d. Nichtigkeit, insbesondere nach Anfechtung des Zustimmungsbeschlusses

Bei anfänglicher Nichtigkeit des Unternehmensvertrages gemäß §§ 134, 138 BGB liegt grundsätzlich wie bei der Nichtigkeit des Zustimmungsbeschlusses kein erledigendes Ereignis vor, da die Nichtigkeit bereits vor der Rechtshängigkeit eines Spruchverfahrens besteht. Das gilt ebenso bei einem auf eine Anfechtungsklage nach § 243 AktG ergehenden, gemäß § 241 Nr. 5 AktG zur Nichtigkeit des Beschlusses führenden Urteil. In beiden Fällen kann die Gestal-

---

505 *Hüffer*, AktG, § 279 Rn. 9.

506 *W. Meilicke*, AG 1995, 181, 187.

507 *W. Meilicke*, AG 1995, 181, 187.

508 *W. Meilicke*, AG 1995, 181, 187; im Ergebnis auch *BVerfG*, NZG 1999, 397.

509 *W. Meilicke*, AG 1995, 181, 187.

tungswirkung zwar nach Rechtshängigkeit der Anfechtungsklage eintreten, sie wirkt jedoch zurück auf den Zeitpunkt des Vertragsschlusses (§ 142 BGB) bzw. des Zustimmungsbeschlusses[510]. In der Situation des Eintritts der rückwirkenden Nichtigkeit ist ein erledigendes Ereignis lediglich vor Rechtshängigkeit eingetreten[511]. Das hat grundsätzlich eine Zurückweisung des Antrags zur Folge.

Ausnahmsweise kann jedoch ein nichtiger Unternehmensvertrag im Falle seines tatsächlichen Vollzuges - ebenso wie bei nichtigem Zustimmungsbeschluß - als wirksam zu behandeln sein[512]. In diesem Fall kommt die Lossagung vom Vertrag[513] durch eine Partei als erledigendes Ereignis nach Rechtshängigkeit in Betracht. Diese Schlußfolgerung liegt in Anlehnung an fehlerhafte Gesellschaftsverträge nahe, weil auch Unternehmensverträge im wesentlichen durch organisationsrechtliche Elemente geprägt sind. Im einzelnen ist umstritten, bei welchen Fehlern der Vertrag als wirksam zu behandeln ist[514]. Soweit der vollzogene Vertrag als wirksam zu behandeln ist, bestehen korrespondierend zu den Risiken aus § 308 AktG und der Gewinnabführung Ausgleichs- und Abfindungsansprüche bis zur Lossagung, die den Aktionären nicht mehr genommen werden können.

VII. Auswirkungen der Verschmelzung eines Beteiligten

Sofern durch eine Veränderung in der Struktur einer Vertragspartei der Unternehmensvertrag endet, ergeben sich gegenüber den soeben behandelten Fällen Besonderheiten vor allem dann, wenn die Umstrukturierung während eines Spruchverfahrens aufgrund des Unternehmensvertrages stattfindet oder sogar mehrere Spruchverfahren gleichzeitig stattfinden.

---

[510] *Hüffer*, AktG, § 248 Rn. 6; KK/*Kraft*, § 248 Rn. 9.

[511] *Baumbach/Lauterbach/Albers/Hartmann*, § 91a Rn. 44.

[512] *Kort*, Bestandsschutz, S. 174 ff.; *Stolzenberger-Wolters*, S. 95, 109 ff.

[513] *Emmerich/Habersack* § 291 Rn. 29; nach a.A. muß hingegen gekündigt werden, so *Wilhelm*, S. 26; *Geßler* in *Geßler/Hefermehl/Eckardt/Kropff*, § 297 Rn. 45. In diesem Fall gelten die Ausführungen zur Kündigung.

[514] Abgesehen von KK/*Koppensteiner*, § 297 Rn. 36 f., der eine Parallele zum fehlerhaften Gesellschaftsvertrag generell ablehnt und eine Rückabwicklung befürwortet, wird eine rückwirkende Nichtigkeit trotz Vollzuges vor allem bei §§ 134, 138 (*Wilhelm* S. 26, 29; *Emmerich/Habersack*, § 291 Rn. 28) oder bei Mängeln der Zustimmungsbeschlüsse (*Emmerich/Habersack*, § 291 Rn. 27; *Wilhelm* S. 26; a.A. *Kley*, S. 65 f.; *Geßler* in *Geßler/Hefermehl/Eckardt/Kropff*, § 293 Rn. 59) angenommen, im übrigen aber allgemein abgelehnt (vgl. die Genannten).

1. Verschmelzung des herrschenden Unternehmens

Hier ergeben sich hinsichtlich der Abfindungs- und Ausgleichsansprüche keine Besonderheiten, wenn das herrschende Unternehmen aufnehmender Rechtsträger ist , weil es dann als Vertragspartei erhalten bleibt[515].

Gleiches gilt, obwohl es als Vertragspartei erlischt, wenn es übertragender Rechtsträger ist[516] , weil der aufnehmende Rechtsträger gemäß § 20 Nr. 1 UmwG alle Verbindlichkeiten des übertragenden Rechtsträgers übernimmt. Das umfaßt die schuldrechtlichen und die organisationsrechtlichen Elemente des Unternehmensvertrags. Der Unternehmensvertrag besteht daher mit dem neuen Rechtsträger als herrschendem Unternehmen fort[517]. Dementsprechend bleiben alle Barabfindungs- und Ausgleichsansprüche bestehen, ebenso bestehende Wahlrechte auf Abfindung. Wenn die Abfindung in Aktien zu gewähren ist und das Wahlrecht bis zur Eintragung des Verschmelzungsbeschlusses noch nicht vollzogen wurde, sind nur noch Aktien des neuen Rechtsträgers verfügbar. In diesem Fall sind nach dem im Verschmelzungsvertrag angegebenen Umtauschverhältnis Aktien des aufnehmenden Unternehmens zu gewähren. Diejenigen, die ihre Aktien behalten haben, um den Ausgleich entgegenzunehmen, können ihre Aktien auch umtauschen.

2. Verschmelzung des abhängigen Unternehmens

Unproblematisch ist die Situation nur, wenn das abhängige Unternehmen aufnehmender Rechtsträger ist und als Vertragspartner erhalten bleibt . Damit erhält

---

[515] *Lutter/Grunewald*, UmwG, § 20 Rn. 35; *Goutier/Knopf/Tulloch/Bermel*, § 20 UmwG Rn. 31; *Krieger*, ZGR 1990, 517, 542; KK/*Kraft*, § 346 Rn. 35; *Kallmeyer/Marsch-Barner*, UmwG, § 20 Rn. 19.

[516] Diese Situation war in der "Guano-Entscheidung" gegeben. Dazu steht nicht in Widerspruch, daß der *BGH* Ausführungen über die Beendigung des Unternehmensvertrages macht. Die eine juristische Sekunde vor der Verschmelzung wirksame Kündigung war vielmehr das den Unternehmensvertrag beendende Ereignis, *BGHZ* 135, 374, 37.

[517] *Emmerich/Sonnenschein*, S. 244; *Lutter/Grunewald*, UmwG, § 20 Rn. 37; *Geßler* in *Geßler/Hefermehl/Eckardt/Kropff*, § 397 Rn. 48; *Dehmer*, § 20 UmwG Rn. 45; *Krieger*, ZGR 1990, 517, 540; *Kallmeyer/Marsch-Barner*, UmwG, § 20 Rn. 20; OLG Karlsruhe, ZIP 1991, 101, 104.

das herrschende Unternehmen Einfluß auf ein größeres Unternehmen als bisher. Alle Ansprüche bleiben erhalten[518].

Genauer zu untersuchen ist die Situation, die Gegenstand des kürzlich ergangenen *BVerfG*-Beschlusses[519] ist, in der das abhängige Unternehmen übertragender Rechtsträger ist . Es erlischt durch die Verschmelzung als Vertragspartei. Hier kann nicht der Schluß gezogen werden, der aufnehmende Rechtsträger übernehme nach § 20 Nr. 1 UmwG die Pflichten aus dem Unternehmensvertrag. Dies würde vor allem die Ausführung von nachteiligen Weisungen (§ 308 I AktG) bedeuten, so daß von einer Verschmelzung stets Abstand genommen werden würde. Um aber die Privatautonomie nicht zu sehr einzuschränken und eine Verschmelzung zu ermöglichen, erlischt der Vertrag[520].

Entstandene Abfindungs- und Ausgleichsansprüche bleiben - wie auch sonst bei der Beendigung eines Unternehmensvertrages - erhalten[521]. Dies gilt gleichermaßen für bei Verschmelzung noch nicht ausgeübte Abfindungswahlrechte, soweit der Bewertungsstichtag (Tag des Zustimmungsbeschlusses, §§ 293 I, 305 III 2 AktG[522]) für Ansprüche aus dem Unternehmensvertrag zeitlich vor dem der Verschmelzung[523] liegt, weil zwischen beiden Stichtagen die Gefahr der Verringerung des Unternehmenswertes besteht und dem Umtausch aufgrund des Verschmelzungsvertrages möglicherweise eine andere Wertrelation zugrundeliegt als dem Unternehmensvertrag[524].

---

[518] *Lutter/Grunewald*, UmwG, 1996, § 20 Rn. 35; *Goutier/Knopf/Tulloch/Bermel*, § 20 UmwG Rn. 31; *Krieger*, ZGR 1990, 517, 541 f.; KK/*Kraft*, § 346 Rn. 35; *Kallmeyer/Marsch-Barner*, UmwG, § 20 Rn. 19.

[519] NZG 1999, 302.

[520] *Lutter/Grunewald*, UmwG, 1996, § 20 Rn. 36; *Goutier/Knopf/Tulloch/Bermel*, § 20 UmwG Rn. 28; *Kallmeyer/Marsch-Barner*, UmwG, § 20 Rn. 21; *Dehmer*, UmwG, § 20 Rn. 44; *LG Mannheim*, ZIP 1994, 1024; *OLG Karlsruhe*, AG 1995, 139, 140.

[521] *BVerfG*, NZG 1999, 302, 303 unter Bezugnahme auf *BGHZ* 137, 374, 377 f.

[522] ebenso für die Abfindung nach § 304 AktG, s. *Emmerich/Sonnenschein*, S. 276; OLG Stuttgart, AG 1994, 564.

[523] Für die Ermittlung des Umtauschverhältnisses wird mangels gesetzlicher Regelung der Verschmelzungsstichtag nach § 5 Nr. 6 UmwG (*Goutier/Knopf/Tulloch/Bermel/Hannappel*, § 5 UmwG Rn. 25; *Seetzen*, WM 1994, 45, 46; *OLG Bremen* DB 1992, 671) oder der Tag des Verschmelzungsbeschlusses (so *Kallmeyer/Marsch-Barner*, UmwG, § 8 Rn. 21; *Hoffmann-Becking*, FS Fleck, 1988, S. 105, 116) vorgeschlagen.

[524] *BVerfG*, NZG 1999, 302, 304; *Lutter/Grunewald*, UmwG, § 20 Rn. 35; *W. Meilicke*, AG 1995, 181, 186 f.

Wenn aber ausnahmsweise aufgrund einer Anfechtungsklage die Eintragung der Verschmelzung nach der Eintragung des Unternehmensvertrages erfolgt, soll das Erlöschen des Wahlrechts verfassungskonform[525] sein, weil hier nach dem Verschmelzungsstichtag (Tag des Verschmelzungsbeschlusses, nicht der Eintragung der Verschmelzung[526]) keine Verschlechterungsgefahr durch den Unternehmensvertrag mehr bestehe. Das *BVerfG* legt zugrunde, daß der außenstehende Aktionär letztlich durch die Verschmelzung aus dem abhängigen Unternehmen ausgeschieden ist und als Entschädigung Aktien des aufnehmenden Rechtsträgers erhalten hat. Dabei beruht der Umtausch auf einem Unternehmenswert, der vom Unternehmensvertrag unberührt bleibt. Dann soll der außenstehende Aktionär nicht mehr schutzbedürftig sein. Dagegen spricht, daß er aufgrund der Verschmelzung gewöhnlich (außer im Fall des § 29 UmwG) nicht aus der Gesellschaft ausscheiden kann, es sei denn durch Veräußerung seiner Anteile auf dem Kapitalmarkt. Das unterscheidet die Verschmelzung wesentlich vom Unternehmensvertrag.

Das verträgt sich auch nicht mit den Prämissen eines Optionsrechts, das anspruchsgleichen Charakter besitzt, und einer angemessenen Überlegungszeit zur Ausübung der Abfindung[527]. Entstandene Rechte des Aktionärs dürfen diesem nicht rückwirkend genommen werden[528]. Die Diskussion verliert in der vorliegenden Konstellation an Bedeutung, wenn der der Abfindungsberechnung zugrundeliegende Wert des abhängigen Unternehmens gleich oder geringer ist als der für die Berechnung des Umtauschverhältnisses zugrundeliegende Wert. Aus dieser Erwägung heraus wird von einigen Stimmen in der Literatur vertreten, das Problem lasse sich dadurch lösen, daß der Unternehmenswert des abhängigen Unternehmens bei der Abfindungsberechnung mindestens so hoch wie bei der Ermittlung des Umtauschverhältnisses angesetzt werden müsse[529]. Dies aber widerspricht dem Stichtagsprinzip. Im Einzelfall kann jedoch auch eine Werterhöhung durch wesentlich verbesserte Ertragsaussichten eintreten. In diesem Fall

---

[525] Das *BVerfG* bezieht ausdrücklich nicht dazu Stellung, was aktienrechtlich gelten soll, NZG 1999, 302, 304.

[526] S.o. § 3 III 1.

[527] S.o. § 9 VI 1 c.

[528] *W. Meilicke*, AG 1995, 181, 187.

[529] *Naraschewski*, BB 1997, 1653, 1655; ähnlich auch OLG Celle, DB 1973, 1118 (bei Eingliederung).

wäre der Aktionär bevorzugt, der das Abfindungsangebot angenommen hat und einen Ergänzungsanspruch erhält.

Die festgesetzte Abfindung kann der Aktionär vom früher herrschenden Unternehmen nach der Verschmelzung nur noch gegen die Übertragung einer entsprechenden Zahl von Aktien des aufnehmenden Rechtsträgers verlangen; Spitzen sind bar auszugleichen. Das früher herrschende Unternehmen erhält zwar jetzt Aktien eines Unternehmens, das nicht mehr von ihm abhängig ist, jedoch hat es ohnehin mit der Verschmelzung solche Aktien für die bereits vor der Verschmelzung gegen Abfindung erworbenen Aktien erhalten.

3. Konzernverschmelzung

Verschmelzen beide Parteien des Unternehmensvertrages , so endet dieser durch Konfusion[530]. Auch hier erlöschen Ausgleichs- und Abfindungsansprüche der außenstehenden Aktionäre grundsätzlich nicht. Jedoch sind in AktG und UmwG verschiedene Voraussetzungen für eine Barabfindung aufgestellt. Nach § 29 I 1 UmwG ist eine Barabfindung nur bei formwechselnder Umwandlung und nur demjenigen zu leisten, der widerspricht, während § 305 AktG eine Barabfindung unabhängig von einem Widerspruch und darüber hinaus auch beim Unternehmensvertrag mit einer abhängigen inländischen AG/KGaA (§ 305 II Nr. 2 AktG) oder mit einer ausländischen AG (§ 305 II Nr. 3 AktG) vorsieht. Eine analoge Anwendung des § 29 UmwG würde dessen bewußt enge Voraussetzungen als Ausnahmevorschrift umgehen. Soweit gefordert wird, das Abfindungsangebot erlösche, weil die Aktionäre bereits durch den Umtausch wirtschaftlich entschädigt seien[531], benachteiligt das die außenstehenden Aktionäre unangemessen, die noch keine Abfindung gewählt haben. Nach den oben erarbeiteten Ausgangspunkten eines verselbständigten Optionsrechts bleibt der Abfindungsanspruch während eines Spruchverfahrens bestehen, zumal auch hier der Wert des abhängigen Unternehmens bei der Verschmelzung geringer sein kann als noch bei der Abfindungsberechnung für den Unternehmensvertrag[532]. Schwieriger gestaltet sich die Behandlung des Ausgleichs. Auch hier reicht die Spannweite der Äuße-

---

[530] *Emmerich/Sonnenschein*, S. 244; KK/*Koppensteiner*, § 297 Rn. 20; *Lutter/Grunewald*, UmwG, § 20 Rn. 39; *Wilhelm*, S. 30; *Naraschewski*, DB 1997, 1653 m.w.N.; *OLG Hamm*, WM 1988, 1164, 1169.

[531] *Naraschewski*, DB 1997, 1653, 1655 f.

[532] *OLG Düsseldorf*, AG 1990, 490.

rungen von sofortigem Erlöschen des Anspruchs[533] bis zur Weitergewährung bis zum nächsten ordentlichen Kündigungstermin oder zum vereinbarten Vertragsende[534]. Auch eine Abfindung der Ausgleichsansprüche wird erwogen[535]. Auch hier verbietet sich der ersatzlose Wegfall, weil den Aktionären ein entstandener Anspruch auf "volle Entschädigung"[536] nicht mehr genommen werden kann[537]. Der Ausgleich ist weiterzuzahlen[538], die Abfindung der Ausgleichsansprüche auf freiwilliger Basis ist möglich. Das Problem dürfte in der Praxis von geringer Bedeutung sein, denn in der Regel wird dann die Abfindung (unter Anrechnung des Ausgleichs[539]) verlangt, was, wie gezeigt, während des Spruchverfahrens noch möglich ist.

VIII. Auswirkungen der Eingliederung eines Beteiligten

Bei der Eingliederung durch Mehrheitsbeschluß nach § 320 AktG gilt grundsätzlich das gleiche wie bei der Verschmelzung, allerdings unter Berücksichtigung der Tatsache, daß anders als bei der Verschmelzung keine der beteiligten Gesellschaften ihre Existenz verliert. Im Unterschied zur Verschmelzung ist eine Abfindung die Regel nach § 320b AktG. Bei einer Eingliederung nach § 319 AktG können außenstehende Aktionäre ohnehin nicht berührt sein.

1. Eingliederung des herrschenden Unternehmens

Wird das herrschende in ein anderes Unternehmen eingegliedert, bleibt der Unternehmensvertrag mit dem abhängigen Unternehmen bestehen. Weisungsbefugt nach § 308 II AktG ist nun de facto die Hauptgesellschaft, in deren Händen sich gemäß § 320a AktG alle Aktien des herrschenden Unternehmens befinden und

---

[533] *Krieger*, ZGR 1990, 517, 536; KK/*Koppensteiner*, § 304 Rn. 8.

[534] *Westermann*, FS Schilling, 1973, S. 271, 284 f.; S. *Exner*, 141 ff.

[535] *Naraschewski*, DB 1997, 1653, 1656 f.; *Kley*, S. 163f., 181 f. Das von *Naraschewski* ansonsten befürchtete Problem zweier verschiedener Aktiengattungen stellt sich nicht, weil die Ansprüche auch anders als durch Aktieninhaberschaft, nämlich durch eine Urkunde über den Aktienumtausch, nachgewiesen werden können (*OLG Düsseldorf*, AG 1990, 490, 491; *Hohner*, DB 1973, 1487, 1492).

[536] *BVerfGE* 14, 263, 284.

[537] S.o. § 9 VI 1 c.

[538] *OLG Düsseldorf*, AG 1990, 490. Dies verstößt nicht gegen §§ 57 ff. AktG, s. *Naraschewski*, DB 1997, 1656 m.w.Nachw.

[539] *BayObLG*, DB 1973, 1118, 1119.

die diesem gegenüber sogar eine beinahe unbeschränkte Einflußnahme nach §§ 323 I, 308 II 1 AktG genießt. Abfindungs- und Ausgleichsansprüche bestehen deshalb fort. Die Abfindung nach § 305 AktG wird nicht durch die Abfindung nach § 320b AktG ersetzt, weil - ebenso wie bei der Verschmelzung - zwischen den maßgebenden Stichtagen ein Wertverlust liegen kann.

2. Eingliederung des abhängigen Unternehmens

Wird das abhängige in ein anderes Unternehmen eingegliedert (ein wohl nur theoretisch denkbarer Fall, weil das herrschende meistens Anteile am abhängigen Unternehmen von mehr als 5% besitzen wird), muß der Unternehmensvertrag aus den gleichen Erwägungen heraus wie bei der Verschmelzung erlöschen. Auch hier bestehen Abfindungs- und Ausgleichsansprüche bei anhängigem Spruchverfahren fort.

3. Eingliederung im Konzern

Auch bei der Eingliederung des abhängigen in das herrschende Unternehmen erlischt der Unternehmensvertrag. Die Eingliederung erlaubt weitergehende Eingriffe als ein Unternehmensvertrag, so daß es keinen Sinn macht, am Vertrag festzuhalten und der Beschränkung des § 308 II 2 AktG unterworfen zu sein. Zu Abfindung und Ausgleich gilt das soeben Gesagte.

IX. Auswirkungen der Insolvenz eines Beteiligten

Als Problem erweist sich der Widerspruch zwischen der unabhängigen Stellung des Insolvenzverwalters und der Erteilung bzw. dem Empfang von Weisungen im Konzern. Umstritten ist deshalb, ob der Unternehmensvertrag in der Insolvenz endet[540] oder lediglich außerordentlich gekündigt werden kann[541]. Keine der genannten Alternativen hat aber, wie oben gezeigt, Einfluß auf die Kompensationsleistungen, die vor der Insolvenz entstanden sind.

---

[540] So noch zum Konkurs nach altem Recht *BGHZ* 103, 1, 6 f.; *Kley*, S. 191; *Wilhelm*, S. 31 ff.; zur Insolvenz nach neuem Recht *Emmerich/Habersack*, § 297 Rn. 47; *Hüffer*, AktG, § 297 Rn. 22; MHAG/*Krieger*, § 70 Rn. 172.

[541] Für den früheren Vergleich *BGHZ* 103, 1, 8; *Emmerich/Habersack*, § 297 Rn. 48; für Vergleich und Konkurs KK/*Koppensteiner*, § 297 Rn. 29 ff.; *Samer*, S. 190 ff., 208, 387; *Acher*, S. 102 ff., 122, 157 f.; zum neuen Insolvenzrecht *Noack*, InsO, Gesellschaftsrecht, Rn. 726; *Tschernig*, S. 99 ff..

Zu unterscheiden ist zwischen der Insolvenz des übernehmenden bzw. herrschenden und der des abhängigen Unternehmens. Ausgleichs- und Abfindungsansprüche der Anteilsinhaber erlöschen mit der Insolvenzeröffnung des neuen bzw. herrschenden Unternehmens nicht, sie sind lediglich von nun an gegen den Insolvenzverwalter geltend zu machen und wirtschaftlich weitgehend wertlos, da keine Vorrechte bestehen[542]. Bei Insolvenz der abhängigen Gesellschaft stellt sich das Problem, daß die außenstehenden Aktionäre - nach einer Entscheidung gegen die Sanierung - keine Anteile einer werbenden Gesellschaft mehr leisten können. Soweit erwogen wird, § 323 BGB mit der Folge anzuwenden, daß die Abfindungsverpflichtung eines herrschenden Unternehmens erlösche[543], ist dem nicht zu folgen. In der Regel liegt die Verantwortung für die Insolvenz beim herrschenden Unternehmen, so daß eher § 324 BGB in Betracht kommt, der die Gegenleistung erhält[544].

Das Spruchverfahren wird durch die Insolvenz nicht berührt. Es besteht kein Bedürfnis für eine Aussetzung analog § 240 ZPO, da diese Regelung auf Leistungsklagen paßt, bei denen nach der Aussetzung die Forderung im Insolvenzverfahren geltend zu machen ist. Im Spruchverfahren werden jedoch den Antragstellern unmittelbar keine Ansprüche zugesprochen, sondern es wird nur der Unternehmensvertrag als Berechnungsgrundlage der Ansprüche neu gestaltet[545].

§ 10 Kosten und Gebühren

Noch keiner grundsätzlichen Klärung zugeführt ist die Berechnung der Kosten und Gebühren im Spruchverfahren. Im folgenden wird - nach der Problematik des Kostenvorschusses - zunächst die Frage der Kostentragung untersucht, bevor auf die Betragsberechnung eingegangen wird. In deren Rahmen soll ein möglichst einheitlicher Berechnungsmaßstab für Gerichtskosten, Rechtsanwaltsgebühren und Vergütung des gemeinsamen Vertreters entwickelt werden.

---

[542] *Beyerle*, AG 1979, 309, 312.

[543] *BayObLGZ* 1978, 209, 214 (obiter dictum).

[544] *Beyerle*, AG 1979, 309, 310 f.; KK/*Koppensteiner*, § 305 Rn. 9.

[545] *Kley*, S. 224; *Widmann/Mayer/Schwarz*, § 305 Rn. 17; *BayObLGZ* 1978, 209, 211 f.

I. Gerichtskostenvorschuß

Nach §§ 306 VII 8 AktG i.d.F. vor dem UmwRBerG 1994 und § 39 S. 7 UmwG 1969 wurden Kostenvorschüsse ausdrücklich nicht erhoben. Durch den Wegfall dieser Bestimmung wurde unklar, von welchem Beteiligten nun ein Vorschuß verlangt werden kann. Nach §§ 306 VII 1 AktG, 312 I UmwG i.V.m. 8 I 1 KostO ist dies der zur Zahlung der Kosten Verpflichtete, der in §§ 2, 3 KostO näher bestimmt ist. Ein Vorschuß kann aber allein vom originären Kostenschuldner nach § 2 Nr. 1 KostO angefordert werden, da es an einer gerichtlichen Kostenentscheidung nach § 3 Nr. 1 KostO bei Einleitung des Verfahrens gerade fehlt. § 2 Nr. 1 KostO nimmt den Antragsteller in die Pflicht. Das hätte die Konsequenz, daß über die Vorschußpflicht der Zweck der §§ 306 VII 7, 8, 312 IV, die Kosten in der Kostenentscheidung nur in Ausnahmefällen dem Antragsteller aufzuerlegen, um nicht von vornherein das Stellen eines Antrags wegen des Kostenrisikos zu verhindern[546], gänzlich zunichte gemacht wäre. Das aber hat der Gesetzgeber mit der Neufassung nicht bezweckt. Sie sollte lediglich eine Belastung der Staatskasse in den Fällen verhindern, in denen einem zahlungsunfähigen Antragsteller aus Billigkeitsgesichtspunkten ausnahmsweise die Kosten auferlegt werden[547]. Das bedeutet, daß § 2 KostO durch § 1 KostO i.V.m. §§ 306 VII 7 AktG, 312 I 1 UmwG als anderslautende bundesrechtliche Vorschriften ersetzt werden muß. Dies läßt sich nur dadurch erreichen, daß der Begriff "Schuldner der Kosten" so ausgelegt wird, daß er auch die originäre Kostenschuldnerschaft (§ 2 KostO) umfaßt[548]. Trotz des Wortlauts, der eher an § 3 ("Kostenschuldner") als an § 2 KostO ("zur Zahlung der Kosten ... verpflichtet") erinnert, ist dies die einzige Lösung, die Zweck und Entstehungsgeschichte Rechnung trägt.

II. Kostenlast

1. Gerichtskosten

Grundsätzlich tragen im aktienrechtlichen Spruchverfahren die Vertragsteile des Unternehmensvertrags die Kosten, § 306 VII 7 AktG. Im Umwandlungsrecht trägt sie der übernehmende oder neue Rechtsträger, denn anders als im Aktien-

---

[546] *OLG Düsseldorf*, AG 1998, 525; *Schmittmann*, AG 1998, 515 f.; *Hüchting*, S. 83.

[547] BT-Drs. 12/6699, S. 170 f.

[548] *OLG Düsseldorf*, AG 1998, 525; *Dehmer*, UmwG, § 312, Rn. 7; zustimmend *Schmittmann*, AG 1998, 515.

recht, wo beide Vertragsteile bestehenbleiben, ist nach vollzogener Umwandlung nur noch ein Rechtsträger vorhanden (§ 20 Nr. 2 UmwG). Im Falle des Formwechsels ist ohnehin nur ein Rechtsträger beteiligt. Auffällig daran ist, daß auch dann die Antragsteller nicht die Kosten tragen, wenn der Antrag keinen Erfolg hat. Dies ist schlicht damit zu erklären, daß wegen des sonst unüberschaubaren Kostenrisikos aufgrund des u.U. hohen Geschäftswerts und der immensen Gutachterkosten kein vernünftiger Anteilsinhaber das Risiko einer Antragstellung einginge und die Rechte der Minderheit nur auf dem Papier stünden. Zudem hat der außenstehende Aktionär keinen Einfluß auf Abschluß und Inhalt des Unternehmensvertrages, um seinen Ansprüchen Geltung zu verschaffen[549].

Wenig diskutiert wird die Frage, ob es interessengerecht ist, daß nach § 306 VII 7 AktG regelmäßig beide Vertragsteile die Kosten tragen sollen. Unter der Prämisse, daß nur das herrschende Unternehmen Antragsgegner ist[550] und nur dieses Schuldner der Abfindungs- und Ausgleichszahlungen ist[551], erscheint es sinnvoll, auch nur diesem die Kosten aufzuerlegen. Dies wird jedenfalls dann befürwortet, wenn das herrschende Unternehmen den Unternehmensvertrag aufgrund einer Anteilsmehrheit von mehr als 75% alleine hat durchsetzen können[552]. Gleichwohl hat die Kostentragung beider Unternehmen einen Sinn, denn bei Zahlungsunfähigkeit eines Vertragsteils kann noch der andere herangezogen werden. Beide Teile sind nach § 5 I 1 KostO Gesamtschuldner. Lediglich im Innenverhältnis ist das herrschende Unternehmen zur alleinigen Kostentragung verpflichtet, da es die Vorteile aus dem Vertrag zieht, zur Zahlung der Kompensation verpflichtet ist und meistens auch über die 75%-Mehrheit zur Durchsetzung des Vertragsabschlusses verfügt.

Interessanter ist die Frage, in welchen Fällen es der Billigkeit entspricht, die Kosten ganz oder zum Teil einem anderen Beteiligten aufzuerlegen (§§ 306 VII 8 AktG, 312 IV 2 UmwG). Andere Beteiligte sind die Antragsteller und der gemeinsame Vertreter. Der gemeinsame Vertreter kann niemals - auch nicht bei Einrücken in die Position des Antragstellers nach § 308 III UmwG - mit den Kosten belastet werden. Abgesehen davon, daß die nachfolgend zu erörternden

---

[549] *Beyerle*, AG 1979, 311, 313.

[550] S.o. § 6 I 1.

[551] S.o. § 2 I 1.

[552] *Geßler* in *Geßler/Hefermehl/Eckardt/Kropff*, § 306 Rn. 50; zustimmend auch *Adolf Pentz*, DB 1990, 1317, 1318; MHAG/*Krieger*, § 70 Rn. 132; eine hälftige Teilung befürworten *von Godin/Wilhelmi*, § 306 Anm. 8.

Anlässe für eine Billigkeitsentscheidung auf den gemeinsamen Vertreter allenfalls nach Einrücken in die Position eines Antragstellers nach § 308 III UmwG zutreffen könnten, bleibt weder Raum für eine Auferlegung der Kosten auf die außenstehenden Aktionäre noch auf den Vertreter persönlich[553]. Erstere sind nicht einmal formell Beteiligte und der letztere hat keinerlei Anlaß für das Verfahren gegeben.

Für den Billigkeitsmaßstab finden sich zahlreiche Schlagworte in Literatur und Rechtsprechung. Das Spektrum reicht von offensichtlich unzulässigen[554], verspäteten[555] oder unbegründeten[556], sachfremden und rechtsmißbräuchlichen[557] Anträgen über unzulässige Rechtsmittel[558] bis zur Antragsrücknahme[559], der ablehnenden Ansicht in Fachkreisen[560], der Beweisvereitelung[561], dem Konkursfall[562], bereits geklärten Rechtsfragen in der zweiten Instanz[563] oder dem Verlangen nach Obergutachten, obwohl die Vertragsteile ihre Unterlagen und Gutach-

[553] *Dehmer*, UmwG, § 312 Rn. 9; *Hachenburg/Schilling*, 7. Aufl., Anh. § 77 UmwG § 39 Rn. 1; *Kallmeyer/Meister/Klöcker*, UmwG, § 312 Rn. 8; *Lutter/Krieger*, UmwG, § 312 Rn. 5; OLG Düsseldorf, AG 1972, 248, 250; *Widmann/Mayer/Schwarz*, § 312 Rn. 7; KK/*Koppensteiner*, § 306 Rn. 27; *Geßler* in *Geßler/Hefermehl/Eckardt/Kropff*, § 306 Rn. 48; *Hüffer*, AktG, § 306 Rn. 21.

[554] KK/*Koppensteiner*, § 306 Rn. 27 ; nicht aber bei bloßer örtlicher Unzuständigkeit, so *OLG Düsseldorf*, 19 W 3/95 AktE, S. 5 f.

[555] *OLG Düsseldorf*, AG 1996, 88; *OLG Düsseldorf*, WM 1984, 732, 740; *OLG Düsseldorf*, AG 1993, 40, 41; *Kallmeyer/Meister/Klöcker*, UmwG, § 312 Rn. 9; *Lutter/Krieger*, UmwG, § 312 Rn. 5.

[556] *Dehmer*, § 312 UmwG, Rn. 10; *Geßler* in *Geßler/Hefermehl/Eckardt/Kropff*, § 306 Rn. 48; KK/*Koppensteiner*, § 306 Rn. 27; *Kallmeyer/Meister/Klöcker*, UmwG, § 312 Rn. 9; *Lutter/Krieger*, UmwG, § 312 Rn. 5.

[557] *OLG Frankfurt*, NJW 1972, 641, 644; *Dehmer*, § 312 UmwG, Rn. 10; *Geßler* in *Geßler/Hefermehl/Eckardt/Kropff*, § 306 Rn. 48; *Lutter/Krieger*, UmwG, § 312 Rn. 5.

[558] *BayObLG*, DB 1975, 1788, 1789; *OLG Düsseldorf*, AG 1998, 236, 237 f.

[559] So *Beyerle*, AG 1979, 306, 313, der jedoch keine Belegstellen angibt; dagegen ausdrücklich *OLG Düsseldorf*, 19 W 3/95 AktE, S. 6.

[560] *Von Godin/Wilhelmi*, § 306 Rn. 8.

[561] *LG Köln*, DB 1977, 369.

[562] *BayObLGZ* 1978, 209, 214; ausdrücklich verneinend zu Recht *Beyerle*, AG 1979, 306, 313.

[563] *J. Schmidt*, S. 129.

ten alle vorgelegt haben und die Zurückweisung der Anträge klar vorhersehbar ist[564].

Obwohl niemals alle denkbaren Fallgestaltungen erörtert werden können, sind doch die wichtigsten einer genaueren Betrachtung zu unterziehen. Entscheidender Ansatzpunkt ist dabei, daß die dem Spruchverfahren zugrundeliegenden materiellen Ansprüche sehr komplex sind und ein Antragsteller die Bewertungs- und Berechnungsschritte nur schwer nachvollziehen kann. Dies gilt sogar noch bei einer Anwendung des Börsenkurses[565], so daß die abweichende Beurteilung in Fachkreisen kein Indiz für eine abweichende Kostenentscheidung liefert[566], zumal das Gesetz nicht von einem besonders sachkundigen Antragsteller ausgeht. Das Verlangen nach vom Gericht bestellten Gutachtern allein reicht ebenfalls nicht aus, wenn man sich die teilweise extreme Fehlbewertung durch die Vertragsprüfer vor Augen führt[567]. Rechtsmißbräuchliche Anträge werden nur noch selten vorkommen[568]; Beispiele für "sachfremde" Anträge gab es bisher nicht.

Es stellt sich die Frage, wann ein Antrag offensichtlich unzulässig oder unbegründet sein kann. Maßstab für die Offensichtlichkeit ist, daß auch dem nicht sachkundigen Anteilsinhaber ohne rechtliche Beratung die fehlende Erfolgschance erkennbar ist, denn es herrscht kein Anwaltszwang in der ersten Instanz. Beim anwaltlich Vertretenen kann ein etwas strengerer Maßstab angelegt werden. Dies gilt erst recht für das Beschwerdeverfahren[569], dessen Beschwerdeschrift von einem Anwalt unterzeichnet werden muß (§§ 306 II, 99 III 4 AktG, 309 I 2 UmwG). Allenfalls der verspätete, von einem Rechtsanwalt gestellte Antrag ohne Wiedereinsetzungsgrund kann Ansatzpunkt für eine abweichende

---

564 *BayObLGZ* 1973, 106, 110; *Geßler* in *Geßler/Hefermehl/Eckardt/Kropff*, § 306 Rn. 48; *Beyerle*, BB 1978, 784, 787; *J. Schmidt*, S. 129.

565 s.o. § 3 III 3.

566 *Geßler* in *Geßler/Hefermehl/Eckardt/Kropff*, § 306 Rn. 48; *Adolf Pentz*, DB 1990, 1317, 1318.

567 *Dörfler/Gahler/Unterstraßer/Wirichs*, BB 1994, 156, 159 f.

568 s.o. § 8 VI 3.

569 Erhebliche Zweifel an der Zulässigkeit sollen nach *BayObLG*, DB 1975, 1788, 1789 bereits genügen (betreffend eine Beschwerde gegen die Bestellung des gemeinsamen Vertreters). Ähnlich auch *OLG Düsseldorf*, AG 1998, 236, 237 f.: Beschwerde ohne konkretes Vorbringen, warum die Vorentscheidung angreifbar ist. Für die Beschwerdeinstanz ist dies anzuerkennen, da die erstinstanzliche Entscheidung bereits ein Präjudiz schafft.

Kostenverteilung sein. Dies kann ausnahmsweise auch für den nicht anwaltlich Vertretenen gelten. Weder die Bekanntmachung des Unternehmensvertrages nach § 294 AktG noch des Verschmelzungsvertrages nach § 19 III UmwG reichen jedoch hierfür aus, da diese keinerlei Rechtsbehelfsbelehrung enthalten[570]. Jedoch ist der Fall denkbar, daß die Anteilsinhaber - insbesondere bei Namensaktien oder bei Formwechsel bzw. Verschmelzung einer GmbH - über die Fristen informiert werden. Die Bekanntmachung der Anschlußfrist in den Gesellschaftsblättern nach §§ 306 III 3 AktG, 307 III 3 UmwG genügt für eine Offensichtlichkeit hingegen. Der strenge Maßstab ist auch interessengerecht, da es die Gesellschaften selbst in der Hand haben, ihre Mitglieder - ggf. über die Gesellschaftsblätter - über Fristen zu informieren, da sich für Inhaber weniger Aktien eine anwaltliche Beratung nicht lohnt. Hohe (Sachverständigen-)Kosten entstehen bei Abweisung wegen Unzulässigkeit ohnehin noch nicht.

Die Antragsrücknahme kann allein noch keinen Grund für eine abweichende Kostenverteilung liefern[571]. Eine Analogie zu § 290 III 2 ZPO verstieße gegen die §§ 306 VII AktG, 312 UmwG, da dort die Kostentragung des Antragstellers abschließend geregelt ist. Auch das FGG-Verfahren kennt eine automatische Kostentragung des Zurücknehmenden nicht[572]. Sofern nicht bereits unabhängig von der Rücknahme eine abweichende Kostenentscheidung angebracht ist, verbleibt es auch hier bei der o.g. Kostentragung. Es ist kein Grund ersichtlich, weshalb bei der Abweisung eines nicht offensichtlich unzulässigen Antrags anders als bei der Rücknahme zu entscheiden ist[573]. Nach der Änderung des § 308 III i. V. m. § 306 I 2 AktG ist diese Fallkonstellation ohnehin kaum mehr relevant. Ist das Verfahren nicht offensichtlich aussichtslos, wird der gemeinsame Vertreter das Verfahren fortführen und eine Verfahrensbeendigung mit einer Kostenentscheidung zu Lasten des Zurücknehmenden dadurch verhindern.

---

570 Für eine Erkundigungspflicht des Anteilsinhabers nach Bekanntmachungszeitpunkt und Fristenlauf *OLG Düsseldorf*, AG 1996, 88 (sechswöchige Verspätung). Diese ist jedoch allenfalls bei Verstreichen eines oder mehrerer Jahre zu bejahen (so im Fall des *OLG Düsseldorf*, AG 1993, 40, 42).

571 *OLG Düsseldorf*, 19 W 3/95 AktE, S. 6.

572 *Keidel/Kuntze/Winkler/Zimmermann*, § 13a Rn. 22 f.; *BayObLGZ* 1973, 30, 33 (für das WEG-Verfahren).

573 *Beyerle*, AG 1979, 306, 313.

2. Außergerichtliche Kosten

Umstritten ist, ob für die außergerichtlichen Kosten §§ 306 VII 7, 8 AktG, 312 IV UmwG oder § 13a FGG anzuwenden ist. Durch die Bezugnahme auf den Geschäftswert und die KostO ist zu erkennen, daß Gegenstand der §§ 306 VII AktG, 312 UmwG nur die gerichtlichen Kosten sind. Für die außergerichtlichen Kosten bleibt kein Raum für eine Analogie, weil die Regelungslücke des AktG bereits durch den nahezu gleichlautenden § 13a I 1 FGG geschlossen wird, auf den §§ 306 II, 99 I AktG, 307 I UmwG verweisen[574]. In dessen Rahmen sind ebenfalls die oben diskutierten, vom Minderheitenschutz getragenen Erwägungen maßgebend[575]. Im Einzelfall ist es aber auch möglich, bei abweichender Kostenentscheidung dem Antragsteller nur die gerichtlichen, nicht aber die außergerichtlichen Kosten aufzuerlegen, sofern eine Auferlegung aller Kosten (wegen ihrer Höhe) unbillig wäre[576].

III. Gerichtskosten (Geschäftswert)

Bei dem nach §§ 306 VII 5, 6 AktG, 312 III UmwG i. V. m. § 30 I KostO[577] festzusetzenden Geschäftswert, der Grundlage für die Höhe der Gerichtskosten ist, ist die Rechtslage als unbefriedigend zu charakterisieren; nur eine gesetzliche Regelung kann hier Abhilfe schaffen[578].

1. Aktienrecht

§ 30 I KostO legt lediglich fest, daß vor einer Ermessensfestsetzung ein feststehender Wert zu berücksichtigen ist. Dessen Berechnung ist umstritten. Im wesentlichen werden zwei Lösungsmöglichkeiten vorgeschlagen. Einigkeit besteht weitgehend darin, den Geschäftswert anhand der Anzahl der Aktien aller außen-

---

[574] *Hüffer*, AktG, § 306 Rn. 22; *Geßler* in *Geßler/Hefermehl/Eckardt/Kropff*, § 306 Rn. 49; KK/*Koppensteiner*, § 306 Rn. 28; *Emmerich/Habersack*, § 306 Rn. 35; *BayObLG*, AG 1996, 127, 131; *OLG Stuttgart*, DB 1992, 1470; *OLG Celle*, BB 1981, 1234, 1235; a.A. *OLG Frankfurt*, NJW 1971, 641, 644.

[575] Deswegen verbietet sich auch die Anwendung von § 13a I 2 FGG, da ansonsten niemand es wagen würde, Rechtsmittel einzulegen, *J. Schmidt*, S. 130; *OLG Frankfurt*, NJW 1971, 641, 644; *LG Frankfurt*, AG 1985, 310, 311; *OLG Celle*, BB 1981, 1234, 1235; *OLG Hamburg*, AG 1980, 163, 165.

[576] *OLG Düsseldorf*, AG 1993, 40, 42.

[577] Auf § 30 II KostO ist bewußt nicht verwiesen worden, *BayObLG*, AG 1999, 273.

[578] *Hoffmann-Becking*, ZGR 1990, 482, 501.

stehenden Aktionäre zu bemessen[579]. Dies hat seinen Grund darin, daß die Entscheidung für und gegen alle außenstehenden Aktionäre wirkt (§§ 306 II, 99 V 1 AktG), unabhängig von der Position als Antragsteller. Daran ist festzuhalten. Soweit entgegnet wird, nur die auf die Antragsteller entfallenden Aktien seien zu berücksichtigen[580], weil die Berücksichtigung aller Aktionäre auf § 247 I 1 AktG beruhe, der aber im Spruchverfahren nicht anzuwenden sei, ist dieser Schluß aus zwei Gründen fehlerhaft. Es bedarf zum einen der Heranziehung von § 247 I 1 AktG nicht, da die Berücksichtigung aller Aktionäre auf §§ 306 II, 99 V 1 AktG beruht. Zum anderen müßten wegen der inter-omnes-Rechtskraft des § 248 AktG auch bei der Anfechtungsklage die Interessen aller Aktionäre berücksichtigt werden. Dies wird durch § 247 I 1 AktG aber gerade korrigiert und ist mangels Regelungslücke nicht auf das Spruchverfahren zu übertragen.

Der Multiplikator der Aktienanzahl ist allerdings streitig. Nach überwiegender Ansicht soll dieser aus der Differenz zwischen angebotenem und angemessenem Betrag bestehen, da um diesen Betrag letztendlich gestritten wurde[581]. Dieses Vorgehen beinhaltet, daß der Geschäftswert erst nachträglich festgestellt werden kann, so daß das mit den Kosten belastete Unternehmen deren Höhe zu Verfahrensbeginn nicht absehen und kaum entsprechende Rückstellungen hierfür bilden kann. Einen weiterer gewichtiger Nachteil dieser Verfahrensweise liegt darin, daß auch bei einer Beendigung des Verfahrens ohne Sachentscheidung (Rücknahme, Unzulässigkeit etc.) der angemesse Ausgleichs- oder Abfindungsbetrag ermittelt werden müßte, was - jedenfalls bei nicht börsennotierten Unternehmen - ein teures Gutachten erfordert[582]. Probleme ergeben sich vor allem aber dann, wenn nur ein sehr geringer oder überhaupt kein Unterschied zwischen beiden Werten vorhanden ist, denn dann müßte evtl. sogar ein Geschäftswert von Null festgesetzt werden.

---

[579] So die in Fn. 500, 502 genannte hM.

[580] *Adolf Pentz*, DB 1993, 621; ähnlich auch *W. Meilicke*, AG 1985, 48, 51.

[581] *Happ/Pfeifer*, ZGR 1991, 103, 110; *Geßler* in *Geßler/Hefermehl/Eckardt/Kropff*, § 306 Rn. 47; *Adolf Pentz*, DB 1993, 621; Hüffer, AktG, § 306 Rn. 21; KK/*Koppensteiner*, § 306 Rn. 27; *Emmerich/Habersack*, § 306 Rn. 33; *Widmann/Mayer/Schwarz*, § 312 Rn. 15; *BayObLG*, AG 1991, 239, 241; *OLG Düsseldorf*, AG 1998, 236, 238; *OLG Karlsruhe*, AG 1995, 88, 89.

[582] *OLG Karlsruhe*, AG 1998, 141.

Als Alternative wird die Differenz zwischen beantragtem und angemessenem Betrag genannt[583]. Dabei ist es bereits von Nachteil, daß kein Antragsteller einen solchen Betrag nennen muß[584]. Er kann aber auch einen extrem hohen Betrag nennen, der dann zur Verhinderung einer extremen Kostenlast angemessen verringert werden müßte[585]. Anderenfalls hätte es der Antragsteller in der Hand, die Kosten für den Antragsgegner in die Höhe zu treiben. Die Frage nach der angemessenen Verringerung aber bleibt.

Bei börsennotierten Gesellschaften wird auch die Differenz des Angebots zum Börsenkurs[586] kein gutes Indiz mehr darstellen, da nach der Rechtsprechung des *BVerfG* hierzu kaum ein Unternehmen eine Abfindung unter dem Börsenkurs anbieten wird. Ein Rückgriff auf die zur Streitwertbestimmung bei der Anfechtungsklage entwickelte Methode des relativen Mittelwerts hilft nicht, weil auch hier zunächst das wertmäßige Interesse beider Parteien zu bestimmen ist[587].

Nur sehr vereinzelt wurden Versuche unternommen, den Geschäftswert nicht aus Differenzbeträgen, sondern aus feststehenden Größen, wie etwa dem von den außenstehenden Aktionären gehaltenen Grundkapital[588] oder dem Gesamtbetrag der angemessenen Kompensationsleistungen[589] abzuleiten. Hält man sich die immensen Schwierigkeiten vor Augen, die nach den soeben geschilderten Ansätzen bei einer geringen Differenz oder einem irrealen Begehren der Antragsteller entstehen, verdient dies eine genauere Betrachtung.

Um eine Bewertung des Unternehmens allein für die Kostenberechnung auszuschließen, ist das Grundkapital als Basis heranzuziehen, nicht der Unterneh-

---

[583] *Emmerich/Habersack*, § 306 Rn. 33; *BayObLG*, AG 1996, 276 f.; *OLG Karlsruhe*, AG 1998, 141; *LG Dortmund*, AG 1998, 142, 144; *H. Schmidt*, BB 1981, 1243, 1244.

[584] *J. Schmidt*, S. 127; pauschal dagegen auch *Adolf Pentz*, DB 1990, 1317. Soweit *H. Schmidt*, BB 1981, 1243, 1244, einen bezifferten Antrag empfiehlt, um die Beschwerde zu eröffnen, übersieht er, daß für die Ermittlung der Beschwer nicht auf einen Sachantrag zurückgegriffen werden kann, weil es sich stets nur um einen Verfahrensantrag handelt (s.o. § 7 IV 1).

[585] *Happ/Pfeifer*, ZGR 1991, 103, 110; *Beyerle*, BB 1978, 784, 791.

[586] *BayObLG*, WM 1973, 1030, 1033; *OLG Düsseldorf*, DB 1978, 1586 f. bei Übereinstimmung des angebotenen und des festgesetzten Abfindungsbetrages.

[587] Dazu GK AktG (4)/*K. Schmidt*, § 247 Rn. 18; *Happ/Pfeifer*, ZGR 1993, 103, 107; *OLG Hamm*, AG 1976, 19.

[588] *J. Schmidt*, S. 128 erachtet hiervon 20% als angemessen, das *OLG Celle*, WM 1974, 555, 556, fordert "erhebliche Abschläge"; *LG Hamburg*, AG 1994, 332; AG 1995, 517, 518.

[589] So jedenfalls für den Fall der Barabfindung *H. Schmidt*, BB 1981, 1245.

menswert. Da nur um Leistungen an die außenstehenden Aktionäre gestritten wird, darf auch nur der entsprechende Anteil zugrundegelegt werden. Zwar geht § 247 I 2 AktG für die Anfechtungsklage vom Nennwert des gesamten Kapitals aus, jedoch beseitigt das Spruchverfahren im Unterschied zur Anfechtungsklage keinen Beschluß, dessen Nichtigkeit weit größere materielle Folgen nach sich ziehen kann. Daß ein Spruchverfahren einen geringeren Streitwert als die dadurch ersetzte Anfechtungsklage hat, ist daher folgerichtig. Der Rechtsgedanke des § 247 I 2, daß ein 10% des Grundkapitals entsprechender Streitwert in der Regel interessengerecht ist, kann hingegen auf das Spruchverfahren übertragen werden. Damit ist als Geschäftswert des Spruchverfahrens nach § 307 VII 5 AktG ein Geschäftswert in Höhe von 10% des Grundkapitals der außenstehenden Aktionäre festzusetzen.

Die Frage stellt sich, wann auf den so ermittelten Wert zurückzugreifen ist. Soll er nur hilfsweise, bei Identität oder bei Abweichung des angemessenen vom angebotenen Betrag um weniger als 10% benutzt werden oder soll er den alleinigen Maßstab bilden? Für eine nur hilfsweise Anwendung spricht, daß die Differenzmethode die Wertinteressen von Antragsteller und -gegner exakt widerspiegelt. Dagegen spricht jedoch, daß es dann möglich wäre, daß der Geschäftswert bei nur geringem Erfolg höher als bei Abweisung des Antrags sein kann. Dies wäre aber ein widersprüchliches Ergebnis[590], so daß vielmehr umgekehrt die Differenzmethode nur noch im Ausnahmefall anzuwenden ist.

Sollte nur Ausgleich verlangt werden, ist der gleiche Maßstab anzuwenden. Zwar handelt es sich nur um einen kleinen Betrag. Dieser ist aber regelmäßig zu zahlen und leitet sich aus dem Unternehmenswert als Barwert der zukünftigen Erträge ab, sodaß letztlich um die gleiche Sache, einen hohen Unternehmenswert, gestritten wird. Werden in einem Spruchverfahren Abfindung und Ausgleich verlangt, ist erst recht ein einheitlicher Geschäftswert festzusetzen[591]; es kann beim Prozentsatz von 10% bleiben.

Völlig abzulehnen ist der Vorschlag, den Geschäftswert bei angebotener Abfindung in Aktien und begehrter Barabfindung den absoluten angemessenen Betrag, ansonsten aber den Differenzbetrag heranzuziehen[592]. Die Barabfindung ist

---

[590] *OLG Düsseldorf*, AG 1998, 236, 238.

[591] *H. Schmidt*, BB 1981, 1243, 1245; *J. Schmidt*, S. 128; *BayObLG*, AG 1974, 223 f.; *LG Dortmund*, AG 1998, 142, 144.

[592] *H. Schmidt*, BB 1981, 1243, 1244 f.

zur Abfindung in Aktien kein aliud wie Kaufpreis und Kaufgegenstand beim Kaufvertrag[593]. Im Spruchverfahren geht es um die Kompensation eines Eigentumseingriffs. Diese ist allein wertmäßig zu bestimmen. Ob Geld oder Aktien geschuldet sind, ändert den Wertverlust nicht.

Vereinzelt wird darauf hingewiesen, der Geschäftswert bemesse sich nach der Anzahl der außenstehenden Aktionäre bei Verfahrensbeendigung nach §§ 7, 18 I KostO, so daß der Geschäftswert durch Annahme von Abfindungsangeboten verringert werden könne[594]. Hiergegen sind Bedenken zu erheben. Den bereits abgefundenen Aktionären steht ggf. ein Abfindungsergänzungsanspruch zu[595]. Ihre Wertinteressen sind von der Rechtskraft umfaßt und daher auch noch Verfahrensgegenstand.

2. Umwandlungsrecht

Auch hier wird die Differenzmethode favorisiert[596], obwohl sie die gleichen Unzulänglichkeiten aufweist wie im Aktienrecht. Vorzuziehen ist hier ebenfalls die Berechnung anhand des Grund- bzw. Stammkapitals. Im Unterschied zum Aktienrecht sind hier bei Zuzahlungsansprüchen nach § 15 I UmwG nicht nur die außenstehenden Anteilsinhaber antragsberechtigt, so daß 10% des gesamten Grund-/Stammkapitals der übertragenden Gesellschaft anzusetzen sind. Dies alles gilt für die Verschmelzung oder den Formwechsel von Kapitalgesellschaften.

Probleme scheinen sich beim Formwechsel unter Beteiligung einer Personengesellschaft zu ergeben, die kein Grundkapital kennt, an das für die Geschäftswertermittlung angeknüpft werden könnte. Für einen Formwechsel einer Personengesellschaft in eine andere bedarf es ohnehin nicht des UmwG, da das Gesamthandsvermögen erhalten bleibt[597]. Dann aber muß als alte oder neue Gesellschaft eine Kapitalgesellschaft beteiligt sein, deren Grund- oder Stammkapital zur Berechnung herangezogen werden kann.

---

[593] So aber *H. Schmidt*, BB 1981, 1243, 1245.

[594] *H. Schmidt*, BB 1981, 1243, 1245, *OLG Düsseldorf*, BB 1971, 1171, 1172; angedeutet auch von *Adolf Pentz*, DB 1990, 1317.

[595] S.u. § 12 I.

[596] *Lutter/Krieger*, UmwG, § 312 Rn. 4; *Dehmer*, UmwG, § 312 Rn. 4; *Kallmeyer/Marsch-Barner*, § 312 Rn. 20.

[597] *BGH*, NJW 1967, 821, 822; *Michalski*, OHG-Recht, § 105 Rn. 40, § 131 Rn. 7.

IV. Rechtsanwaltsgebühren (Gegenstandswert)

Die Berechnung des für die Rechtsanwaltsgebühren maßgebenden Gegenstandswertes ist in zweifacher Hinsicht umstritten. Unsicherheit besteht darüber, ob der Gegenstandswert für jeden Antragsteller mit dem für die Gerichtskosten geltenden Geschäftswert identisch ist, oder ob der Gegenstandswert sich nur nach den Interessen des einzelnen Antragstellers bemißt. Soweit das Letztere angenommen wird, stellt sich die Frage nach dem Bewertungsmaßstab dieser Einzelinteressen.

In der älteren Rechtsprechung[598] und in der Literatur wird - meistens unter Berufung auf §§ 8 I, 9 I BRAGO, § 247 I AktG - postuliert, daß Geschäftswert und Gegenstandswert für jeden Antragsteller identisch seien. Soweit §§ 8 I, 9 I, BRAGO zur Begründung dafür herangezogen werden[599], ist dies abzulehnen. Zwar stellen die genannten Vorschriften den Grundsatz auf, daß Gegenstandswert und Geschäftswert identisch sind. Dabei wird jedoch vorausgesetzt, daß der Gegenstand der gerichtlichen und der anwaltlichen Tätigkeit identisch ist. Nur dann ist ein Gleichlauf der Wertberechnung erstrebenswert; keinesfalls soll § 7 I BRAGO durch §§ 8, 9 BRAGO verdrängt werden[600], ansonsten wäre § 10 BRAGO überflüssig. Es bleibt also der Gegenstand der anwaltlichen Tätigkeit nach § 7 I BRAGO zu bestimmen.

Die Entscheidung, die ein Antragsteller erreicht, wirkt für und gegen alle (§§ 306 II, 99 V 2 AktG, 311 S. 2 UmwG). Daraus ergibt sich aber noch nicht, daß auch der Verfahrensgegenstand für jeden Antragsteller mit den Interessen aller von der Rechtskraft Begünstigten identisch ist[601]. Ob der Antragsteller nur für sich oder für alle eine Verbesserung erreichen will, ist von seinem Willen unabhängig, die inter-omnes-Wirkung ein bloßer Reflex des Tätigwerdens eines An-

---

598 *OLG Düsseldorf*, DB 1986, 2277 f.; *LG Hamburg*, AG 1994, 332; AG 1995, 517, 518; *OLG Hamburg*, DB 1980, 631.

599 *W. Meilicke*, AG 1985, 48, 50.

600 *Happ/Pfeifer*, ZGR 1993, 103, 111; *Gerold/Schmidt/von Eicken/Madert*, BRAGO, § 10 Rn. 1; *BGH*, NJW 1968, 2334; NZG 1999, 346; *KG*, AG 1986, 80; *BayObLGZ* 1991, 84, 87; *OLG Celle*, BB 1981, 1235; *OLG Zweibrücken*, AG 1995, 41; *OLG Karlsruhe*, AG 1995, 88. Nichts anderes stellt das *KG Berlin*, AG 1986, 80, fest, wenn es auf das Erbscheinsverfahren zurückgreift. Die Kritik hieran von *W. Meilicke*, AG 1985, 51 wegen unterschiedlichen Rechtskraftumfangs und vom *OLG Düsseldorf*, DB 1986, 2277, 2278, geht ins Leere, denn die Voraussetzung der Wertidentität für §§ 8, 9 BRAGO ist unabhängig von der Verfahrensart.

601 *Adolf Pentz*, DB 1990, 1317, 1318.

tragstellers[602]. Der Antragsteller kann nur seine Interessen wahrnehmen, denn für die anderen Gesellschafter handeln diese selbst mittels eigener Anträge oder der gemeinsame Vertreter[603]. Daraus ergibt sich eine Abweichung zwischen dem Gegenstand der Tätigkeit des Antragstellers - bzw. seines Anwalts - und des Gerichts, das für alle entscheidet.

Dieses Ergebnis wird z.T. durch eine Analogie zu § 247 I 1 AktG in Frage gestellt. Auch dort handele es sich um einzelne, die ein Gestaltungsurteil mit inter-omnes-Rechtskraftwirkung (§ 248 AktG) erstritten und dennoch bemesse sich der Streitwert nicht allein nach dem Interesse der Kläger[604]. Zudem fände kein Kleinaktionär einen Rechtsanwalt, der bei dem dann recht geringen Gegenstandswert tätig werde[605]. Eine Analogie zu § 247 I 1 AktG kann indessen weder zur gewünschten Rechtsfolge führen, noch wäre sie interessengerecht. § 247 I 1 AktG verlangt eine Einbeziehung der Kläger- und Beklagteninteressen. Dies ist etwas anderes als die Gleichsetzung des höheren Interesses der Antragsgegner mit dem niedrigeren der einzelnen Antragsteller im Spruchverfahren. Bei § 247 I 1 AktG soll ein Kompromiß zwischen beiden Werten gefunden werden[606]. Doch selbst das bildet keine Analogiebasis. § 247 I 1 AktG löst i.V.m. § 247 I 2, II AktG als Gesamtkonzept die Interessenabwägung zwischen der Verhinderung existenzbedrohender Kostenforderungen gegen den unterliegenden Kläger und der Prävention von mißbräuchlicher Klageerhebung bei niedrigem Streitwert[607]. Diese Situation ist auf das Spruchverfahren nicht übertragbar. Einer Streitwertanhebung zur Mißbrauchskontrolle bedarf es dort nicht, weil mit §§ 306 VII 8 AktG, 312 IV 2 UmwG bereits eine spezielle Billigkeitsregelung bezogen auf die Kostenlast getroffen wurde, die mißbräuchliche Anträge eindämmen soll[608],

---

[602] *OLG Zweibrücken*, AG 1995, 41; *OLG Frankfurt*, AG 1987, 47, 48.

[603] Dies läßt *OLG Düsseldorf*, DB 1986, 2277, 2278, außer Acht, das von einem treuhänderischen Tätigwerden des Einzelnen für die anderen spricht; dem widersprechen ausdrücklich *OLG Düsseldorf*, AG 1998, 39, 40; *OLG Karlsruhe*, AG 1995, 83. Zudem konnte dort noch nicht die durch §§ 306 IV 10 AktG, 308 III UmwG gestärkte Position des gemeinsamen Vertreters berücksichtigt werden.

[604] *W. Meilicke*, AG 1985, 48, 51; *Happ/Pfeifer*, ZGR 1993, 103, 113; *H. Schmidt*, BB 1981, 1243, 1245 f.; *OLG Düsseldorf*, DB 1986, 2277, 2278; *OLG Hamburg*, DB 1975, 2269, 2270.

[605] *Happ/Pfeifer*, ZGR 1993, 103, 113; *H. Schmidt*, BB 1981, 1243, 1245 f.; *OLG Düsseldorf*, DB 1986, 2277, 2278; KK/*Koppensteiner*, § 306 Rn. 28.

[606] Zur Methode des relativen Mittelwerts s. Nachw. bei § 10 III 1.

[607] *OLG Celle*, BB 1981, 1235, 1236.

[608] S. o. § 10 II; *OLG Celle*, BB 1981, 1235.

während die von der Anfechtungsklage abweichende Kostentragung (§§ 306 VII 7 AktG, 312 IV 1 UmwG) bereits vor existenzbedrohenden Kosten schützt. Umgekehrt würde es geradezu den Antragsgegner extrem belasten, wenn dieser einer Vielzahl von Antragstellern außergerichtliche Kosten erstatten muß, die sich in der Höhe jeweils nach dem vollen Geschäftswert berechnen[609]. Nicht zuletzt spricht auch gegen die Annahme einer Identität von Geschäfts- und Gegenstandswert, daß der Gegenstand der anwaltlichen dann nicht dem der gerichtlichen Tätigkeit entspricht, wenn ein Antragsteller nur Ausgleich verlangt, das Gericht aber auch über die Abfindung zu entscheiden hat[610]. Selbst wenn sich möglicherweise kein Rechtsanwalt finden läßt, kann der Aktionär Schutz bei einer Aktionärsvereinigung suchen. Wenn jemand deshalb keinen Anwalt findet, weil ihm eine Gebührenvereinbarung zu teuer ist, so finden ggf. die Vorschriften über Beratungs- (§ 2 II 1 Nr. 2 BerHG) und Prozeßkostenhilfe (§ 14 FGG) Anwendung; dies verstößt nicht gegen die Rechtsschutzgarantie des Art. 19 IV GG[611]. Umgekehrt würden ihn bei geschäftswertgleichem Gegenstandswert die hohen Kosten abschrecken, sich beraten zu lassen[612]. Keine sinnvolle Lösung stellt jedenfalls der Vorschlag dar, den Gegenstandswert einer vorgerichtlichen Beratung entsprechend dem Wert seiner Anteile festzusetzen, nach Antragstellung aber auf den vollen Geschäftswert zu erweitern[613]. Dann müßte der Anteilsinhaber auch bei schlechten Erfolgsaussichten nur deshalb einen Antrag stellen, um nicht die dann sehr hohen Beratungskosten tragen zu müssen[614].

Steht damit fest, daß sich der Gegenstandswert nach dem jeweiligen Interesse der Antragsteller richtet[615], so ist zu klären, auf welche Weise dieses zu ermitteln

---

609 *BayObLGZ* 1991, 84, 88; *OLG Zweibrücken*, AG 1995, 41; *LG Berlin*, AG 1985, 57; *OLG Frankfurt*, AG 1987, 47.

610 *Adolf Pentz*, DB 1993, 621; *Andreas Pentz*, NZG 1999, 346.

611 *Schmidt-Bleibtreu* in *Schmidt-Bleibtreu/Klein*, GG, Art. 19 Rn. 16, 18a; ähnlich auch *Adolf Pentz*, DB 1993, 621, 622.

612 *OLG Celle*, BB 1981, 1235, 1236; *Adolf Pentz*, DB 1990, 621.

613 so der Vorschlag von *H. Schmidt*, BB 1981, 1236 f; *Happ/Pfeifer*, ZGR 1993, 103, 114; *BayObLGZ* 1991, 84, 87.

614 *OLG Celle*, BB 1981, 1235, 1236.

615 Dafür *BayObLGZ* 1991, 84, 88; *OLG Celle*, BB 1981, 1235, 1236; *OLG Düsseldorf*, AG 1998, 39, 40, 41;*OLG Frankfurt*, AG 1987, 47 f.; *OLG Karlsruhe*, AG 1990, 83; AG 1995, 88; AG 1998, 288, 289; LG Berlin, AG 1985, 57; *KG*, AG 1986, 80; *OLG Zweibrücken*, AG 1995, 421, 423; *Hüffer*, AktG, § 306 Rn. 22; *Lutter/Krieger*, UmwG, § 312 Rn. 7; *Ammon*, FGPrax 1998, 121, 124; MHAG/*Krieger*, § 70 Rn. 132.

ist. Dafür muß zuerst festgelegt werden, ob die Summe der den Antragstellern zuzurechnenden Gegenstandswerte den Betrag des Geschäftswerts ergeben muß oder ob sich der Gegenstandswert bei jedem Antragsteller nach seinem Kapitalanteil bemißt. Die Entscheidung ist davon abhängig, welcher Status den antragsberechtigten, aber nicht antragstellenden Anteilsinhabern zukommt. Stehen sie den Antragstellern (einschließlich Anschlußantragstellern) nahe, sind sie in die "Verteilung" des Geschäftswertes auf die Gegenstandswerte einzuberechnen. Stehen sie bloßen Nebenintervenienten nahe, sind sie nicht zu berücksichtigen, so daß der Geschäftswert nur auf die Antragsteller zu deren Gegenstandswerten aufgeteilt wird. Wie bereits erörtert, sind die Nichtantragsteller nicht den streitgenössischen Nebenintervenienten vergleichbar. Alle ursprünglich antragsberechtigten Anteilsinhaber sind somit in die Gegenstandswertberechnung einzubeziehen, so daß die Summe der den Antragstellern zuzurechnenden Gegenstandswerte nicht den Betrag des Geschäftswerts erreichen muß[616].

Weiterhin ist umstritten, ob der Geschäftswert nach Kopfteilen[617] oder Anteilsbesitz[618] aufzuteilen ist. Große Unterschiede ergeben sich hier vor allem dann, wenn nur - wie soeben abgelehnt - auf die Antragsteller aufgeteilt wird. Auf die Ermittlung von Kopfteilen wurde deshalb zurückgegriffen, weil sich die Höhe des Anteilsbesitzes nicht ermitteln ließ[619]. Es stellt sich daher zuerst die Frage, ob es eine Pflicht des Antragstellers zur Offenlegung seiner Beteiligungshöhe gibt[620] oder ob diese anderweitig ermittelt werden kann. Für den Nachweis seiner Antragsberechtigung im Spruchverfahren muß der Antragsteller nur die Inhaberschaft eines Gesellschaftsanteils nachweisen. Dies kann entweder durch den Gesellschaftsvertrag oder notarielle Urkunden (bei GmbH-Anteilen), die Vorlage von Aktienurkunden oder den Nachweis einer Depotbank erfolgen. Bei Namensaktien ist das Aktienregister maßgebend. Dabei ist insbesondere bei Vorlage einer Aktienurkunde oder eines Nachweises einer Depotbank die Verschleierung eines höheren Aktienbesitzes möglich, während der Auszug aus dem Aktienbuch diese erschwert.

---

616 *OLG Düsseldorf*, NZG 1999, 941, 942; *Andreas Pentz*, NZG 1999, 943; im Ergebnis auch *LG Berlin*, AG 1985, 57; *OLG Celle*, BB 1981, 1235, 1236.

617 *Emmerich/Habersack*, § 306 Rn. 36; *BGH*, NZG 1998, 346; *LG Hamburg*, AG 1995, 517, 518; *BayObLGZ* 1991, 84, 89, wohl aufgegeben von *BayObLG*, DB 1996, 1127.

618 *OLG Karlsruhe*, AG 1995, 83; 88; *OLG Düsseldorf*, AG 1998, 39, 41.

619 *BayObLGZ* 1991, 84, 89.

620 so *Adolf Pentz*, DB 1993, 621, 622.

Über die Anforderungen an den Nachweis seiner Gesellschafterstellung hinaus läßt sich eine Pflicht zur Offenbarung der Beteiligungshöhe - abgesehen von § 21 I WpHG - nicht begründen[621]. Es bedarf einer solchen Pflicht auch nicht. Im eigenen Interesse sollte der Rechtsanwalt von seinem Mandanten die Beteiligungshöhe erfragen und sich diesbezüglich von der Verschwiegenheitspflicht entbinden lassen, um angemessene Gebühren erheben zu können. Bleibt die Beteiligungshöhe dennoch unklar, ist eine Aufteilung nach Kopfteilen nicht sinnvoll. Sie widerspricht der - auch von Vertretern dieser Ansicht implizit anerkannten - Prämisse, daß jeder Antragsteller nur im eigenen Interesse tätig wird. Nivelliert man die unterschiedlichen Wertinteressen derart, besteht eine hohe Wahrscheinlichkeit, daß einem Antragsteller das Interesse eines anderen zugerechnet wird[622]. Dies sollte mit der Differenzierung von Geschäfts- und Gegenstandswert gerade verhindert werden. Zudem ergibt sich aus der Zurechnung nach Kopfteilen die Konsequenz, daß sich durch Hinzukommen oder Ausscheiden von Antragstellern der Gegenstandswert ändert, ohne daß dies kongruent zur gleichbleibenden anwaltlichen Tätigkeit ist[623].

Werden die Beteiligungsverhältnisse von den Antragstellern nicht offengelegt, kann der Gegenstandswert zwar nach § 8 II 2 auf 8.000 DM (nicht 5.000 DM aus § 30 II KostO![624]) geschätzt werden. Angemessener erscheint es jedoch, dann auch nur einen einzigen Anteil zu berücksichtigen[625]. Das Schweigen kommt dann letztlich dem Antragsgegner zugute, der so nur geringe Gebühren zu erstatten hat. Der Anwalt eines Antragstellers kann sich dagegen entweder durch die Frage nach dem Anteilsbesitz und dessen Offenlegung oder - bei deren Verweigerung - durch eine Honorarvereinbarung mit dem Antragsteller schützen. Ersteres empfiehlt sich eher, weil die sich daraus ergebenden Gebühren vom Antragsgegner erstattet werden. Eine Festsetzung nach freiem Ermessen muß der Ausnahmefall bleiben[626]. Es liegt im System des deutschen Gebührenrechts begründet, daß für gleiche Tätigkeiten je nach Gegenstandswert unterschiedlich hohe Gebühren anfallen können.

---

[621] *OLG Karlsruhe*, AG 1995, 88, 89.

[622] *Andreas Pentz*, NZG 1999, 346, 347; *OLG Düsseldorf*, AG 1998, 39, 41.

[623] *Andreas Pentz*, NZG 1999, 346, 347; *Adolf Pentz*, DB 1993, 621, 622.

[624] so aber *OLG Karlsruhe*, AG 1995, 88, 89.

[625] *OLG Düsseldorf*, AG 1998, 39, 41.

[626] Generell für die beste Lösung hält dies *Seetzen*, WM 1999, 565, 569.

V. Vertretervergütung

Uneinigkeit besteht über die Vergütungsberechnung des gemeinsamen Vertreters nach §§ 306 IV 6 AktG, 308 II 1 UmwG in mehrfacher Hinsicht. Bereits die Zuständigkeit für die Festsetzug der Vergütung ist streitig. Während § 306 IV 7 AktG ausdrücklich das LG nennt, findet sich in 308 II 2 UmwG die Formulierung "das Gericht". Im ersten Rechtszug führt dies nicht zu unterschiedlichen Ergebnissen, da auch nach der letzteren Vorschrift das Gericht die Festsetzung vornehmen soll, das den Beschluß erlassen hat. Jedoch gilt auch für die zweite Instanz der Grundsatz, daß das Beschwerdegericht, also entgegen dem Wortlaut des § 306 IV 7 AktG das OLG, über die Kosten entscheidet[627].

Desweiteren besteht Unklarheit über die Anknüpfung der Vertretervergütung an die BRAGO-Vorschriften. In der Regel werden Rechtsanwälte zu gemeinsamen Vertretern bestellt. Eine unmittelbare Anwendung von § 118 BRAGO wird mit der Begründung abgelehnt, die Tätigkeit als gemeinsamer Vertreter falle nicht unter § 1 I, sondern unter § 1 II BRAGO, der ausdrücklich die Nichtanwendbarkeit der BRAGO-Vorschriften bestimmt. Das Argument, daß eine Festsetzung durch das Gericht überflüssig wäre, wenn die Tätigkeit unter § 1 I BRAGO fiele und sich die Vergütung dann bereits aus dem Gesetz ergebe[628], ist nicht zwingend. Zum einen verbleibt noch Raum für eine Festsetzung des Gebührensatzes und zum anderen kann noch die Vergütung für Vertreter bestimmt werden, die keine Rechtsanwälte sind.

Die "Berufstätigkeit" des Rechtsanwalts ist zunächst negativ abzugrenzen von der eigenverantwortlichen Tätigkeit des § 1 II BRAGO. Die Tätigkeit eines gemeinsamen Vertreters im Spruchverfahren ist durchaus der eines Sachwalters oder Verfahrenspflegers (§ 1 II BRAGO) vergleichbar, da kein Geschäftsbesorgungsvertrag besteht, sondern eine gerichtliche Bestellung. Deshalb wird überwiegend § 1 II i. V. m. 118 BRAGO analog angewendet[629]. Diese Analogie erscheint aber inkonsequent, da § 1 II BRAGO sie ausdrücklich verbietet. Von anderen eigenverantwortlichen Sachwaltern unterscheidet den gemeinsamen Vertreter, daß er damit rechnen muß, das Spruchverfahren nach §§ 306 IV 10 AktG, 308 III UmwG fortzuführen. Dann wird er in gleicher Weise tätig wie

---

[627] *BayObLG*, AG 1996, 183; *Hirte/Schaal*, EWiR 1986, 291; *Hüffer*, AktG, § 306 Rn. 17.

[628] *H. Schmidt*, BB 1981, 1243, 1246; *Widmann/Mayer/Schwarz*, § 308 Rn. 55.

[629] *H. Schmidt*, BB 1981, 1243, 1246; *Lentfer*, DB 1998, 655, 656; *Adolf Pentz*, DB 1990, 1317, 1318; KK/*Koppensteiner*, § 306 Rn. 29; *Hüffer*, AktG, § 306 Rn. 17; *OLG Frankfurt*, AG 1987, 47; *OLG Düsseldorf*, DB 1984, 2188; *OLG Hamburg*, AG 1980, 282.

Vertreter eines Antragstellers vor der Rücknahme. Mag auch hiermit eine gewachsene Verantwortung bestehen, so ist die Art der Tätigkeit von Anfang an gleichwertig mit der des - unzweifelhaft aufgrund anwaltlichen Geschäftsbesorgungsvertrages tätigen - Antragstellervertreters. Der Begriff der anwaltlichen Berufstätigkeit umfaßt positiv die Tätigkeit für einen anderen in dessen, nicht im öffentlichen, Interesse, und nicht für eine größere Allgemeinheit (z.B. Insolvenzgläubiger)[630]. Er wird für die Interessen der Anteilsinhaber tätig, die selbst - auch mittels Rechtsanwalt - einen Antrag stellen können oder sich vom gemeinsamen Vertreter vertreten lassen können. Wegen dieses Wahlrechts liegt keine Allgemeinheit vor, die sich ohne den Vertreter überhaupt nicht Gehör verschaffen könnte, anders als in der Insolvenz, wo der Gläubiger nicht mehr tun kann, als seine Forderung anzumelden und in Gläubigerausschuß oder -versammlung abzustimmen.

Insbesondere unter Berücksichtigung der Befugnis zur Verfahrensfortführung muß er dem Vertreter eines Antragstellers vergütungsmäßig gleichstehen[631]. Zwar wird er auch dann als Sachwalter für die Masse der nichtantragstellenden Anteilsinhaber tätig, nimmt aber jetzt die gleiche Tätigkeit wahr wie der - beruflich tätige - Rechtsanwalt, der den ausgeschiedenen Antragsteller vertreten hat. Die Festsetzung einer Vergütung allein aufgrund der Verantwortung, der Schwierigkeit, der Dauer und der wirtschaftlichen Bedeutung nach einem fiktiven Geschäftswert[632] ist deshalb verfehlt. § 118 BRAGO kann unmittelbar auf Rechtsanwälte angewendet werden[633].

Falls etwa ein Wirtschaftsprüfer zum gemeinsamen Vertreter bestellt wird, gibt es keine Gebührenordnung, da § 55 WPO zwar zu deren Erlaß ermächtigt, dies aber bisher nicht geschehen ist. Ebenso kann auch ein Aktionärsvertreter bestellt werden. Da es sich in jedem Fall um sachkundige Personen handeln muß, die den gleichen Arbeitsumfang leisten wie ein Rechtsanwalt, darf unter Gleichbehandlungsaspekten kein anderer - insbesondere geringerer - Berechnungsmaß-

---

[630] *Riedel/Sußbauer/Fraunholz*, § 1 BRAGO Rn. 37.

[631] *Hirte/Schaal*, EWiR 1986, 291; *Lentfer*, DB 1998, 655, 656.

[632] So *BayObLG*, AG 1996, 183 (2/3 des Geschäftswerts); *BayObLGZ* 1992, 91, 93; OLG Celle, BB 1981, 1234, 1235.

[633] Für unmittelbare Anwendung der BRAGO *Geßler* in *Geßler/Hefermehl/Eckardt/Kropff*, § 306 Rn. 37; *OLG Celle*, WM 1974, 555; *J. Schmidt*, S. 57.

stab gelten als § 118 BRAGO analog[634]. Insbesondere unter der Berücksichtigung, daß der gemeinsame Vertreter nach §§ 1915, 1833 BGB analog haftet[635], muß sich auch die Vergütung mindestens an der eines Rechtsanwalts orientieren, da er genausoviel Verantwortung übernimmt.

Damit ist noch nicht entschieden, welcher Wert der Vergütungsberechnung als Maßstab dienen soll. Nach dem oben zu Geschäfts- und Gegenstandswert Gesagten muß konsequent der Anteilsbesitz der ursprünglich antragsberechtigten Anteilsinhaber, ohne die von den Antragstellern gehaltenen Anteile, zugrundegelegt werden. Nicht maßgeblich ist die Änderung der Zahl der Antragsberechtigten wegen einer Veräußerung ihrer Anteile oder der Entgegennahme der Abfindung. Die Veräußerung hat, wie bereits oben dargelegt, keinen Einfluß auf die Antragsberechtigung. Auch nach Entgegennahme der Abfindung umfaßt die Rechtskraftwirkung die hergegebenen Anteile noch, weil deren Zahl für einen möglicherweise entstehenden Abfindungsergänzungsanspruch maßgebend sind. Damit besteht kein Bedürfnis, Durchschnittswerte zwischen der Zahl der Anteilsinhaber bei Verfahrensbeginn und -ende zu bilden[636].

Umstritten ist auch, ob eine unterschiedliche Wertberechnung gerechtfertigt ist, wenn ein gemeinsamer Vertreter nur Ausgleich verlangende Aktionäre vertritt, ein anderer aber die Abfindung Begehrenden[637]. Hier gilt das Gleiche wie für die Gegenstandswertberechnung; es ist ein einheitlicher Wert festzusetzen[638]. Das gilt auch dann, wenn im ganzen Verfahren nur um Ausgleich und nicht um Abfindung gestritten wird[639].

Nur unter der Voraussetzung einer direkten Anwendung von § 118 BRAGO kann sich der gemeinsame Vertreter gegen den Geschäftswertbeschluß mit der Beschwerde nach §§ 31 III, 14 III KostO, 567 ff. ZPO wenden, da er nur dann unmittelbar durch diesen beschwert ist. Bei einer analogen Anwendung muß er nach §§ 13a III FGG, 104 III ZPO gegen den Vergütungsfestsetzungsbeschluß

---

[634] So im Ergebnis auch *Geßler* in *Geßler/Hefermehl/Eckardt/Kropff*, § 306 Rn. 37; *von Godin/Wilhelmi*, 4. Aufl. 1971, § 306 Anm. 5; *J. Schmidt*, S. 57.

[635] S.o. § 6 II 4.

[636] *BayObLG*, JurBüro 1974, 614; anders aber *Adolf Pentz*, DB 1990, 1317, 1318; *OLG Frankfurt*, AG 1987, 47; *OLG Düsseldorf*, DB 1984, 2188, 2189.

[637] So aber *Adolf Pentz*, DB 1990, 1317, 1318; *OLG Düsseldorf*, DB 1984, 2188, 2189.

[638] *H. Schmidt*, BB 1981, 1243, 1246; *J. Schmidt*, S. 57; *BayObLG*, JurBüro 1974, 614.

[639] Vgl. o. § 10 III 1.

selbst vorgehen und kann die Geschäftswertfestsetzung nur inzident rügen[640]. § 20a I FGG findet auf Vergütungsfestsetzungsbeschlüsse keine Anwendung[641].

§ 11 Rechtsmittel (Sofortige Beschwerde)

I. Formerfordernisse

Gegen den Beschluß des LG ist gemäß §§ 306 II, 99 III 2 AktG, 309 I 2 UmwG die sofortige Beschwerde statthaft, über die nach §§ 306 II, 99 III 5 AktG, 309 II 1 UmwG das - ggf. nach §§ 306 I, 99 III 8, 9 AktG, 309 III 1 UmwG besonders festgelegte - OLG entscheidet (in Bayern nach § 8 EGGVG, Art. 11 III Nr. 1 bayAGGVG das BayObLG). Eingelegt werden kann sie innerhalb der Zwei-Wochen-Frist des § 22 I 1 FGG gemäß §§ 306 II, 99 I AktG, 307 I UmwG, 21 I FGG sowohl beim iudex ad quem als auch beim iudex a quo.

In Abweichung von § 21 II FGG muß die Beschwerde in schriftlicher Form und von einem Rechtsanwalt unterzeichnet eingereicht werden (§§ 306 II, 99 III 4 AktG, 309 I 2 UmwG). Dies bedeutet jedoch nicht, daß über die Unterzeichnung hinaus in der Beschwerdeinstanz Anwaltszwang besteht[642]. Eine entsprechende Vorschrift findet sich für das FGG-Verfahren in § 29 I 2 FGG für die weitere Beschwerde, die im Spruchverfahren allerdings ausgeschlossen ist (§§ 306 II, 99 III 7 AktG, 309 II 2 UmwG)[643]. Dort ist unbestritten, daß dadurch nur eine Vorprüfung erfolgen soll, die offensichtlich erfolglose Beschwerden verhindern soll, zumal die Beschwerdeschrift nicht vom Rechtsanwalt verfaßt sein muß[644]. Daraus ergibt sich, daß für alle weiteren Handlungen im Beschwerdeverfahren keine Einschränkung der Postulationsfähigkeit besteht[645].

---

[640] *H. Schmidt*, BB 1981, 1243, 1246; *Lentfer*, DB 1998, 655, 656 f.

[641] *Keidel/Kuntze/Winkler/Zimmermann*, § 20a Rn. 5.

[642] So von *Godin/Wilhelmi*, § 99 Anm. 5; ebenso wohl *Hüffer*, AktG, § 99 Rn. 7.

[643] Stattdessen gibt es das Vorlageverfahren nach §§ 306 II, 99 III 6 AktG, 309 II 2 UmwG, 28 II, III FGG.

[644] *Jansen*, § 29 Rn. 8; *Keidel/Kuntze/Winkler/Kahl*, § 29 Rn. 14; *BayObLGZ* 1954, 27, 30 f.

[645] Allgemein *Jansen*, § 29 Rn. 23; für das Spruchverfahren *J. Schmidt* S. 123; *Hüchting* S. 81; *Dehmer*, UmwG, § 309 Rn. 2.

Neue Tatsachen können vorgebracht werden, da § 306 II AktG nicht auf § 99 III 3 AktG (dort reine Rechtsbeschwerde) verweist, so daß - wie auch im Umwandlungsrecht - § 23 FGG gilt.

II. Beschwerdeberechtigung

1. Antragsteller

Die Beschwerdeberechtigung ergibt sich aus §§ 306 II, 99 I AktG, 307 I UmwG, 20 FGG. Nach § 20 I FGG muß zunächst eine materielle Beschwer vorliegen. Die dafür erforderliche Rechtsbeeinträchtigung liegt bereits im Eingriff in das Vermögen des Anteilsinhabers durch Unternehmensvertrag oder Verschmelzung. Eine Rechtsbeeinträchtigung liegt hingegen nicht erst dann vor, wenn das Gericht den Antrag zurückweist oder hinter einem im Antrag angegebenen Betrag zurückbleibt. Der Antrag ist reiner Verfahrensantrag[646], so daß eine Beschwer bei fehlender Betragsvorstellung ausgeschlossen wäre. Das aber würde bedeuten, daß allein zur Erhaltung der Beschwerdemöglichkeit ein - möglichst hohes - Antragsziel angegeben werden müßte. Dies ist zum einen mit der Rechtsnatur eines Verfahrensantrages unvereinbar und zum anderen auch - jedenfalls bei nicht börsennotierten Gesellschaften - schwer zu leisten, da die zur Bewertung relevanten Unterlagen nur von Fachleuten bewertet werden können.

Die formelle Beschwer bei Zurückweisung des Antrags (§ 20 II FGG) bereitet beim Antragsteller keine Schwierigkeiten; ihre Anwendbarkeit kann hier noch offenbleiben[647]. Zu berücksichtigen ist aber, daß § 20 II FGG dahingehend ausgelegt wird, daß auch derjenige beschwerdeberechtigt ist, der einen eigenen Antrag zwar nicht gestellt hat, aber ihn hätte stellen können[648]. Dann wären möglicherweise auch durch die Ausschlußfristen präkludierte Anteilsinhaber beschwerdeberechtigt. Hier aber kommt der Vorbehalt des § 1 FGG zum Tragen. In §§ 304 IV 2, 305 V 4, 306 III 2 AktG, 305, 307 III 2 UmwG ist etwas anderes bestimmt, nämlich die Begrenzung der Zahl der Antragsteller auf die bei Ende der Anschlußfrist vorhandenen. Diese Begrenzung, die der Rechtssicherheit

---

[646] S. o. § 7 IV I 1.

[647] Dazu unten 3.

[648] *Keidel/Kuntze/Winkler/Kahl*, § 20 Rn. 51; *Bumiller/Winkler*, § 20 Rn. 8; *BGH*, NJW 1993, 662; *BayObLGZ* 1991, 235, 237.

dient, soll auch für das Beschwerdeverfahren fortwirken[649]. Anstelle der präkludierten Anteilsinhaber wird der gemeinsame Vertreter tätig.

2. Antragsgegner

Der Antragsgegner muß nach § 20 I FGG materiell beschwert sein. In seine Rechte wird immer dann eingegriffen, wenn der Antrag nicht zurückgewiesen wird, weil dann zusätzliche Verpflichtungen entstehen. Dies ist ein weiterer Beleg dafür, daß im aktienrechtlichen Spruchverfahren nur das herrschende Unternehmen Antragsgegner ist. Anderenfalls gäbe es mit der abhängigen Gesellschaft einen Antragsgegner, der nicht materiell beschwert sein kann. § 20 II FGG kann auf einen Antragsgegner niemals Anwendung finden. Das prozessuale Beschwerderecht wird nicht durch das materiellrechtliche Kündigungsrecht der §§ 304 V, 305 V 4 AktG verdrängt[650].

3. Gemeinsamer Vertreter

Umstritten ist, ob der gemeinsame Vertreter beschwerdeberechtigt ist. Er selbst ist, wenn er kein Anteilsinhaber ist, nicht nach § 20 I FGG materiell beschwerdeberechtigt. Auch fehlt es ihm an der formellen Beschwer gemäß § 20 II FGG, es sei denn, er ist nach Rücknahme der Anträge in die Position des Antragstellers eingerückt (§§ 306 IV 10 AktG, 308 III UmwG). Dementsprechend wird teilweise die Beschwerdeberechtigung verneint[651] oder - neuerdings - auf den zuletzt genannten Fall beschränkt[652].

Nicht von der Hand zu weisen ist das eher formelle Argument, eine Beschwerdeberechtigung bestehe deshalb, weil die Entscheidung nach § 306 V AktG explizit dem gemeinsamen Vertreter zuzustellen sei, was nur den Zweck habe, die Beschwerdefrist zu eröffnen[653]. Die Vorschrift weicht - ebenso wie § 307 V 2 UmwG - von § 16 I FGG ab, der gerade nicht die Bekanntgabe an jeden Beteiligten anordnet[654]. Lediglich zu Informationszwecken wäre eine Zustellung nicht

---

[649] *Hüchting*, S. 80; *von Falkenhausen*, AG 1967, 315.

[650] *Hüchting*, S. 80 f.

[651] *Keidel/Kuntze/Winkler/Kahl*, § 20 Rn. 93; *BayObLGZ* 1991, 235, 236 ff.; *KG*, OLGZ 1974, 430, 431 ff.; *OLG Celle*, AG 1979, 230, 231; *OLG Hamburg*, AG 1980, 163.

[652] *Hüffer*, AktG, § 306 Rn. 19.

[653] *J. Schmidt* S. 124; KK/*Koppensteiner*, § 306 Rn. 25.

[654] *Keidel/Kuntze/Winkler/Schmidt*, § 16 Rn. 10; *Jansen*, § 16 Rn. 11; *Brehm*, Rn. 397.

notwendig, da ohnehin eine Bekanntgabe erfolgen muß (§§ 306 II, 99 V 3 AktG, 310 UmwG).

Verfehlt ist es, aus der Tatsache, daß präkludierte Anteilsinhaber keine Beschwerde mehr erheben können, zu schließen, dies könne dann auch der gemeinsame Vertreter nicht[655]. Hierbei wird die Stellung des gemeinsamen Vertreters nicht hinreichend gewürdigt. Er ist gerade dazu bestimmt, die Interessen derjenigen wahrzunehmen, die keinen Antrag gestellt haben, auch weil sie wissen, daß es nur eines Antrags bedarf und sie ihre Rechte der Verwaltung des Vertreters anvertrauen können. Deshalb ist nicht auf die Person des Vertreters selbst, sondern auf die von ihm vertretenen Anteilsinhaber abzustellen[656]. Diese sind materiell beschwert. Gerade die Neuregelung der Verfahrensfortführung durch den gemeinsamen Vertreter bei Antragsrücknahme bestätigt dieses Ergebnis[657]. Die Situation, daß die Anträge zurückgenommen werden, gleicht der Situation, daß das Gericht in der ersten Instanz eine für die Anteilsinhaber ungünstige Entscheidung trifft und niemand Beschwerde erhebt. In beiden Fällen kann dies auf Zahlungen von Unternehmensseite zurückzuführen sein.

Einer formellen Beschwer nach § 20 II FGG bedarf es hier ohnehin nicht. Ist der Antrag aus formellen Gründen zurückgewiesen worden, hat auch der gemeinsame Vertreter kein Beschwerderecht, da Voraussetzung seines Tätigwerdens ein zulässiger Verfahrensantrag ist[658]. Werden Ausgleich oder Abfindung festgesetzt, macht eine formelle Beschwer wenig Sinn, weil kein bindender Sachantrag gestellt werden muß und Betragsangaben lediglich eine Anregung beinhalten. Im echten Streitverfahren ist daher nur dann eine formelle Beschwer erforderlich, wenn ein Sachantrag zu stellen ist[659], woran es im Spruchverfahren gerade fehlt.

---

[655] So *Hüchting*, S. 80; *von Falkenhausen*, AG 1967, 315.

[656] *BayObLGZ* 1973, 106, 107 f.; *OLG Düsseldorf*, AG 1972, 248; *Rowedder*, FS Rittner, S. 509, 519 f.

[657] *Emmerich/Habersack*, § 306 Rn. 21; KK/*Koppensteiner*, § 306 Rn. 25; *Lutter/Krieger*, UmwG, § 309 Rn. 5; *Kallmeyer/Meister/Klöcker*, UmwG, § 309 Rn. 5; *OLG Karlsruhe*, AG 1995, 139.

[658] S. o. § 6 II 2; *Dehmer*, UmwG, § 309 Rn. 5.

[659] *Keidel/Kuntze/Winkler/Kahl*, § 20 Rn. 52; *Jansen*, § 20 Rn. 18; *BayObLGZ* 1966, 408, 411; *KG*, NJW 1960, 1158, 1159; *Kahl*, S. 73; für das Spruchverfahren *Dehmer*, UmwG, § 309 Rn. 5; *Lutter/Krieger*, UmwG, § 309 Rn. 5.

§ 12 Umfang der Rechtshängigkeit und Rechtskraft

Die Formel der inter-omnes-Wirkung der Entscheidung bedarf der Präzisierung hinsichtlich des erfaßten Personenkreises (subjektive Grenze). Nach rechtskräftiger Entscheidung stattfindende Ereignisse, die auf den Unternehmensvertrag einwirken, lassen beim aktienrechtlichen Spruchverfahren die Frage nach den objektiven Grenzen der Rechtskraft aufkommen.

I. Subjektive Grenze ("Abfindungsergänzungsanspruch")

Recht eindeutig statuieren §§ 306 II, 99 V 2, 320b III 3 AktG, 311 S. 2 UmwG die Wirkung der rechtskräftigen Entscheidung für und gegen alle. Der Unternehmens-, Verschmelzungs-, bzw. Eingliederungsvertrag wird durch die Entscheidung rückwirkend gestaltet. Während Einigkeit darüber besteht, daß von der Neufestsetzung des Ausgleichs bei Unternehmensverträgen alle Aktionäre profitieren[660], ist umstritten, ob dementsprechend auch die Anteilsinhaber, die bereits ein Abfindungsangebot angenommen haben, eine Nachzahlung zur erhaltenen Abfindung beanspruchen können, also auch sie von der Rechtskraft umfaßt sind. Wenn das der Fall ist, können sie ihren sogenannten "Abfindungsergänzungsanspruch" mit einer Leistungsklage im ZPO-Verfahren durchsetzen.

Nur relativ wenige ältere Entscheidungen[661] und Literaturstimmen negieren eine Rechtskraftwirkung auch für die bereits abgefundenen Aktionäre. Dies wird teilweise daraus abgeleitet, daß nicht Antragsteller sein könne, wer sich habe abfinden lassen, weil ihm dann die Antragsberechtigung fehle. Dieser Personenkreis könne daher auch nicht von der Rechtskraft umfaßt sein bzw. könne keinen Abfindungsergänzungsanspruch geltend machen[662]. Hier werden Funktionen der Antragsberechtigung und der Rechtskraft unzulässig vermengt. Die Antragsberechtigung entscheidet darüber, ob ein Verfahren eingeleitet werden kann. Diese ist im Spruchverfahren gerade inkongruent zur Rechtskraft, die auch Nichtantragsteller umfaßt, so daß aus der ersteren für das letztere keine Rückschlüsse gezogen werden können[663].

---

[660] *OLG Düsseldorf*, AG 1990, 397, 402; *Geßler* in *Geßler/Hefermehl/Eckardt/Kropff*, § 304 Rn. 130; KK/*Koppensteiner*, § 304 Rn. 66; GK AktG (3)/*Würdinger*, § 304 Anm. 33; *Haase*, AG 1995, 7, 18.

[661] *BGH*, AG 1976, 218, 219.

[662] KK/*Koppensteiner*, § 305 Rn. 56; *Meyer-Landrut/Miller*, DB 1969, 1391 ff..

[663] So auch *Haase*, AG 1995, 7, 19; *Bodewig*, BB 1978, 1695, 1696.

Zudem hat der Gesetzgeber die Beschränkung der Rechtskraft auf Antragsteller und Antragsgegner in § 352c II 3 AktG a. F. bewußt nicht ins UmwG 1994 übernommen mit der Begründung, niemand solle allein deshalb einen Antrag stellen, nur um eine Nachzahlung zu erhalten[664]. Dies impliziert, daß nach dem heutigen gesetzgeberischen Willen eine Nachzahlung regelmäßig in Anspruch genommen werden kann. Die gegenteilige historische Auslegung des § 35 UmwG 1956[665] kann heute nicht mehr herangezogen werden.

Soweit versucht worden ist, durch Entgegennahme der Abfindung einen konkludenten Erlaßvertrag hinsichtlich eines möglichen Erhöhungsbetrages zu konstruieren[666], entbehrt dies jeder Grundlage. Maßgebend für jede, auch konkludent geäußerte, Willenserklärung ist der objektive Empfängerhorizont des Empfängers (§§ 133, 157 BGB), also des herrschenden Unternehmens. Es widerspricht jeder ökonomischen Vernunft, anzunehmen, jemand habe ohne ersichtlichen Grund etwas zu verschenken[667]. Erst recht kann das Abfindungsangebot nicht ein Vergleichsangebot in der Form enthalten, daß auf einen Erhöhungsbetrag verzichtet wird, denn es fehlt, abgesehen vom entsprechenden konkludenten Erklärungsinhalt, am gegenseitigen Nachgeben (§ 779 BGB)[668].

Der zur Ablehnung eines Abfindungsergänzungsanspruchs herangezogene Vergleich der Entgegennahme der Abfindung mit der Zahlung einer Vertragsstrafe oder des Maklerlohns, die nach erfolgter Zahlung nicht mehr herabgesetzt werden können (§§ 343 I 3, 655 BGB)[669], ist abzulehnen. Diese Auffassung verkennt, daß es sich dort um Bestandteile eines frei ausgehandelten Vertrages handelt, nicht aber um einen Unternehmensvertrag, den die Abfindungsberechtigten letztlich nicht beeinflussen konnten. Der Minderheitenschutz verbietet deshalb eine Heranziehung der genannten Vorschriften[670].

---

[664] BT-Dr. 12/6699, S. 88.

[665] KK/*Koppensteiner*, § 305 Rn. 56; *ders.*, BB 1978, 769, 771.

[666] GK AktG (3)/*Würdinger*, § 305 Anm. 21; *Hüchting*, S. 87.

[667] *Tiling/Prasse*, AG 1969, 63, 64; *Kropff*, Wertpapier 1969, 3, 6; *OLG Frankfurt*, AG 1987, 43, 46; OLG Düsseldorf, DB 1990, 376; *Geßler* in *Geßler/Hefermehl/Eckardt/Kropff*, § 305 Rn. 74; *J. Schmidt*, S. 97.

[668] *Tiling/Prasse*, AG 1969, 63, 64; *Kropff*, Wertpapier 1969, 3, 6.

[669] *Hüchting*, S. 87 ff.

[670] *Haase*, AG 1995, 7, 24.

Soweit geltend gemacht wird, ein Abfindungsergänzungsanspruch bestehe deshalb nicht, weil sonst das Kündigungsrecht der §§ 304 V 4, 304 V AktG für den Fall einer gerichtlich erhöhten Abfindung ins Leere liefe[671], ist dies nicht folgerichtig, denn das Kündigungsrecht wirkt im Gegensatz zur gerichtlichen Entscheidung nur ex nunc[672]. Außerdem würde bewußt zu niedrigen Abfindungsangeboten Vorschub geleistet, wenn ein Abfindungsergänzungsanspruch verneint wird[673].

Letztlich ergibt sich der Abfindungsergänzungsanspruch zwingend aus der rückwirkenden Vertragsgestaltung durch das Gericht für und gegen alle[674]. Dann müssen auch alle diejenigen in den Genuß dieser Abänderung kommen, die zum Rückwirkungszeitpunkt, dem Vertragsschluß, abfindungsberechtigt waren. Nur dies wird auch dem verfassungsrechtlichen Postulat der "vollen Entschädigung" gerecht[675].

II. Objektive Grenzen

Sowohl bei Änderungen des Unternehmensvertrages als auch bei Änderungen in der Struktur der beteiligten Gesellschaften stellt sich die Frage, ob es der Einleitung eines neuen Spruchverfahrens bedarf und ob nicht die formelle Rechtskraft einer bereits ergangenen Entscheidung im Spruchverfahren - abgesehen von dessen Antragsfristen - entgegensteht. Bei Verschmelzungs- und Eingliederungsverträgen stellt sich diese Problematik nicht, da sie einmalige Wirkungen zeitigen, die sich mit der Eintragung erschöpfen. Der Unternehmensvertrag hat hingegen den Charakter eines Dauerschuldverhältnisses, das ggf. der Anpassung bedarf.[676]. Im Unterschied zu den Überlegungen unter § 9 zur Beendigung des

---

[671] KK/*Koppensteiner*, § 305 Rn. 56; *ders.*, BB 1978, 769, 771.

[672] *OLG Düsseldorf*, AG 1990, 397, 402; *BayObLG*, AG 1996, 127, 130; AG 1996, 176, 180; *Geßler* in *Geßler/Hefermehl/Eckardt/Kropff*, § 305 Rn. 74; MHAG/*Krieger*, § 70 Rn. 131.

[673] *OLG Düsseldorf*, DB 1990, 370; *Haase*, AG 1995, 7, 18; *Hüffer*, AktG, § 305 Rn. 32.

[674] *OLG Celle*, AG 1976, 230, 233; *Emmerich/Sonnenschein*, S. 302; *Emmerich/Habersack*, § 305 Rn. 66; *Geßler* in *Geßler/Hefermehl/Eckardt/Kropff*, § 305 Rn. 74; *Hüffer*, AktG, § 305 Rn. 32; *J. Schmidt*, S. 95; *Raiser*, Kapitalgesellschaften, § 54 Rn. 60.

[675] *OLG Düsseldorf*, AG 1990, 397, 402; *BayObLG*, AG 1996, 127, 130; AG 1996, 176, 180; *Haase*, AG 1995, 7, 16 f.; *J. Schmidt*, S. 96; *W. Meilicke*, AG 1995, 181, 185; *Bodewig*, BB 1978, 1695, 1697.

[676] *J. Schmidt*, S. 108.

Spruchverfahrens geht es im folgenden um die Frage, ob ein neues Spruchverfahren eingeleitet werden kann.

1. Änderung der unternehmensvertraglichen Kompensationsleistungen während eines Spruchverfahrens

Das Gericht entscheidet abschließend darüber, welche Kompensationsleistungen angemessen sind. Andererseits aber kann auch ein Änderungsvertrag der gerichtlichen Prüfung unterzogen werden, was sich aus §§ 295 II 1, 304 V 2, 305 IV AktG ergibt. Zu unterscheiden ist zwischen der Änderung der Höhe und der Art der Abfindungs- oder Ausgleichszahlungen. Eine bloße Verbesserung oder Verschlechterung des Abfindungs-oder Ausgleichsangebots wird vom bereits rechtshängigen Spruchverfahren umfaßt. Anders ist es bei einer Änderung der Art der Kompensation. Das ist namentlich der Fall bei Übergang vom festen zum variablen Ausgleich (gegen den ohnehin verfassungsrechtliche Bedenken bestehen[677]) oder bei der Abfindung in Aktien statt in bar. Zwar läßt sich auch in diesen Fällen damit argumentieren, daß das Gericht die Änderungen in das schwebende Verfahren einbeziehen könne, indem es die Leistungen getrennt nach ihrer Art in angemessener Höhe festsetzen könne[678]. Dabei wird aber außer Acht gelassen, daß nach der Änderung außenstehende Anteilsinhaber, die mit den bisherigen Regelungen einverstanden waren oder sich durch den gemeinsamen Vertreter repräsentieren lassen wollten, sich nunmehr dazu veranlaßt sehen könnten, wegen der Änderung der Sachlage eigene Anträge zu stellen. Diese Möglichkeit würde ihnen dann genommen. Die Aktionäre können nicht darauf verwiesen werden, sie seien durch den gemeinsamen Vertreter bereits repräsentiert[679]. Weil die Aktionäre jetzt nicht mehr frei entscheiden könnten, ob sie einen Antrag stellen oder sich vom Vertreter repräsentieren lassen, liefe dies auf eine Zwangsvertretung hinaus, die Art. 103 I GG widerspricht[680]. Bei einer Änderung der Art der Kompensation während eines bereits rechtshängigen Spruchverfahrens besteht demnach die Möglichkeit, ein erneutes Spruchverfahren einzuleiten. Wird der Vertrag nach Abschluß eines Spruchverfahrens durch Sonderbeschluß nach § 295 II AktG geändert, so kann selbstverständlich ein neues

---

[677] *BVerfG*, NZG 2000, 28, 29.

[678] *Schubert*, AG 1988, 143.

[679] So aber *OLG Celle*, AG 1988, 141, 142.

[680] *BVerfG*, DB 1991, 2027, 2028; *BVerfGE* 14, 263, 287 f.

Spruchverfahren unter Berücksichtigung der geänderten Umstände eingeleitet werden (§§ 295 II 1, 304 V 2, 305 IV AktG).

2. Anpassung des Unternehmensvertrages bei Kapitalveränderungen

Auf der materiellrechtlichen Seite besteht weitgehende Einigkeit darüber, daß im Fall der Kapitalerhöhung aus Gesellschaftsmitteln oder der Kapitalherabsetzung des abhängigen Unternehmens eine entsprechenden Anpassung des festen oder variablen Ausgleichs erfolgen muß. Lediglich bei einer Kapitalerhöhung gegen Einlagen bedarf es keiner Anpassung, denn der angemessene Ausgleich erstreckt sich auch auf die neuen Aktien.[681] Kapitalveränderungen beim herrschenden Unternehmen können sich nur auf den variablen Ausgleich auswirken, weil nur dort der Gewinnanteil des herrschenden Unternehmen maßgebend ist. Dementsprechend ist bei einer Kapitalerhöhung aus Gesellschaftsmitteln oder der Kapitalherabsetzung unter Änderung des Aktiennennwerts der Ausgleich zu erhöhen. Bei der Kapitalerhöhung der herrschenden Gesellschaft gegen Einlagen ist allenfalls dann eine Anpassung nötig, wenn der Ausgabekurs der jungen Aktien geringer ist als der Wert der alten, so daß der auf die einzelne Aktie entfallende Gewinnanteil verwässert wird.[682]

Umstritten ist, ob der daraus resultierende Anpassungsanspruch im Spruchverfahren oder mittels einer ZPO-Feststellungs- oder Leistungsklage zu verfolgen ist. Aus §§ 295 II 1, 304 V 2, 304 IV AktG allein kann dies nicht abgeleitet werden, da nicht der Vertrag geändert wird, sondern dessen Grundlagen. Sofern aus § 216 III AktG gefolgert wird, die bei der Kapitalerhöhung genannten Anpassungen vollzögen sich bereits kraft Gesetzes, so bedarf es dort in der Tat keiner richterlichen Gestaltung, sondern nur einer Feststellungs- oder Leistungsklage[683]. Legt man einen Anspruch aus § 304 AktG zugrunde, bedarf der Vertrag der richterlichen Anpassung im Spruchverfahren[684]. Die Ansicht, es genüge eine

---

[681] *Emmerich/Habersack*, § 304 Rn. 68 f.; *Hüchting* S. 135 f.; 139 f.; KK/*Koppensteiner*, § 304 Rn. 46ff.; *Geßler* in *Geßler/Hefermehl/Eckardt/Kropff*, § 304 Rn. 111 f.; *Exner*, S. 207 ff.; *J. Schmidt*, S. 90 ff.

[682] *Emmerich/Habersack*, § 304 Rn. 66 ff.; *Hüchting* S. 136 f.; KK/*Koppensteiner*, § 304 Rn. 49 ff.; *Geßler* in *Geßler/Hefermehl/Eckardt/Kropff*, § 304 Rn. 111 f.; *Exner*, S. 210 ff.; *J. Schmidt*, S. 90 ff..

[683] *BVerfG*, NZG 2000, 28, 30; *Bachelin*, S. 78; *Hüchting*, S. 137, 139; *Geßler* in *Geßler/Hefermehl/Eckardt/Kropff*, § 304 Rn. 108.

[684] *J. Schmidt*, S. 93.

automatische Anpassung nach § 216 III AktG wirft außerdem Probleme auf, wenn um die Angemessenheit des Preises junger Aktien und die daraus folgende Verwässerung gestritten wird, denn dort genügt nicht nur eine einfache Rechenoperation[685]. Entscheidender als die Frage, nach welcher Norm sich die Anpassung vollzieht, ist jedoch der Minderheitenschutz. Dieser ist nur gewährleistet, wenn eine inter-omnes-Wirkung zu erzielen ist und es nicht zu zahlreichen Einzelklagen kommen muß, was nur im Spruchverfahren der Fall ist.

Es ergibt sich jedoch eine prozessuale Schwierigkeit. Grundsätzlich folgt die Antragsberechtigung im Spruchverfahren der Entstehung eines materiellen Abfindungs- oder Ausgleichsanspruchs. Hier handelt es sich aber um eine Neufestsetzung des ursprünglichen Ausgleichsanspruchs, so daß sich die Frage nach der entgegenstehenden Rechtskraft der ursprünglichen Entscheidung stellt (§ 18 II FGG). Teilweise wird angenommen, es sei § 323 ZPO entsprechend anzuwenden[686]. Das ist zwar von der Grundtendenz her richtig, da bereits im früheren Verfahren eine Prognose getroffen wurde. Jedoch konnte diese Prognose nicht Kapitalveränderungen, sondern nur die weitere Ertragsentwicklung beinhalten. Deshalb ist von einem völlig neuen Sachverhalt auszugehen[687].

3. *Beitritt eines neuen herrschenden Unternehmens zum Unternehmensvertrag*

Nicht nur eine Kapitalveränderung kann dazu führen, daß sich die Geschäftsgrundlagen des Unternehmensvertrages ändern und dieser der richterlichen Anpassung bedarf. Umstritten ist, ob auch der Beitritt eines weiteren herrschenden Unternehmens zum Unternehmensvertrag eine Neufestsetzung von Ausgleich und Abfindung erfordert, die in einem erneuten Spruchverfahren geltend zu machen ist.

Nach einem Ansatz, der den Vertragscharakter des Unternehmensvertrages betont und die Kompensationsleistungen als Gegenleistung für die Beherrschung ansieht, muß sich konsequent ein hinzutretendes Unternehmen ebenfalls die Beherrschung "erkaufen", so daß Abfindung und Ausgleich neu festzulegen sind[688]. Diesem Ansatz ist jedoch nicht zuzustimmen. Mit dem Unternehmensvertrag

---

[685] Dies erkennen auch *Hüchting*, S. 139, *Hüffer*, AktG, § 304 Rn. 19 und *Geßler/Hefermehl/Eckardt/Kropff*, § 304 Rn. 8 an, die nur in diesem Fall ein Spruchverfahren, ansonsten aber § 216 III AktG befürworten.

[686] *J. Schmidt*, S. 121.

[687] *Hüchting*, S. 150 f.

[688] *Hommelhoff*, FS Claussen, 1997, S. 129, 133 ff, 139 ff., 142.

liegt zwar ein Vertrag zugunsten Dritter, der außenstehenden Aktionäre, vor; aber die Kompensationsleistungen bilden nicht einen echten Verhandlungsgegenstand, sondern bilden einen gesetzlich angeordneten Reflex des Minderheitenschutzes[689]. Dementsprechend stellen sie eine Entschädigung dar, die nicht an den allgemeinen Grenzen der Vertragsautonomie wie §§ 134, 138, sondern unmittelbar an Art. 14 I GG gemessen wird[690]. Eine Entschädigung ist bereits begrifflich keine Gegenleistung, sondern setzt einen Eingriff, hier den des herrschenden Unternehmens, voraus.

Dieser Eingriff ist nicht gegeben, soweit ein fester Ausgleich geschuldet ist, denn dieser ändert sich durch den zusätzlichen Beherrschungsvertrag nicht; es tritt lediglich ein Schuldner hinzu. Anders ist dies, wenn variabler Ausgleich geschuldet ist, der sich am Gewinn des herrschenden Unternehmens orientiert. Wird dieses nun selbst vom beitretenden Unternehmen beherrscht, kann dies zu Gewinnveränderungen führen, die sich unmittelbar auf den Ausgleich auswirken[691].

Auch dies wird mit der Begründung abgelehnt, wer einmal den Ausgleich gewählt habe, habe endgültig ein "Rentnerdasein" zu den ihm damals bekannten Bedingungen gewählt und müsse mit Änderungen jeder Art rechnen[692]. Einen Sonderbeschluß nach § 295 II AktG, der zu einer Neufestsetzung berechtigt, könne er nicht verlangen, weil die Ausgleichsverpflichtung selbst nicht abgeändert werde, noch könne zu seinen Gunsten das Rechtsinstitut des Wegfalls der Geschäftsgrundlage angewendet werden, da dieses nur "von außen" kommende Umstände außerhalb der Sphäre der Vertragspartner berücksichtige[693]. Dabei wird jedoch außer Acht gelassen, daß in Bezug auf die ursprünglichen Vertragsparteien aus Sicht des Aktionärs der Beitritt eines Dritten ein "von außen" kommendes Ereignis darstellt. Zudem würde ein durch einen weiteren Beherrschungsvertrag geminderter Ausgleich nicht mehr der verfassungsrechtlich geforderten "vollen Entschädigung"[694] entsprechen. Rechtspolitisch gesehen bietet

---

[689] *Röhricht*, ZHR 1998, 249, 255 ff.; *BGH*, NZG 1998, 379; *Pentz*, NZG 1998, 380 f.

[690] *BVerfG* 14, 263, 276 f.

[691] *Röhricht*, ZHR 1998, 249, 252; *W. Bayer*, ZGR 1993, 599, 607; *Priester*, ZIP 1998, 293, 299; *Bachelin*, S. 72, 76; *BGHZ* 119, 1, 8; *BGH*, NZG 1998, 379, 380.

[692] *Pentz*, NZG 1998, 380, 381.

[693] *Kort*, ZGR 1999, 402, 422 ff.

[694] *BVerfG* 14, 263, 284

dies auch Gelegenheit, den verfassungsrechtlich bedenklichen[695] variablen Ausgleich zurückzudrängen, da wie gezeigt beim festen Ausgleich keine Neufestsetzung erfolgen muß.

Hinsichtlich der Abfindung wird teilweise eine Neufestsetzung verlangt, weil sich die Grundlagen der Entscheidung des Aktionärs, Ausgleich oder Abfindung zu wählen, geändert hätten, indem ein völlig neues Konzernverhältnis mit einem anderen Unternehmen entstanden sei[696]. Dem ist nur insoweit zuzustimmen, als das alte, verfristete, bereits gerichtlich festgesetzte Abfindungsangebot wiederaufleben mag[697]. Die geänderten Entscheidungsgrundlagen beziehen sich auf den ursprünglichen Vertrag, nur dessen Abfindung konnte der Aktionär ins Kalkül ziehen. Gerade die Abfindung bemißt sich nach einem Stichtag, so daß nicht bereits zum Stichtag angelegte Veränderungen unberücksichtigt bleiben sollen[698]. Bei einer Neufestsetzung müßten diese berücksichtigt werden. Sofern die Abfindung in Aktien geschuldet war, muß diese allerdings neu festgesetzt werden, da nunmehr Aktien der hinzugetretenen Gesellschaft zu leisten sind oder eine Barabfindung (§ 305 II Nr. 2 AktG)[699].

Allenfalls bei variablem Ausgleich oder einer Abfindung in Aktien ist daher eine Neufestsetzung im Spruchverfahren vorzunehmen. Auch hier ist nicht § 323 ZPO analog anzuwenden, da ein Beitritt eines weiteren Unternehmens nicht Prognosebestandteil war. Zudem sind punktuell wirkende Ereignisse wie der Beitritt kein Fall des § 323 ZPO, sondern eher des § 767 II ZPO[700].

III. Konfligierende Spruchverfahren

Umstritten ist, welche Folgen die gleichzeitige Existenz mehrerer Spruchverfahren zu zeitlich aufeinanderfolgenden Ausgleichs- oder Abfindungsanlässen hat, z.B. wenn ein Unternehmen zunächst einen Beherrschungsvertrag schließt, später eingegliedert und anschließend formwechselnd umgewandelt wird. Die Spruchverfahren haben das gleiche Ziel, nämlich die Bestimmung einer ange-

---

[695] *BVerfG*, NZG 2000, 28, 29.

[696] *Hommelhoff*, FS Claussen, 1997, S. 129, 136 ff.; *Priester*, ZIP 1998, 293, 297 f.; *W. Bayer*, ZGR 1993, 599, 607; *Exner*, S. 299 f.; *W. F. Bayer*, FS Ballerstedt, 1975, S. 157, 178 f.

[697] *Röhricht*, ZHR 1998, 249, 253; *BGH*, NZG 1998, 379, 380.

[698] *Röhricht*, ZHR 1998, 249, 259; *BGHZ* 119, 1, 9.

[699] *Röhricht*, ZHR 1998, 249, 251.

[700] *Thomas/Putzo*, § 323 Rn. 2

messenen Abfindung und berücksichtigen jeweils den Unternehmenswert. Dennoch sind die Verfahrensgegenstände unterschiedlich, da unterschiedliche Sachverhalte zugrundeliegen. Vor allem kann eine einheitliche Entscheidung schon deshalb nicht erlassen werden, weil sich der Unternehmenswert zu unterschiedlichen Stichtagen unterschiedlich entwickelt haben kann[701]. Dem soll nach einer Ansicht dadurch begegnet werden, daß - jedenfalls bei der Konzernverschmelzung und -eingliederung - im Rahmen des Spruchverfahrens nach § 320 AktG inzident auch über die Ansprüche aus §§ 304, 305 AktG entschieden wird[702]. Unter der Prämisse, daß mit der Eingliederung die Antragsberechtigung endet[703], aber dennoch die Notwendigkeit der Rechtsschutzgewährung erkannt wird, ist dies noch konsequent; ebenso, wenn das Problem dadurch gelöst wird, daß der Unternehmenswert des abhängigen Unternehmens bei der Abfindungsberechnung mindestens so hoch wie bei der Ermittlung des Umtauschverhältnisses angesetzt wird. Ausgehend davon, daß die Ansprüche und damit die Antragsberechtigung erhalten bleiben, ist dieser Weg jedoch nicht gangbar. Ein Antrag auf Bestimmung der Abfindung kann deshalb nicht wegen der Rechtshängigkeit eines zeitlich nachfolgenden neuen Abfindungsanlasses unzulässig werden[704]. Zweckmäßig ist es, die Verfahren zu verbinden[705], was allerdings eine gemeinsame örtliche Zuständigkeit voraussetzt.

---

[701] *BVerfG*, NZG 1999, 302, 304.

[702] *Kley*, S. 167 f., 183.

[703] *Kley*, S. 167 f., 183.

[704] *BayObLG*, DB 1973, 1118.

[705] *Emmerich/Habersack*, § 306 Rn. 40.

VIERTER TEIL: AUSBLICK UND ERGEBNIS

§ 13 Schiedsverfahren als Alternative

Wenig untersucht wurde bislang die Frage, ob das Spruchverfahren vor einem Schiedsgericht durchgeführt werden kann[706]. Im Gegensatz zum Schiedsgutachtenvertrag, bei dem sich die Beteiligten im auch im Verfahren vor den staatlichen Gerichten auf eine Wertfeststellung durch einen bestimmten Gutachter/Obergutachter und die Anerkennung dieses Gutachtens einigen, legt eine Schiedsverfahrensabrede einen Ausschluß des staatlichen Rechtswegs fest und weist die endgültige Streitentscheidung dem nichtstaatlichen Schiedsgericht zu. Prozessuale Konsequenz einer wirksamen Schiedsvereinbarung ist die Unzulässigkeit des staatlichen Rechtswegs.

Zur Schiedsfähigkeit von Anfechtungsklagen sind zahlreiche Stimmen in Literatur und Rechtsprechung zu vernehmen; genau zu untersuchen ist jedoch, ob sich die dort entwickelten Gedanken auf das Spruchverfahren übertragen lassen, das Gemeinsamkeiten, aber auch Unterschiede aufweist. Der Vorteil eines Schiedsgerichtsverfahrens kann insbesondere in einer schnelleren und weitgehend unanfechtbaren Entscheidung liegen[707].

I. Objektive Schiedsfähigkeit

Nach altem Recht stand bereits die nach hM fehlende Vergleichsfähigkeit des Spruchverfahrens[708] dessen Schiedsfähigkeit nach § 1025 ZPO a. F. entgegen. Dieses Kriterium ist gemäß § 1030 I 2 ZPO n. F. aber nur noch bei nichtvermögensrechtlichen Ansprüchen relevant.

Das Spruchverfahren hat, wie es § 1030 I ZPO verlangt, vermögensrechtliche Ansprüche zum Gegenstand, da als Kompensation Geld oder Gesellschaftsanteile geschuldet sind. Der Schiedsfähigkeit steht nicht entgegen, daß die Entscheidung im Spruchverfahren Gestaltungswirkung hat und keine individuellen

---

[706] Lediglich *Timm/Schöne*, FS Kropff, 1997, S. 314 ff. haben sich mit der Thematik befaßt, den Schwerpunkt bilden jedoch materiellrechtliche Ausführungen zur Abfindung.

[707] Zu den Vorteilen des Schiedsverfahrens *Schröder* S. 15 ff.

[708] Dazu s.o. § 9 III.

Leistungsansprüche zuspricht[709]. Die Frage nach der Erzielung einer interomnes-Wirkung der im Schiedsverfahren ergehenden Entscheidung[710] ist von der Schiedsfähigkeit von Gestaltungsklagen zu trennen[711].

Allein aus der Tatsache heraus, daß es sich um ein FGG-Verfahren handelt, kann die Schiedsfähigkeit ebenfalls nicht verneint werden. ZPO-Normen können grundsätzlich auf das echte FGG-Streitverfahren analog angewendet werden[712]. FGG-Verfahren werden nur dann als nicht schiedsfähig erachtet, wenn der Fürsorgecharakter des Verfahrens einen Rechtsschutz gerade ein Verfahren vor staatlichen Gerichten erfordert[713] und die Parteien nicht über den Verfahrensgegenstand disponieren können[714]. Letzteres ist bereits deshalb gegeben, weil eine Verfahrenseinleitung nur auf Antrag erfolgt und der Antrag auch wieder zurückgenommen werden kann[715], soweit der gemeinsame Vertreter[716] zustimmt. Ein Fürsorgecharakter fehlt dem echten Streitverfahren grundsätzlich.

Auch der Amtsermittlungsgrundsatz, der den Grund für die Implementierung in das FGG-Verfahren liefert, hindert - ebensowenig wie beim WEG-Verfahren (§§ 43 I WEG, 12 FGG) - die Schiedsfähigkeit des Spruchverfahrens[717]. Wenn den Beteiligten die Antragstellung und Rücknahme freisteht, impliziert dies, daß sie dadurch auf den Vorteil der Amtsermittlung verzichten können.

Ebensowenig verbieten die ausschließlichen Zuständigkeitsbestimmungen der §§ 306 I 1 AktG, 306 I UmwG ein Schiedsverfahren. Für § 246 AktG, der dies

---

[709] So *Habscheid*, RdL 1972, 225, 227 für das ebenfalls auf Gestaltungswirkung gerichtete Verfahren in Landwirtschaftssachen; ihm folgend *Keidel/Kuntze/Winkler/Schmidt*, § 1 Rn. 9; *K. Schmidt*, AG 1995, 551 f.; *BGHZ* 132, 278, 281 f.

[710] Dazu s.u. § 13 IV.

[711] *Ebbing*, NZG 1998, 281, 285; *Henze*, ZGR 1988, 542, 552 f.

[712] Dazu s.o. § 7IV 2 e.

[713] *Schwab/Walter*, Kap. 4 Rn. 4; *Lüke/Blenske*, ZGR 1998, 253, 262; *Brehm*, Rn. 56; *Zöller/Geimer*, § 1030 Rn. 6.

[714] *BGHZ* 6, 248, 253 ff.; *Bork*, ZZP 100, 249, 259; *BayObLGZ* 1973, 1, 2 (für WEG-Sachen); 1978, 294, 298 ff. (für § 116 III HGB-Verfahren); *OLG Koblenz*, NJW-RR 1990, 1374 (für Verfahren nach § 51 a GmbHG); *Habscheid*, FG, § 7 I 2; *Jansen*, vor §§ 3-7 Rn. 42; *Keidel/Kuntze/Winkler/Schmidt*, § 1 Rn. 9.

[715] *Jansen*, vor §§ 8-18 Rn. 57.

[716] Die Bedeutung dieser Institution für das Schiedsverfahren wird unten erörtert.

[717] *Bärmann/Pick/Merle*, vor § 43 Rn. 11.

für die Anfechtungsklage regelt, ist inzwischen anerkannt, daß dort nur festgelegt ist, welches staatliche Gericht zu entscheiden hat, nicht aber ein Ausschluß nichtstaatlicher Gerichte präjudiziert ist[718].

Die objektive Schiedsfähigkeit ist nur insoweit eingeschränkt, als eine Schiedsvereinbarung bestimmte Qualifikationen aufweisen muß. Minderheitsschützende Normen des Spruchverfahrens hindern zwar nicht dessen Anwendung, sind aber in die konkrete Schiedsabrede einzubeziehen. Vor allem betrifft dies die Bestellung eines gemeinsamen Vertreters. Entgegen § 1057 ZPO muß es bei der Kostenregelung der §§ 306 VII 7, 8 AktG, 312 IV UmwG bleiben, wobei ein verständiger Antragsteller bzw. gemeinsamer Vertreter nur einer Schiedsabrede zustimmen wird, die die Kostentragung durch den Antragsgegner beinhaltet.

Die Verpflichtung zur Bekanntmachung des Schiedsspruchs trifft die Antragsgegner analog §§ 306 II, 99 V 3 AktG, 310 UmwG.

II. Subjektive Schiedsfähigkeit

Die Geschäftsfähigkeit als subjektive Voraussetzung des Abschlusses einer Schiedsvereinbarung nach § 1029 ZPO kann im weiteren unerörtert bleiben. Wichtiger ist das sich aus § 1029 I ZPO ergebende Erfordernis der Identität der Parteien der Schiedsvereinbarung mit den über den streitigen Anspruch Dispositionsberechtigten. Deren Kreis richtet sich aber nach der Art der Schiedsvereinbarung und ist daher bei einer satzungsmäßigen oder unternehmensvertraglichen Schiedsklausel sowie bei einer Schiedsabrede getrennt zu ermitteln.

III. Satzungsvereinbarung

Eine satzungsmäßige Schiedsklausel bietet große Vorteile, wenn neu hinzutretende Mitglieder ohne zusätzliche Vereinbarung an sie gebunden sind. Im Hinblick auf Beschlußmängelklagen wird die Zulässigkeit satzungsmäßiger Schiedsklauseln ausführlich thematisiert.

Umstritten ist dabei zunächst, ob die Form des § 1031 V ZPO einzuhalten ist, wenn ein Nichtunternehmer der Gesellschaft beitritt. Aus § 1066 ZPO wird dabei meistens gefolgert, daß dies nicht notwendig sei, da sich bereits verbands-

---

[718] *BGHZ* 132, 278, 281; BT-Drs. 13/5274, S. 35; *Lachmann/König*, Rn. 105; *Bork*, ZHR 160 (1996), 374, 377; *Raeschke-Kessler/Berger*, Rn. 178; GK AktG (4)/*K. Schmidt*, § 246 Rn. 17; *Kornmeier*, S. 19 ff.; *Henze*, ZGR 1988, 542, 550 f.; *Schütze*, Rn. 96; *Lüke/Blenske*, ZGR 1998, 253, 258; *Schröder* S. 134 ff.

rechtlich die Bindung von Gesellschaftern an die Satzung ergebe, was § 1066 ZPO voraussetze[719].

Auch die Bindung der Gesellschaft selbst an die Satzung wird nicht mehr als problematisch erachtet. Bedenken, daß die Gesellschaft selbst bei dem Beschluß über die Satzung als Gründungsakt durch ihre Gesellschafter nicht beteiligt sei und daher nicht gebunden sein könne[720], bestehen heute nicht mehr. Die Gesellschaft ist verbandsrechtlich an ihre Satzung gebunden, weil die Gesellschafter das Recht haben, den Rahmen der Tätigkeit der Gesellschaft in der Satzung zu bestimmen (§ 25 BGB), ohne daß es hierzu noch der Heranziehung schiedsverfahrensrechtlicher Normen bedarf[721].

1. Aktienrechtliches Spruchverfahren

Unabhängig von der Diskussion um die Zulässigkeit satzungsmäßiger Schiedsklauseln in der AG verbleiben grundlegende Bedenken. Im Unterschied zur Anfechtungsklage geht es im Spruchverfahren aufgrund eines Unternehmensvertrages nicht um das Verhältnis der antragstellenden Gesellschafter zu ihrer (abhängigen) Gesellschaft, sondern um Ansprüche gegen eine andere (herrschende) Gesellschaft. Eine Satzung als Verfassung einer Korporation kann keine bindenden Regelungen zwischen Gesellschaftern und Dritten treffen[722]. Die Schiedsklausel ist zwar tauglicher Gegenstand eines Vertrags zugunsten Dritter[723], dennoch ist die teilweise befürwortete Ausdehnungsmöglichkeit der Satzung auf Nichtgesellschafter analog § 328 BGB[724] abzulehnen. Unter der Prämisse, daß

---

[719] *OLG München*, NZG 1999, 780, 781; *BGHZ* 38, 155, 161 ff.; 48, 35, 43 f.; *Lüke/Blenske*, ZGR 1998, 253, 266 (für § 1048 ZPO a. F.); *Ebbing*, NZG 1998, 754; *K. Schmidt*, ZHR 162 (1998), 265, 275 ff.; MK ZPO/*Maier*, § 1048 Rn. 11; a. A. noch *Schwab/Walter*, Kap. 32 Rn. 16; *Stein/Jonas/Schlosser*, § 1048 Rn. 9, 12; mit anderer Begründung, aber gleichem Ergebnis *Schröder*, S. 120 ff., 130.

[720] *Hüffer* in *Geßler/Hefermehl/Eckardt/Kropff*, § 246 Rn. 68.

[721] *BGHZ* 132, 278, 284 f.; *Lüke/Blenske*, ZGR 1998, 253, 266; *Stein/Jonas/Schlosser*, § 1025 Rn. 27 f.; *Lachmann/König*, Rn. 107.

[722] *Flume*, Die juristische Person, S. 327; MK BGB/*Reuter*, § 25 Rn. 18; anderer Ansicht ohne nähere Begründung *BGH*, WM 1980, 1286; *Staudinger/Weick*, BGB, 1995, § 25 Rn. 14; *Schlosser*, Vereins- und Verbandsgerichtsbarkeit, S. 77 ff. nur für den Fall regelmäßiger Rechtsbeziehungen zwischen Verein und Nichtmitglied oder im Falle des § 328; beide Fallgruppen treffen hier aber gerade nicht zu.

[723] MK BGB/*Gottwald*, § 328 Rn. 77; *BGHZ* 48, 35, 45 f.; *BGH*, DB 1980, 873.

[724] *Hüffer*, AktG, § 23 Rn. 7.

der Satzung Normencharakter zukommt[725], verbietet es sich bereits aus systematischen Gründen, Vorschriften des allgemeinen Schuldrechts analog heranzuziehen. Aber auch unter der Annahme der Satzung als Vertrag[726] ist zu berücksichtigen, daß sie die interne Organisation, das Innenrecht einer juristischen Person regelt. Verträge mit Dritten werden durch die Organe vorgenommen, deren Handeln sich innerhalb des durch die Satzung gesteckten Rahmens halten muß. Der Mitgliederversammlung kommt keine Vertretungsmacht hinsichtlich der Körperschaft zu[727]. Als Ausweg böte sich allenfalls eine Bevollmächtigung der Leitungsorgane in der Satzung zum Abschluß eines Schiedsvertrages an. Doch führen die Organe die Satzung für die Gesellschaft aus, nicht für die Gesellschafter selbst. Eine Schiedsklausel, die ein Spruchverfahren ermöglicht, kann daher nicht in die Satzung einer AG aufgenommen werden.

2. *Umwandlungsrechtliches Spruchverfahren*

Bei der Umwandlung stellt sich das Problem der Bindungswirkung zwischen Gesellschaftern und einer anderen Gesellschaft nicht. Im Falle einer Verschmelzung existiert mit Eintragung des Beschlusses die übertragende Gesellschaft nicht mehr. Es handelt sich dann um einen gesellschaftsinternen Streit der aufnehmenden Gesellschaft. Beim Formwechsel bleibt der Rechtsträger ohnehin identisch.

Ob §§ 1030 III ZPO, 23 V AktG eine satzungsmäßige Schiedsklausel bei Umwandlungen unter Beteiligungen einer AG ausschließen, wird im Zusammenhang mit Beschlußmängelklagen kontrovers diskutiert. Dabei werden jedoch lediglich die Verfahrensbestimmungen der Anfechtungsklage, insbesondere die gerichtliche Zuständigkeit nach §§ 23 V, 246 AktG als Begründung dafür herangezogen, daß die Satzung ein Verfahren vor staatlichen Gerichten voraussetzen müsse[728]. Hierfür gelten bereits die gleichen Einwände, die bereits zu § 246 AktG als vermeintlichem Hindernis eines Schiedsverfahrens vorgebracht wurden[729]. Zusätzlich ist die Gleichwertigkeit des staatlichen Rechtsweges mit dem

---

[725] MK BGB/*Reuter*, § 25 Rn. 10.

[726] *BayObLGZ* 1977, 9; *Hadding*, FS Fischer, 1979, S. 166.

[727] MK BGB/*Reuter*, § 25 Rn. 20.

[728] GK AktG (4)/*K. Schmidt*, § 246 Rn. 121; *ders.* AG 1995, 551, 553, nicht ganz eindeutig *BGHZ* 132, 278, 282; dagegen GK AktG (4)/*Röhricht*, § 23 Rn. 76 f.; KK/*Kraft*, § 23 Rn. 82; *Lüke/Blenske*, ZGR 1998, 253, 258.

[729] S. o. § 13 I.

Schiedsverfahren (§ 1055 I ZPO) zu berücksichtigen, so daß § 23 V AktG einer satzungsmäßigen Schiedsklausel nicht entgegensteht[730]. Beim Spruchverfahren ist hingegen im Rahmen des § 23 V AktG vor allem die besondere Einrichtung des gemeinsamen Vertreters zu berücksichtigen. Die betreffenden Vorschriften sind zwingendes Recht. Hier tritt im ansonsten streitigen Spruchverfahren ein Element des Fürsorgecharakters des FGG-Verfahrens zutage, so daß ein staatliches Gericht den Vertreter bestellen muß. Ein Schiedsverfahren ist daher in jedem Fall möglich, wenn alle außenstehenden Aktionäre Antragsteller sind (z.B. bei kleiner Familien-AG), so daß sich die Bestellung eines gemeinsamen Vertreters erübrigt. Aber auch darüber hinaus kann der notwendigen Bestellung eines gemeinsamen Vertreters durch ein staatliches Gericht in der Schiedsklausel Rechnung getragen werden. Das Gericht bestellt bereits nach § 1035 III, V ZPO auf Antrag der Parteien Schiedsrichter. Das staatliche Gericht kann also das Schiedsverfahren unterstützen. Nichts spricht dagegen, den gemeinsamen Vertreter im Spruchverfahren analog § 1035 II, V auf Antrag zu bestimmen. Diese Vorgehensweise kann - und muß - in der Schiedsklausel genannt sein.

IV. Schiedsklausel im Unternehmensvertrag

Da in der Satzung keine Schiedsklausel für Spruchverfahren implementiert werden kann, bietet es sich an, eine solche in den Unternehmensvertrag oder Verschmelzungsvertrag aufzunehmen. Das hätte ähnlich wie eine satzungsmäßige Schiedsklausel den Vorteil, daß nicht mit jedem betroffenen Gesellschafter einzeln eine Schiedsabrede vereinbart werden muß. Letzteres ist - jedenfalls bei Publikumsgesellschaften - organisatorisch kaum durchführbar.

Rechtlich ist dies jedoch nicht möglich. Während das aus dem Vertrag zwischen mehreren Gesellschaften entspringende Recht der Gesellschafter auf Abfindung oder Ausgleich als nach § 328 BGB zugunsten der Betroffenen geltendes Optionsrecht einzustufen ist, stellt eine bindende Schiedsklausel einen unzulässigen Vertrag zu Lasten Dritter dar[731]. Diese Hürde kann auch nicht durch einen Mehrheitsbeschluß beseitigt werden, da dann Rechte der Minderheit entwertet sind. Das Recht auf den staatlichen Rechtsweg hat nach Art. 19 IV GG Verfas-

---

[730] *Stein/Jonas/Schlosser*, § 1025 Rn. 27f.

[731] *Bayer*, WuB II A. § 306 AktG 1.95

sungsrang. Durch Mehrheitsbeschluß kann es nicht beseitigt werden[732] und ein einstimmiger Beschluß wird kaum möglich sein. Nicht zuletzt stünde der Aufnahme einer Schiedsklausel in den Unternehmensvertrag - jedenfalls bei Publikumsgesellschaften - § 1031 V ZPO entgegen.

V. Schiedsabrede nach Einleitung eines staatlichen Gerichtsverfahrens

Im aktienrechtlichen Spruchverfahren verbleibt lediglich die Vereinbarung einer Schiedsabrede nach Einleitung eines Spruchverfahrens. Daran knüpft zwar der gewichtige Nachteil an, daß dann sowohl Gerichts- als auch Schiedsgerichtskosten entstehen. Jedoch werden in der Regel bei Vereinbarung der Schiedsabrede noch keine teuren Sachverständigengutachten in Auftrag gegeben worden sein, so daß sich die Kosten in Grenzen halten. Zudem halbieren sich die Kosten nach §§ 306 VII 4 AktG, 312 II 3 UmwG.

Rechtstechnisch ist der Antrag zurückzunehmen, nachdem in einer außergerichtlichen Einigung eine Schiedsabrede getroffen wurde. Ebenfalls denkbar ist eine übereinstimmende Erledigterklärung. Bietet das Schiedsverfahren auch aus Sicht des gemeinsamen Vertreters Vorteile, so wird er der Rücknahme zustimmen und das Verfahren nicht weiterführen. Es bietet sich deshalb an, den gemeinsamen Vertreter mit in die Einigungsverhandlungen einzubeziehen.

VI. Rechtskrafterstreckung

Das wesentliche Argument der Rechtsprechung gegen die Schiedsfähigkeit der Anfechtungsklage ist die Regelung des § 1055 ZPO, der nur eine inter-partes-Wirkung des Schiedsspruchs ermöglicht. Es sei aus dem Gesetz nicht erkennbar, auf welche Weise Schiedssprüchen entsprechend § 248 I AktG eine inter-omnes-Wirkung zukommen könne[733].

Dabei wird in erster Linie darauf abgestellt, daß das Recht jedes Gesellschafters auf Benennung seines Schiedsrichters einem prozessualen Grundrecht vergleichbar sei[734], welches nicht gewährleistet sei, wenn mehrere Kläger sich einem bereits eingeleiteten Schiedsverfahren anschließen müßten, dessen Schieds-

---

[732] *BGHZ* 132, 278, 282; *Stein/Jonas/Schlosser*, § 1048 Rn. 12. Hiervon ist der Fall einer mehrheitlich beschlossenen satzungsmäßigen Schiedsklausel zu trennen, *OLG München*, NZG 1999, 780, 781.

[733] *BGHZ* 132, 278, 285 ff.

[734] *Schwab/Walter*, Kap. 10 Rn. 10; *Stein/Jonas/Schlosser*, § 1032 Rn. 18c.

richter aber schon ernannt seien[735]. Damit wird auf eine Kongruenz zwischen Benennungsberechtigten der Schiedsrichter und Betroffenen der Rechtskrafterstreckung hingedeutet. Diese ist bei einer Schiedsabrede nach Verfahrensbeginn wegen des - im Anfechtungsprozeß fehlenden - gemeinsamen Vertreters stets gewährleistet. Bis zum Verstreichen der Antragsfrist nach §§ 304 IV 2, 305 IV 4, 320b III 2 AktG, 305 UmwG können noch Anträge vor einem staatlichen Gericht gestellt werden. Alle antragsberechtigten Gesellschafter hatten dann die Möglichkeit, wegen der eigenen Antragstellung den Schiedsrichter zu benennen, was ein Schiedsverfahren unmöglich machen dürfte. Nach Fristablauf wird dieses Recht vom gemeinsamen Vertreter wahrgenommen. Der Ablauf der Anschlußfrist nach §§ 306 III 2 AktG, 307 III 2 UmwG muß dagegen nicht abgewartet werden. Wenn die Anträge aufgrund der außergerichtlichen Einigung unter Zustimmung des gemeinsamen Vertreters zurückgenommen werden, entfällt auch die Grundlage für eine Anschlußmöglichkeit. Alle Antragsteller müssen sich deshalb mit dem ebenfalls bestimmungsberechtigten gemeinsamen Vertreter auf einen Schiedsrichter einigen. Anderenfalls können sie die Antragsrücknahme verweigern.

Bei einer satzungsmäßigen Schiedsklausel - gegen die im Umwandlungsrecht, wie gezeigt, im übrigen keine Bedenken bestehen - besteht diese Kongruenz zwischen Benennungsberechtigten der Schiedsrichter und Betroffenen der Rechtskrafterstreckung grundsätzlich nicht. Sie kann aber verhältnismäßig einfach herbeigeführt werden, indem alle Schiedsrichter analog § 1034 II ZPO vom staatlichen Gericht bestimmt werden; bei dieser Vorgehensweise wird niemandem ein Schiedsrichter aufgezwungen, den ein anderer Beteiligter ausgewählt hat[736].

Sofern die Rechtsprechung bei der Anfechtungsklage darauf hinweist, es fehle eine dem § 248 I ZPO entsprechende Vorschrift in §§ 1025 ff. ZPO[737], so gilt dieser Einwand nicht beim Spruchverfahren. § 1055 ZPO billigt dem Schiedsspruch die Wirkung eines rechtskräftigen Urteils unter den Parteien zu. Auf das Spruchverfahren übertragen, umfaßt die Rechtskraftwirkung die Beteiligten, zu

---

[735] *BGHZ* 132, 278, 288 f.; Bork, ZHR 1996, 374, 380 f.

[736] *Ebbing*, NZG 1998, 281, 286 f.; *Bork*, ZHR 1996, 374, 383; *Timm/Witzorrek*, EWiR 1996, 481; *Schwab/Walter*, § 10 Rn. 10; *Schröder* S. 252.

[737] *BGHZ* 132, 278, 285 ff.

denen - vertreten vom gemeinsamen Vertreter - auch die Nichtantragsteller gehören[738]. Einer ergänzenden Vorschrift bedarf es für das Spruchverfahren nicht.

Ein Zuständigkeitsproblem, das die Rechtsprechung als weiteres Gegenargument aufführt, weil sich die inter-omnes-Wirkung durch die Zuständigkeitskonzentration rechtfertige, die im Schiedsverfahren schwer herbeizuführen sei[739], kann sich nach Ablauf der Antragsfrist nicht mehr ergeben. Bei einer satzungsmäßigen Schiedsklausel läßt es sich dadurch lösen, daß das Gericht die Schiedsrichter ernennt.

VII. Besetzung des Schiedsgerichts

Die herkömmliche Besetzung eines Schiedsgerichts erfolgt gemäß §§ 1034 I 2, 1035 III 2 ZPO dadurch, daß die Parteien je einen Schiedsrichter benennen, die ihren Vorsitzenden wählen. Der Begriff der Parteien ist im Spruchverfahren durch Antragsteller und Antragsgegner zu ersetzen, wobei das Benennungsrecht des gemeinsamen Vertreters zu beachten ist. Das kann zu einer Vielzahl von Schiedsrichtern auf Antragstellerseite führen, denen eine entsprechende Zahl auf der Antragsgegnerseite gegenüberstehen müßte, was zu einer handlungsunfähigen Größe des Schiedsgerichts führen kann. Eine praktisch sinnvolle Lösung stellt die Einigung der Antragsteller auf einen gemeinsamen Schiedsrichter dar. Auch die Benennung durch das staatliche Gericht analog § 1035 II, V ZPO oder durch eine neutrale Stelle bietet sich an, sofern diese nicht bereits beim Vorliegen einer satzungsmäßigen Schiedsklausel ohnehin erforderlich ist. Die für die Beschlußmängelklagen erörterten komplexen Probleme der Mehrparteienschiedsgerichtsbarkeit im Falle einer satzungsmäßigen Schiedsklausel[740] stellen sich bei einer Schiedsabrede nicht; insbesondere besteht kein Einigungszwang auf Schiedsrichter innerhalb der Antragsfrist.

§ 14 Verbesserung des Verfahrensablaufs

Die bisherigen Erörterungen haben gezeigt, daß das Spruchverfahren auch nach mehr als 30 Jahren Ausformung durch Literatur und Rechtsprechung Fragen offen läßt. Nur zum Teil konnten aufgeworfene Probleme - oft erst nach langer

---

[738] S.o. § 6 II 1.

[739] *BGHZ* 132, 278, 287 f.

[740] *Lüke/Blenske*, ZGR 1998, 253, 285 ff.

Zeit - durch den *BGH* im Wege der Vorlage nach § 28 II FGG und das *BVerfG* im Rahmen von Verfassungsbeschwerden geklärt werden. Bevor auf die zukünftigen Perspektiven des Spruchverfahrens innerhalb neuer rechtlicher Erscheinungen wie das Herausdrängen von Minderheitsaktionären außerhalb von Unternehmensverträgen, Eingliederungen oder Umwandlungen (z.B. durch Squeeze-Out) und die Harmonisierung mit europäischen Übernahmerichtlinien(entwürfen) eingegangen wird, wird die übermäßige Dauer von Spruchverfahren als bereits gegenwärtiger Mißstand behandelt.

I. Abhilfemöglichkeiten gegen überlange Verfahrensdauer

Die übermäßig lange Verfahrensdauer eines Zivilverfahrens verstößt gegen Art. 6 I EMRK, ebenso wie gegen Art. 2 I GG i.V.m. dem Rechtsstaatsprinzip, Art. 20 III GG. Eine genaue Definition, wann die Schwelle des Verfassungsverstoßes überschritten ist, gibt es selbstverständlich nicht; vielmehr ist im Einzelfall abzuwägen[741]. Das *BVerfG* steht auf dem Standpunkt, daß die siebenjährige Dauer eines Spruchverfahrens jedenfalls dann noch keine Verletzung des Rechtsstaatsprinzips bedeutet, wenn das Gericht Kontakt zum Sachverständigen hält und nicht selbst für die Verzögerung verantwortlich ist[742]. Dem ist entgegenzuhalten, daß der Rechtssuchende in seinem Recht auf Behandlung der Sache in angemessener Zeit unabhängig davon beeinträchtigt ist, ob das Gericht die Verzögerung zu verantworten hat. Aus der Vergangenheit sind auch mehr als zehn Jahre dauernde Verfahren bekannt[743]. Ursache ist meistens die Dauer der Gutachtenerstellung durch den beauftragten Sachverständigen.

1. Materielles Recht

Die Dauer der Gutachtenerstellung korrespondiert mit den Schwierigkeiten der Unternehmensbewertung nach der Ertragswertmethode. Bei börsennotierten Unternehmen wird hier zukünftig die durch das *BVerfG* vorgezeichnete Berücksichtigung der Börsenkurse[744] für Entlastung sorgen. Sofern die Ertragswertmethode aber weiterhin angewendet werden muß, ergibt sich oft zusätzlich das Problem, daß mehrere Unternehmen bewertet werden müssen, um die Ver-

---

[741] *BVerfG*, NJW 1997, 2811, 2812.

[742] *BVerfG*, NZG 1999, 711, 712.

[743] Das Verfahren *BayObLG*, WM 1996, 25 dauerte z. B. 13 Jahre.

[744] S.o. § 3 III 3.

schmelzungswertrelation zu ermitteln. Bei Verschmelzungen und Eingliederungen wird sich das nicht ändern lassen. Abhilfe schaffen läßt sich aber bei Spruchverfahren aufgrund von Unternehmensverträgen. Hier ist die Verschmelzungswertrelation nur beim variablen Ausgleich und der Abfindung in Aktien zu ermitteln, während fester Ausgleich und Barabfindung lediglich eine Bewertung des abhängigen Unternehmens erfordern. Abgesehen von den Bedenken, die von verfassungsrechtlicher Seite (Art. 14 I GG) gegen den variablen Ausgleich sprechen, nämlich die Möglichkeit des "Aushungerns" der abhängigen Aktionäre durch eine restriktive Thesaurierung in der herrschenden Gesellschaft[745], würde eine ersatzlose Streichung des variablen Ausgleichs auch zu schnelleren Spruchverfahren führen.

2. Verfahrensrecht

Auch in verfahrensrechtlicher Hinsicht ist der hohe Grad der Abhängigkeit von Sachverständigengutachten unbefriedigend, kann aber kaum überwunden werden, soweit nicht der Börsenkurs wertbestimmend ist. Auch die hohen Kosten resultieren in erster Linie aus der Anfertigung von Gutachten. Allenfalls ist an eine vollständige Offenlegung der Bewertungsgutachten mitsamt den zugrundeliegenden Tatsachen zu denken, die für die Vertrags- oder Umwandlungsberichte erstellt wurden, so daß sich evtl. die Anfertigung eines Obergutachtens erübrigen kann[746]. Abhilfe läßt sich auch dadurch schaffen, daß bereits der Unternehmensvertrags- bzw. Verschmelzungsprüfer (§§ 293c, 293d AktG, 10, 11 UmwG) vom Gericht nicht anhand des Vorstandsvorschlags bestellt wird, so daß eine größere Neutralität gewährleistet ist und der Prüfungsbericht nur noch vom Prüfer zu erläutern ist[747].

Es ist die Überlegung geäußert worden, ein Kurz- oder Bagatellverfahren einzuführen, in welchem die Kompensationsleistungen schneller bestimmt werden könnten und bei dem die inter-omnes-Wirkung durch eine inter-partes-Wirkung ersetzt werden könne. Ein solches Vorgehen könne vor allem bei Anteilsbesitz unterhalb eines gewissen Schwellenwertes angemessen sein.[748] Die genaue Ausgestaltung eines abgekürzten Verfahrens bleibt jedoch unklar. Sofern die An-

---

[745] S.o. § 3 I.

[746] *Beyerle*, BB 1978, 784, 786, *ders.*, ZGR 1977, 650, 661.

[747] *Seetzen*, WM 1999, 565, 567; *Bilda*, NZG 2000, 296, 297, 298; *Lutter/Bezzenberger*, AG 2000, 433, 438f.

[748] *Beyerle*, BB 1978, 784, 790 f.; *ders.*, ZGR 1977, 650, 661.

tragsbefugnis an eine bestimmte Anteilsgröße gekoppelt werden soll ist zu berücksichtigen, daß Grundrechte wie Art. 14 I GG, dessen Durchsetzung das Spruchverfahren letztlich dient, keine Bagatellgrenze kennen[749], so daß sich der Begriff des Bagatellverfahrens verbietet. Die inter-omnes-Wirkung muß beibehalten werden, damit nicht eine Vielzahl von Verfahren drohen.

Es bietet sich aber an, eine Experimentierklausel in das AktG bzw. UmwG einzufügen und explizit die Möglichkeit eines Schiedsverfahrens unter Beachtung der oben dargelegten Grundsätze zu bieten. Zwar kann, wie gezeigt, heute bereits in vielen Fällen die Kompensation im Schiedsverfahren bestimmt werden, jedoch sollte zur Klarstellung und Ermutigung eine gesetzliche Regelung erfolgen, die bereits im Zuge der Neuregelung des Schiedsverfahrens hätte erfolgen müssen. Wenn das Verfahren so ausgestaltet wird, daß Rechtsmittel nicht gegeben sind, wenn die Akzeptanz bei den Beteiligten groß ist, die die Schiedsrichter bestimmen konnten und wenn wegen der Sachkunde der Schiedsrichter evtl. ein externer Gutachter entbehrlich ist, kann dies zu einem raschen Festlegen der angemessenen Kompensation führen.

Wenige Vorteile würde hingegen das Abschaffen des gemeinsamen Vertreters bringen, wie es bereits verschiedentlich gefordert wurde[750]. Den einzigen Nachteil stellen dessen anfallende Kosten dar. Dem stehen jedoch unschätzbare Vorteile gegenüber. Seit der Neuregelung der §§ 306 VII 10 AktG, 308 III UmwG ist er der Garant dafür, daß ein "Auskaufen" der Antragsteller vereitelt wird. Dadurch werden die Nichtantragsteller in ihrem Minderheitenschutz erfreulich gestärkt. Um die Kosten gering zu halten, sollte immer dann, wenn eine Aktionärsvereinigung Antragsteller ist, auf den gemeinsamen Vertreter verzichtet werden[751].

Die Kosten eines Spruchverfahrens sind unüberschaubar, auch soweit nicht die Gutachterkosten, sondern nur Gerichtskosten und Anwaltsgebühren in Rede stehen. Völlig unterschiedliche Geschäfts- und Gegenstandswerte prägen das Bild. Zur Vereinheitlichung empfiehlt sich eine gesetzliche Regelung, die die Kosten

---

[749] *BVerfGE* 80, 137, 154 f.

[750] so *Hoffmann-Becking*, ZGR 1990, 482, 500; *App*, BB 1995, 267, 268; Gegen eine Abschaffung auch *Lutter/Bezzenberger*, AG 2000, 433, 441.

[751] S.o. § 6 II 2.

nach dem Grund- bzw. Stammkapital der Untergesellschaft bemißt. Diese könnte durch eine Wertobergrenze ergänzt werden[752].

II. Einfluß neuer gesellschaftsrechtlicher Entwicklungen auf das Spruchverfahren

Das Spruchverfahren erlangt über auch das Umwandlungsrecht und das Recht der Unternehmensverträge hinaus wachsende Bedeutung.

In jüngster Zeit sind Vorschläge einer gesetzlichen Regelung des Aktienerwerbs durch den Hauptaktionär außerhalb einer Vermögensübertragung, Eingliederung oder Umwandlung gemacht worden ("Squeeze-Out"). Damit soll es dem Mehrheitsaktionär, der mehr als 90% oder 95% der Aktien hält[753], ermöglicht werden, die Gesellschaft zu 100% erwerben, ohne die Nachteile eines Vermögensübertragungs-, eines Eingliederungs- oder Umwandlungsbeschlusses zu erreichen.

Als Nachteile werden vor allem die Anfechtbarkeit der Beschlüsse durch evtl. mißbräuchlich handelnde Kleinaktionäre, aber auch die fehlende Möglichkeit einer grenzüberschreitenden Eingliederung oder Umwandlung angesehen sowie der weiterbestehende Einfluß der Aktionäre in der Haupt- bzw. übernehmenden Gesellschaft, soweit nicht in bar abgefunden werden kann.[754] In diesen Entwürfen wird regelmäßig das Spruchverfahren zur Ermittlung des angemessenen Erwerbspreises in Bezug genommen.

So wird z.B. in § 327f II 2 des Übernahmegesetz-Entwurfs[755] hinsichtlich des Hinausdrängens von höchstens 5% Minderheitsaktionären auf § 306 AktG verwiesen, soweit die herausgedrängten Aktionäre mit der angebotenen Abfindung unzufrieden sind.

Für die materiellrechtliche Frage nach der Höhe des angemessenen Erwerbspreises finden sich genau die Ansätze wieder, mit denen sich auch das *BVerfG* in

---

[752] Für eine Wertobergrenze, aber ohne einen Vorschlag, wie sich denn der dieser Grenze unterliegende Wert bemessen werden soll *Lutter/Bezzenberger*, AG 2000, 433, 443.

[753] *Handelsrechtsausschuß des Deutschen Anwaltvereins*, WM 1999, 1536; *Kossmann*, NZG 1999, 1198, 1202; *Than*, FS Claussen, 405, 422; *Hopt*, ZGR 1998, 672, 737.

[754] *Handelsrechtsausschuß des Deutschen Anwaltvereins*, WM 1999, 1536, 1537; *Kossmann*, NZG 1999, 1198, 1199 f.; *Than*, FS Claussen, S. 405, 421;

[755] Entwurf eines Gesetzes zur Regelung von Unternehmensübernahmen, abgedruckt in NZG 2000, 844 ff.

seiner bahnbrechenden Entscheidung[756] auseinandergesetzt hat. Die *Börsensachverständigenkommission* möchte wegen der geringen Zahl von im Streubesitz verbliebenen Aktien an der rein sachverständigengestützten Unternehmensbewertung festhalten[757], während zu Recht dagegen angeführt wird, daß allein der bereits gezahlte Paketpreis dem wahren Wert entspreche und anderenfalls ein langwieriges Spruchverfahren bevorstehe[758].

Auch in der Diskussion zu einer europäischen Übernahmerichtlinie sowie zum freiwilligen Übernahmekodex wird entweder auf den höchsten Börsenkurs der letzten 6 Monate[759] oder den während der letzten 12 Monate gezahlten Paketpreis[760] abgestellt. § 16 des Übernahmegesetz-Entwurfs[761] nimmt den Paketpreis in Bezug, wenn in 6 Monaten vor Veröffentlichung des Übernahmeangebots mehr als 5% der Aktien erworben wurden (§ 16 II), ansonsten einen um 15% ermäßigten Paketpreis (§ 16 III 3), mindestens aber den gewichteten Durchschnittskurs der letzten sechs Monate (§ 16 III 1).

Desweiteren wird neuerdings vorgeschlagen, im Rahmen eines Barabfindungsangebots beim Delisting, dem Rückzug einer börsennotierten AG von der Börse, zur Ermittlung eines angemessenen Kaufpreises auf das Spruchverfahren zurückzugreifen[762].

Sollten sich diese Regelungen durchsetzen, müssen die Diskrepanzen zum Spruchverfahren bei Unternehmensverträgen, Eingliederungen und Umwandlungen beseitigt werden. Voraussetzung dafür ist eine Offenlegung der gezahlten Paketpreise. Die Entscheidungsfindung im Spruchverfahren dürfte dann wesentlich erleichtert werden.

---

[756] S.o. § 3 III 3.

[757] *Börsensachverständigenkommission*, Standpunkte S. 27.

[758] *Kossmann*, NZG 1999, 1198, 1202; *Handelsrechtsausschuß des Deutschen Anwaltvereins*, WM 1999, 1536, 1538.

[759] *Börsensachverständigenkommission*, Standpunkte S. 16, 19.

[760] *Börsensachverständigenkommission*, Standpunkte S. 16, 19; *Baums*, ZIP 1997, 1310, 1311.

[761] Entwurf eines Gesetzes zur Regelung von Unternehmensübernahmen, abgedruckt in NZG 2000, 844 ff.

[762] *Zetzsche*, NZG 2000, 1065, 1070.

§ 15 Zusammenfassung

1. Die Berechnung einer Abfindung im Spruchverfahren ist regelmäßig nach dem Durchschnittsbörsenkurs der letzten 6 Monate vor der Bekanntgabe der Absicht, einen Unternehmensvertrag abzuschließen bzw. eine Eingliederung oder eine Verschmelzung durchzuführen, vorzunehmen. Nur außergewöhnliche Umstände oder eine fehlende Börsennotierung lassen eine Abkehr hiervon zu. Von Paketzuschlägen müssen alle Anleger profitieren.
2. Gegenstand des Spruchverfahrens können nur Abfindungs- und Ausgleichsansprüche bei einem Unternehmensvertrag mit einer AG als abhängiger Gesellschaft, Umtauschverhältnisse, Zuzahlungen oder Abfindungen bei Verschmelzung oder Formwechseln sowie die Gegenleistung bei bestimmten Formwechseln sein. Das Spruchverfahren ist weder auf Vermögensübertragungen oder Teilgewinnabführungsverträge, noch auf das GmbH-Konzernrecht übertragbar.
3. Antragsteller sind die außenstehenden Anteilsinhaber. Antragsgegner ist nicht das abhängige, sondern nur das herrschende, bei Umwandlungen stets das neue oder aufnehmende Unternehmen.
4. Die nicht antragstellenden Anteilsinhaber sind nicht formell, aber materiell Beteiligte. Sie werden vom gemeinsamen Vertreter repräsentiert. Der gemeinsame Vertreter gewährt deren rechtliches Gehör sowie ein faires Verfahren und verhindert mißbräuchliche Anträge mit dem Ziel des Auskaufenlassens. Zu außergerichtlichen Vergleichen ist seine Zustimmung erforderlich. Seine Bestellung kann unterbleiben, wenn eine gemeinnützige Aktionärsvereinigung Antragstellerin ist. Er kann sich mit der Beschwerde gegen seine Abberufung wehren. Er hat die Stellung eines Prozeßvertreters und haftet ggf. nach §§ 1915, 1833 BGB analog.
5. Die deutschen Gerichte bleiben in Übereinstimmung mit dem EuGVÜ auch bei grenzüberschreitenden Unternehmensverträgen mit einem ausländischen herrschenden Unternehmen zuständig.
6. Antragsberechtigt ist im Falle von Unternehmensverträgen jeder außenstehende, bei Umwandlungen jeder Anteilsinhaber. Darunter ist jeder zu verstehen, der nicht selbst mit dem anderen Vertragsteil durch einen Unternehmensvertrag verbunden ist oder in den er eingegliedert ist bzw. der in ihn eingegliedert ist. Die Antragsberechtigung richtet sich nach der Inhaberschaft materiellrechtlicher Kompensationsansprüche und kann deshalb durch Anteilserwerb oder Abtretung erworben werden. Es gilt § 265 ZPO.

7. Die zweimonatige Antragsfrist ist eine materiellrechtliche Frist, während die Frist für Folgeanträge eine prozessuale Frist ist. Dementsprechend kann eine Wiedereinsetzung nur bei der letzteren erfolgen.

8. Der Konflikt zwischen Auskunftsbegehren der Antragsteller bzw. des gemeinsamen Vertreters und der Geheimhaltungsinteressen des Antragsgegners ist in der Weise zu lösen, daß umfassende Auskünfte zu erteilen sind, deren Preisgabe jedoch durch Ausschluß der Öffentlichkeit vom Verfahren und damit verbundene Strafbewehrung verhindert werden kann.

9. Das Spruchverfahren endet durch gerichtliche Entscheidung, Antragsrücknahme oder übereinstimmende Erledigungserklärung. Ein gerichtlicher Vergleich ist nicht möglich, ebensowenig bedarf es des Rechtsinstituts der einseitigen Erledigungserklärung. Ein Spruchverfahren endet nicht allein deshalb, weil der Unternehmensvertrag endet. Damit ist nicht notwendig der Verlust von Kompensationsansprüchen verbunden.

10. Der Geschäftswert für die Gerichtskosten ist entsprechend der Höhe von 10% des Grundkapitals der Antragsberechtigten festzusetzen.

11. Der Gegenstandswert für die anwaltliche Vergütung berechnet sich nur nach dem Anteilsbesitz des streitenden Anteilsinhabers, nicht aber nach dem Interesse aller Anteilsinhaber. Im Zweifel ist nicht die Gesamtzahl der Anteile der Antragsberechtigten nach Kopfteilen aufzuteilen, sondern der Besitz nur eines Anteils der Berechnung zugrundezulegen, da keine Offenbarungspflicht besteht.

12. Dem gemeinsamen Vertreter ist eine den Rechtsanwaltsgebühren entsprechende Vergütung zu gewähren.

13. Den Beteiligten steht das Recht zur sofortigen Beschwerde zu. Auch der gemeinsame Vertreter ist beschwerdebefugt, weil die von ihm Vertretenen materiell beschwert sind und es einer formellen Beschwer nicht bedarf.

14. Auch Anteilsinhaber, die bereits eine Abfindung erhalten haben, sind von der rechtskräftigen Entscheidung über eine Verbesserung der Kompensation umfaßt. Eine wegen einer Kapitalmaßnahme notwendige Anpassung von Kompensationsleistungen nach einem Unternehmensvertrag ist im Rahmen eines Spruchverfahrens durchzusetzen. Mehrere Spruchverfahren über einen ähnlichen Gegenstand sind - soweit wegen der örtlichen Zuständigkeit möglich - zusammenzuführen.

15. Das Spruchverfahren ist objektiv schiedsfähig. Satzungsmäßige Schiedsklauseln sind nur hinsichtlich von Verschmelzungen möglich, nicht aber für

Spruchverfahren aufgrund von Unternehmensverträgen. Schwierigkeiten wegen der auch im Schiedsverfahren herzustellenden inter-omnes-Wirkung stellen sich wegen des gemeinsamen Vertreters nicht, durch den die Nichtantragsteller an der Auswahl der Schiedsrichter beteiligt werden. Eine Schiedsabrede, verbunden mit einer Rücknahme in einem außergerichtlichen Vergleich, ist stets möglich.

16. Das Spruchverfahren kann beschleunigt werden, indem der variable Ausgleich als Kompensation abgeschafft wird. Eine überzeugende Ausgestaltung eines Bagatell- oder Kurzverfahrens ist nicht denkbar, da Art. 14 GG keine Bagatellgrenze kennt.

17. Nach einem noch zu erlassenden Übernahmegesetz mit einer gesetzlichen Sanktionierung des "squeeze-out" von Minderheitsaktionären sind die diesbezüglichen Regelungen mit denen des Spruchverfahrens zu harmonisieren. Weil in diesen Regelungen Börsenkurse und evtl. Paketzuschläge maßgebend sind, wird eine Harmonisierung zur geringeren Dauer aktienrechtlicher Spruchverfahren führen, da die Zahl der benötigten Ertragswertgutachten abnimmt.

Literaturverzeichnis

Acher, Franz J. — Vertragskonzern und Insolvenz, Köln 1987

Aerssen, Rick van — Die Antragsbefugnis im Spruchstellenverfahren des Aktiengesetzes und im Spruchverfahren des Umwandlungsgesetzes
AG 1999, 249

Aha, Christof — Aktuelle Aspekte der Unternehmensbewertung im Spruchstellenverfahren - Zugleich Anmerkungen zu der Paulaner-Entscheidung des BayObLG
AG 1997, 26

Ammon, Ludwig — Rechtsprechungsübersicht zum aktienrechtlichen Spruchstellenverfahren
FGPrax 1998, 121

App, Michael — Das Spruchstellenverfahren bei der Abfindung von Gesellschaftern nach einer Umwandlung - Ein Überblick
BB 1995, 267

Bachelin, Herwig — Der konzernrechtliche Minderheitenschutz, Köln 1969

Bärmann, Johannes — "Echtes Streitverfahren" in der freiwilligen Gerichtsbarkeit
AcP 154 (1954), 373

Bärmann, Johannes — Freiwillige Gerichtsbarkeit und Notarrecht, Berlin 1968, zitiert: FG

Bärmann, Johannes *Pick, Eckhart* *Merle, Werner*	Wohnungseigentumsgesetz, 8. Aufl., München 2000
Baumbach, Adolf *Hueck, Alfred*	GmbH-Gesetz, 16. Aufl., München 1996
Baumbach, Adolf *Lauterbach, Wolfgang* *Albers, Jan* *Hartmann, Peter*	Zivilprozeßordnung, 58. Aufl., München 2000
Baumbach, Adolf *Hefermehl, Wolfgang*	Wettbewerbsrecht, 21. Aufl., München 1999
Baumbach, Adolf *Hopt, Klaus J.*	Handelsgesetzbuch, 29. Aufl., München 1995
Baumgärtel, Gottfried	Neue Tendenzen der Prozeßhandlungslehre ZZP 1974, 121
Baums, Theodor	Vorschlag eines Gesetzes zu öffentlichen Übernahmeangeboten, ZIP 1997, 1310
Bayer, Walter	Informationsrechte bei der Verschmelzung von Aktiengesellschaften, AG 1988, 323
Bayer, Walter	Herrschaftsveränderungen im Vertragskonzern - Besprechung der Entscheidung BGHZ 119, 1 ZGR 1993, 599
Bayer, Walter	Anmerkung zum Beschluß des OLG Düsseldorf, WM 1995, 295 WuB II A § 306 AktG 1.95

Bayer, Wilhelm | Mehrstufige Unternehmensverträge, in: Beiträge zum Zivil- und Wirtschaftsrecht - Festschrift für Kurt Ballerstedt zum 70. Geburtstag, 1975, S. 157

Behnke, Thorsten | Anmerkung zu BVerfG, NZG 1999, 931
NZG 1999, 934

Behnke, Thorsten | Anmerkung zu LG Dortmund, NZG 1999, 1175
NZG 1999, 1175

Bernstein, Herbert
Koch, Harald | Internationaler Konzern und deutsche Mitbestimmung
ZHR 143 (1979), 522

Beyerle, Konrad | Zur Klagebefugnis eines Aktionärs bei Übertragung der Aktien auf Dritte
DB 1982, 837

Beyerle, Konrad | Der Konkurs der Antragsgegner während des aktienrechtlichen Spruchstellenverfahrens - Zugleich eine Besprechung des Beschlusses des Bayerischen Obersten Landgerichts vom 18. Juli 1978 - BReg 3 Z 148/76 -
AG 1979, 306

Beyerle, Konrad | Notwendige Änderungen im Verfahren der Freiwilligen Gerichtsbarkeit nach § 306 AktG
BB 1978, 784

Beyerle, Konrad | Erfahrungen mit dem Spruchstellenverfahren nach § 306 AktG - Übersicht über ausgewählte abgeschlossene und laufende Verfahren
ZGR 1977, 650

Bilda, Klaus	Zur Dauer der Spruchstellenverfahren NZG 2000, 296
Böcking, Hans-Joachim.	Das Verbundberücksichtigungsprinzip als Grundsatz ordnungsmäßiger Unternehmensbewertung in: Bilanzrecht und Kapitalmarkt - Festschrift zum 65. Geburtstag von Adolf Moxter, Düsseldorf, 1994, S. 1407
Bodewig, Thomas	Abfindungsergänzungsanspruch bereits abgefundener Aktionäre aufgrund einer Gerichtsentscheidung nach § 305 Abs 5 Satz 2 AktG BB 1978, 1695
Bodewig, Thomas	Zur Sicherung der Minderheitsrechte außenstehender Aktionäre durch die Vorschriften der §§ 304, 305, 306 Aktiengesetz, Diss. Bonn 1974, zitiert: Minderheitsrechte
Boëtius, Jan	Großaktionäre als außenstehende Aktionäre DB 1972, 1220
Bork, Reinhard	Der Begriff der objektiven Schiedsfähigkeit (§ 1025 Abs 1 ZPO) ZZP 100 (1987), 249
Bork, Reinhard	Zur Schiedsfähigkeit von Beschlußmängelstreitigkeiten ZHR 160 (1996), 374
Bork, Reinhard	Zuständigkeitsprobleme im Spruchverfahren ZIP 1998, 550

Börsensachverständigen-kommission	Standpunkte der Börsensachverständigenkommission zur künftigen Regelung von Unternehmensübernahmen vom 2.2.1999 http://www.kodex.de
Bötticher, Eduard	Besinnung auf das Gestaltungsrecht und das Gestaltungsklagerecht, in: Vom Deutschen zum Europäischen Recht - Festschrift für Hans Dölle, Tübingen 1963, Bd. I, S. 41
Boujong, Karlheinz	Rechtsmißbräuchliche Anfechtungsklagen vor dem Bundesgerichtshof - Eine Zwischenbilanz, in: Festschrift für Alfred Kellermann zum 70. Geburtstag, Berlin 1991, S. 1
Brauksiepe, Jochen	"Der außenstehende Aktionär" bei Beherrschungs- und Gewinnabführungsverträgen BB 1966, 144
Brehm, Wolfgang	Freiwillige Gerichtsbarkeit, 2. Aufl., Stuttgart 1993
Bumiller, Ursula *Winkler, Karl*	Freiwillige Gerichtsbarkeit, 6. Aufl., München 1995
Bungert, Hartwin	Unternehmensvertragsbericht und Unternehmensvertragsprüfung gemäß §§ 293a ff. AktG (Teil II) DB 1995, 1449
Bungert, Hartwin	Ausgliederung durch Einzelrechtsübertragung und analoge Anwendung des Umwandlungsgesetzes NZG 1998, 367
Busse von Colbe, Walther	Berücksichtigung von Synergien versus Stand-alone-Prinzip bei der Unternehmensbewertung ZGR 1994, 595

Cahn, Andreas	Grenzen des Markt- und Anlegerschutzes durch das WpHG ZHR 162 (1998), 1
Däubler, Wolfgang	Fehlerhafte Gesellschafterbeschlüsse bei der GmbH im Lichte des neuen Aktienrechts GmbHR 1968, 4
Dehmer, Hans	Umwandlungsgesetz - Umwandlungssteuergesetz, 2. Aufl., München 1996
Demharter, Johann	Anmerkung zu OLG Düsseldorf, AG 1993, 39 EWiR 1992, 631
Diekgräf, Robert	Sonderzahlungen an opponierende Kleinaktionäre im Rahmen von Anfechtungs- und Spruchstellenverfahren, Heidelberg 1990
Dörfler, Wolfgang *Gahler, Wolfgang* *Unterstraßer, Stefan* *Wirichs, Robert*	Probleme bei der Wertermittlung von Abfindungsangeboten BB 1994, 156
Dreher, Meinrad *Neumann, Kerstin*	Anmerkung zu OLG Stuttgart, DB 1997, 266 EWiR 1997, 197
Duden, Konrad	Zur Mitbestimmung in Konzernverhältnissen nach dem Mitbestimmungsgesetz ZHR 141 (1977), 145
Ebbing, Frank	Schiedsvereinbarungen in Gesellschaftsverträgen NZG 1998, 281

Ebenroth, Carsten-Thomas Anmerkung zu OLG Frankfurt, AG 1989, 444 EWiR 1989, 1055

Ebenroth, Carsten-Thomas Das Auskunftsrecht des Aktionärs und seine Durchsetzung im Prozeß, Bielefeld 1970, zitiert: Auskunftsrecht

Emmerich, Volker *Sonnenschein, Jürgen* Konzernrecht, 6. Aufl., München 1997

Emmerich, Volker *Habersack, Mathias* Aktienkonzernrecht, München 1998

Exner, Werner Beherrschungsvertrag und Vertragsfreiheit, Frankfurt 1984

Falkenhausen, Kurt Frhr. von Das Verfahren der freiwilligen Gerichtsbarkeit im Aktienrecht AG 1967, 309

Fleischer, Holger Die Barabfindung außenstehender Aktionäre nach den §§ 305 und 320b AktG - Stand-alone-Prinzip oder Verbundberücksichtigungsprinzip? ZGR 1997, 368

Flume, Werner Allgemeiner Teil des Bürgerlichen Rechts, Bd 1. Teil 2, Die juristische Person, Berlin 1983

Forst, Holger Zur Bemessung der Sicherung außenstehender Aktionäre gemäß §§ 304, 305 AktG unter besonderer Berücksichtigung von Reinvestitionsrate und angemessener Abschreibung AG 1994, 321

Forster, Karl-H.	Zur angemessenen Barabfindung (§ 305 AktG), in: Festschrift für Carsten P. Claussen, Köln 1997, S. 91
Geimer, Reinhold *Schütze, Rolf*	Europäisches Zivilverfahrensrecht, München 1997
Geimer, Reinhold	Das Fehlen eines Gerichtsstandes der Mitgliedschaft als gravierender Mangel im Kompetenzsystem der Brüsseler und der Luganer Konvention, in: Festschrift für Helmut Schippel zum 65. Geburtstag, München 1996, S. 869
Gerold, Wilhelm *Schmidt, Herbert* *von Eicken, Kurt* *Madert, Wolfgang*	Bundesgebührenordnung für Rechtsanwälte, 14. Aufl., München 1999
Geßler, Ernst	Zur Stellung des gemeinsamen Vertreters im Verfahren nach §§ 304 ff. AktG, 30 ff. UmwG BB 1975, 289
Geßler, Ernst *Hefermehl, Wolfgang* *Eckardt, Ulrich* *Kropff, Bruno*	Aktiengesetz, München 1973 ff.
Godin, Hans von *Wilhelmi, Hans*	Aktiengesetz, 4. Aufl., Berlin 1971
Götz, Hans N.	Entschädigung von Aktionären abseits der Kapitalmarktbewertung? - Unkonventionelles zur konventionellen Behandlung von deutschen Aktionären in Spruchstellenverfahren DB 1996, 259

Goutier, Klaus
Knopf, Rüdiger
Tulloch, Anthony
Kommentar zum Umwandlungsrecht, Heidelberg 1996

Grauer, Wolfram
Konzernbildungskontrolle im GmbH-Recht, Konstanz 1991

Großfeld, Bernhard
Unternehmens- und Anteilsbewertung im Gesellschaftsrecht - zur Barabfindung ausscheidender Gesellschafter, 3. Aufl., Köln 1994

Großkommentar zum AktG
hrsg. von Carl Barz, 3. Aufl., Berlin 1970 ff.
hrsg. von Klaus Hopt, 4. Aufl., Berlin 1992 ff.
zitiert: GK AktG (Aufl.)/Bearbeiter

Haase, Karsten
Das Recht des aktienrechtlichen Abfindungsergänzungsanspruchs als notwendiger Bestandteil der §§ 305, 306 AktG, AG 1995, 7

Habscheid, Walther J.
Schiedsgerichtsverfahren in Landwirtschaftssachen RdL 1972, 225

Habscheid, Walther J.
Freiwillige Gerichtsbarkeit, 7. Aufl., München 1983, zitiert: FG

Hachenburg, Max
Gesetz betreffend die Gesellschaften mit beschränkter Haftung (GmbHG), hrsg. von Peter Ulmer,
7. Aufl., Berlin 1975 ff.
8. Aufl., Berlin 1992 ff. (Zitate ohne Auflagenangabe beziehen sich auf die 8. Aufl.)

Hadding, Walter — Korporationsrechtliche oder rechtsgeschäftliche Grundlagen des Vereinsrechts
Festschrift für Robert Fischer, Berlin 1979, 165

Handelsrechtsausschuß des Deutschen Anwaltvereins — Vorschläge des Handelsrechtsausschusses des Deutschen Anwaltvereins e.V. zur Änderung des UmwG
NZG 2000, 802

Handelsrechtsausschuß des Deutschen Anwaltvereins — Vorschlag des Handelsrechtsausschusses des Deutschen Anwaltvereins e.V. zur Ergänzung des Aktiengesetzes durch einen Titel "Aktienerwerb durch den Hauptaktionär"
WM 1999, 1536

Happ, Wilhelm
Pfeifer, Axel — Der Streitwert gesellschaftsrechtlicher Klagen und Gerichtsverfahren
ZGR 1991, 103

Hartmann, Peter — Kostengesetze, 28. Aufl., München 1999

Hecker, Renate
Wenger, Ekkehard — Der Schutz von Minderheiten im Vertragskonzern - Ein Betriebsunfall des Aktienrechts -
ZBB 1995, 321

Heckschen, Heribert — Gelöste und ungelöste zivilrechtliche Fragen des GmbH-Konzernrechts
DB 1989, 29

Henckel, Wolfram — Parteilehre und Streitgegenstand im Zivilprozeß, Heidelberg 1961

Henn, Günter — Erhebung der Anfechtungsklage vor dem unzuständigen Gericht
AG 1989, 230

Henze, Hartwig — Die Schiedsfähigkeit von Gesellschafterbeschlüssen im GmbH-Recht
ZGR 1988, 542

Henze, Hartwig — Minderheitenschutz durch materielle Kontrolle der Beschlüsse über die Zustimmung nach § 179a AktG und die Änderung des Unternehmensgegenstandes der Aktiengesellschaft?, in:
Verantwortung und Gestaltung. Festschrift für Karlheinz Boujong zum 65. Geburtstag, München 1996, S. 233

Heuer, Carl-Heinz. — Die rechtsmißbräuchliche Erhebung der aktienrechtlichen Anfechtungsklage beim örtlich unzuständigen Gericht
AG 1989, 234

Hirte, Heribert — Die Nichtbestellung von Sonderprüfern im Feldmühle-Verfahren
ZIP 1988, 953

Hirte, Heribert — Mißbrauch aktienrechtlicher Anfechtungsklagen - Vom Querulieren und seinen Grenzen
BB 1988, 1469

Hirte, Heribert
Schaal, Christoph — Anmerkung zu BayObLG, AG 1996, 183
EWiR 1996, 291

Hoffmann-Becking, Michael — Das neue Verschmelzungsrecht in der Praxis, in:
Festschrift für Hans-Joachim Fleck zum 70. Geburtstag, Berlin 1988, S. 105

Hoffmann-Becking, Michael — Der materielle Gesellschafterschutz - Abfindung und Spruchverfahren
ZGR 1990, 482

Hohner, Georg — Beherrschungsvertrag und Verschmelzung DB 1973, 1487

Hommelhoff, Peter — Der Beitritt zum Beherrschungsvertrag und seine Auswirkungen auf die Sicherung außenstehender Aktionäre, Festschrift für Carsten P. Claussen, Köln 1997, S. 129

Hommelhoff, Peter
Witte, Andreas — Anmerkung zu BayObLG, BReg 3 Z 36/91 vom 14.10.1991
EWiR 1992, 5

Hüchting, Hans-Jochen. — Abfindung und Ausgleich im aktienrechtlichen Beherrschungsvertrag, Köln 1972

Hueck, Alfred — Gestaltungsklagen im Recht der Handelsgesellschaften, in:
Recht im Wandel - Festschrift 150 Jahre Carl Heymanns Verlag, Köln 1965, S. 287

Hüffer, Uwe — Zur gesellschaftsrechtlichen Treupflicht als richterrechtlicher Generalklausel, in:
Festschrift für Ernst Steindorff zum 70. Geburtstag, Berlin 1990, S. 64

Hüffer, Uwe — Aktiengesetz, 4. Aufl., München 1999

Hügel, Hanns — Verschmelzung und Einbringung: Unternehmensübertragung auf verbandsrechtlicher Grundlage im österreichischen und deutschen Gesellschafts-, Bilanz- und Ertragsteuerrecht der Kapitalgesellschaften, Wien 1993

Jänsch, Anja — Prozessuale Auswirkungen der Übertragung der Mitgliedschaft, Hamburg 1996

Jansen, Paul	FGG, Bd. 1, 2. Aufl., Berlin 1969
Kahl, Irmgard	Beschwerdeberechtigung und Beschwer in der freiwilligen Gerichtsbarkeit, Würzburg 1981
Kallmeyer, Harald	Umwandlungsgesetz, Köln 1997
Keidel, Theodor *Kuntze, Joachim* *Winkler, Karl*	Freiwillige Gerichtsbarkeit, 14. Aufl., München 1999
Kindl, Johann	Erledigung des aktienrechtlichen Spruchstellenverfahrens durch Kündigung des Unternehmensvertrages? WiB 1997, 77
Kirchheim, Christian	Probleme im Rahmen der Abfindung des Minderheitenaktionärs beim Gewinnabführungs- und Beherrschungsvertrag, Diss. Münster 1994
Kissel, Otto	Gerichtsverfassungsgesetz, 2. Aufl., München 1994
Kley, Karl-Ludwig	Die Rechtsstellung der außenstehenden Aktionäre bei der vorzeitigen Beendigung von Unternehmensverträgen, München 1986
Kley, Max-Dietrich *Lehmann, Michael*	Zur Stellung des gemeinsamen Vertreters im Verfahren nach §§ 304 ff. AktG, 30 ff. UmwG BB 1973, 1096
Koerfer, Rolf *Selzner, Harald*	Minderheitenschutz beim Abschluß von GmbH-Beherrschungsverträgen GmbHR 1997, 285

Kölner Kommentar zum Aktiengesetz hrsg. von Wolfgang Zöllner, 1. Aufl., Köln 1970 ff., 2. Aufl., Köln 1987 ff., zitiert: KK/Bearbeiter; sofern nicht anders angegeben, ist die 2. Aufl. zitiert.

Konzen, Horst Arbeitnehmerschutz im Konzern RdA 1984, 65

Kopp, Ferdinand Schenke, Wolf-Rüdiger Verwaltungsgerichtsordnung, 11. Aufl., München 1998.

Kornmeier, Udo Vergleichsbefugnis und Schiedsfähigkeit - dargest. am Beispiel GmbH-rechtlicher Nichtigkeits- und Anfechtungsklagen, Göttingen 1982

Kort, Michael Bestandsschutz fehlerhafter Strukturänderungen im Kapitalgesellschaftsrecht, München 1998

Kort, Michael Der Abschluß von Beherrschungs- und Gewinnabführungsverträgen im GmbH-Recht - Übergang vom faktischen zum Vertragskonzern, Köln 1986, zitiert: Beherrschungsvertrag

Kort, Michael Ausgleichs- und Abfindungsrechte (§§ 304, 305 AktG) beim Beitritt eines herrschenden Unternehmens zu einem Beherrschungsvertrag ZGR 1999, 402

Kort, Michael Unternehmensbewertung im Spannungsfeld zwischen betriebswirtschaftlicher Unternehmenswertermittlung, Marktpreisabgeltung und Rechtsprechung BB-Beil. 19/1992, S. 7

Kossmann, Alfred	Ausschluß ("Freeze-out") von Aktionären gegen Barabfindung NZG 1999, 1198
Kowalski, Andre	Anmerkung zu OLG Zweibrücken, AG 1997, 182 EWiR 1997, 147
Krieger, Gerd	Spruchverfahren (§§ 305-312 UmwG), in: Marcus Lutter, Verschmelzung - Spaltung - Formwechsel nach neuem Umwandlungsrecht und Umwandlungsteuerrecht, Köln 1995, S. 275, zitiert: Krieger, Spruchverfahren
Krieger, Gerd	Der Konzern in Fusion und Umwandlung ZGR 1990, 517
Kropff, Bruno	Festsetzung höherer Ausgleichszahlungen oder einer höheren Abfindung durch das Gericht Wertpapier 1969, 3
Kropholler, Jan	Europäisches Zivilprozeßrecht, 6. Aufl., Heidelberg 1998
Lachmann, Jens-Peter *König, Wolfgang*	Handbuch für die Schiedsgerichtspraxis, Köln 1998
Larenz, Karl	Methodenlehre der Rechtswissenschaft, 2. Aufl., Berlin 1992
Lehmann, Jürgen	Mißbrauch des Auskunfts-, Frage- und Rederechts im Anfechtungs- sowie im Spruchstellenverfahren - Praktische Fälle und Erfahrungen, in: Timm, Wolfram, Mißbräuchliches Aktionärsverhalten, Köln 1990, S. 51

Leinekugel, Rolf
Lutter, Marcus
Planmäßige Unterschiede im umwandlungsrechtlichen Minderheitenschutz? - Eine Besprechung des Beschlusses des Bayerischen Obersten Landesgerichts vom 17. September 1998, ZIP 1998, 2002 - Magna Media
ZIP 1999, 261

Leipziger Kommentar zum StGB
hrsg. von Hans-Heinrich-Jescheck, 10. Aufl., Berlin 1975 ff.

Lentfer, Dirk
Die Vergütung der gemeinsamen Vertreter gemäß § 306 Abs 4 AktG
DB 1998, 655

Lindacher, Walter
Verfahrensgrundsätze in der freiwilligen Gerichtsbarkeit
JuS 1978, 577

Lindacher, Walter
Zur Antragsrücknahme im Verfahren der freiwilligen Gerichtsbarkeit
Rpfl 1965, 41

Lüke, Wolfgang
Blenske, Holger
Die Schiedsfähigkeit von Beschlußmängelstreitigkeiten - Möglichkeiten und Grenzen der Rechtsgestaltung
ZGR 1998, 253

Lutter, Marcus
Hommelhoff, Peter
GmbH-Gesetz, 15. Aufl., Köln 2000

Lutter, Marcus
Drygala Tim
Wie fest ist der feste Ausgleich nach § 304 Abs 2 S 1 AktG?
AG 1995, 49

Lutter, Marcus
Drygala, Tim

Die übertragende Auflösung: Liquidation der Aktiengesellschaft oder Liquidation des Minderheitenschutzes, in:
Aktien- und Bilanzrecht, Festschrift für Bruno Kropff, Düsseldorf 1997, S. 191

Lutter, Marcus
Bezzenberger, Tilman

Für eine Reform des Spruchverfahrens im Aktien- und Umwandlungsrecht
AG 2000, 433

Lutter, Marcus

Umwandlungsgesetz, 2. Aufl., Köln 2000

Luttermann, Claus

Zum Börsenkurs als gesellschaftsrechtliche Bewertungsgrundlage - Die Maßgeblichkeit des Marktpreises im Zivil- und Steuerrecht
ZIP 1999, 45

Martens, Klaus Peter

Verschmelzung, Spruchverfahren und Anfechtungsklage in Fällen eines unrichtigen Umtauschverhältnisses
AG 2000, 301

Martens, Klaus Peter

Mißbrauch des Auskunfts-, Frage- und Rederechts sowie im Spruchstellenverfahren - Theoretische Grundlagen, in:
Timm, Wolfram, Mißbräuchliches Aktionärsverhalten, Köln 1990, S. 63

Maul, Silja

Gerichtsstände und Vollstreckungsfragen bei konzernrechtlichen Ansprüchen gegenüber einem herrschenden Unternehmen im EG-Ausland
AG 1998, 404

Meilicke, Heinz *Hohlfeld, Klaus*	Untergang der Antragsbefugnis im Spruchstellenverfahren vor Ablauf der Antragsfrist? BB 1972, 1249
Meilicke, Heinz *Meilicke, Wienand*	Die Rechtsstellung der nichtantragstellenden Aktionäre im Verfahren nach §§ 306 AktG, 30 UmwG ZGR 1974, 296
Meilicke, Wienand	Ende des Spruchstellenverfahrens nach §§ 306 AktG, 30 UmwG durch Auskaufen der antragstellenden außenstehenden Aktionäre? DB 1972, 663
Meilicke, Wienand	Zum Verhältnis von Ausgleichs- und Abfindungsansprüchen nach §§ 304, 305 AktG AG 1999, 103
Meilicke, Wienand	Beendigung des Spruchstellenverfahrens durch Beendigung des Unternehmensvertrages? AG 1995, 181
Meilicke, Wienand	Der Wert des Gegenstandes des aktienrechtlichen Spruchstellenverfahrens AG 1985, 48
Meyer-Landrut, Joachim *Miller, Joachim*	Wie lange bleibt man außenstehender Aktionär? DB 1969, 1391
Michalski, Lutz	OHG-Recht, Köln 2000

Mülbert, Peter	Aktiengesellschaft, Unternehmensgruppe und Kapitalmarkt: die Aktionärsrechte bei Bildung und Umbildung einer Unternehmensgruppe zwischen Verbands- und Anlegerschutzrecht, 2. Aufl., München 1996
Münchener Handbuch des Gesellschaftsrechts	Bd. 4: Aktiengesellschaft, hrsg. von Hoffmann-Becking, 2. Aufl., München 1999, zitiert: MHAG/Bearbeiter
Münchener Kommentar zum BGB	hrsg. von Kurt Rebmann, 2. Aufl., München 1984 ff. 3. Aufl., München 1993 ff. zitiert: MK/Bearbeiter; sofern nicht anders angegeben, ist die 3. Aufl. zitiert.
Münchener Kommentar zur ZPO	hrsg. von Gerhard Lüke, München 1992
Naraschewski, Alexander	Verschmelzung im Konzern - Ausgleichs- und Abfindungsansprüche außenstehender Aktionäre bei Erlöschen eines Unternehmensvertrages DB 1997, 1653
Noack, Ulrich	Fehlerhafte Beschlüsse in Gesellschaften und Vereinen, Köln 1989
Noack, Ulrich	Der Widerspruch des Aktionärs in der Hauptversammlung AG 1989, 83
Noack, Ulrich	Insolvenzordnung - Gesellschaftsrecht, Köln 1999
Palandt, Otto	Bürgerliches Gesetzbuch, 59. Aufl., München 2000

Pentz, Adolf — Zur Kostenregelung der gerichtlichen Verfahren bei Beherrschungs- und Gewinnabführungsverträgen
DB 1990, 1317

Pentz, Adolf — Die verbundene Aktiengesellschaft als außenstehender Aktionär
AG 1996, 97

Pentz, Adolf — Geschäftswert, Gegenstandswert und Rechtsstellung des gemeinsamen Vertreters im Spruchstellenverfahren nach § 306 AktG - Kritische Anmerkung zum Beschluß des BayObLG vom 07-02-1991 - BReg 3 Z 5/91 -
DB 1993, 621

Pentz, Andreas — Anmerkung zu BGH, NZG 1998, 379
NZG 1998, 380

Pentz, Andreas — Anmerkung zu BVerfG, NZG 1999, 302
NZG 1999, 304

Pentz, Andreas — Anmerkung zu BGH, NZG 1999, 346
NZG 1999, 346

Pentz, Andreas — Anmerkung zu OLG Düsseldort, NZG 1999, 941
NZG 1999, 943

Piepenburg, Manfred — Mitgliedschaftliche Treupflichten der Aktionäre: dogmatische Herleitung, Präzisierung und Anwendung einer richterrechtlichen Wertungsgrundlage, Hamburg 1996

Piltz, Detlev — Die Unternehmensbewertung in der Rechtsprechung, 2. Aufl., Düsseldorf 1989

Priester, Hans-Joachim	Herrschaftswechsel beim Unternehmensvertrag ZIP 1992, 293
Raeschke-Kessler, Hilmar *Berger, Klaus-Peter*	Recht und Praxis des Schiedsverfahrens, Köln 1999
Raiser, Ludwig	Die Einrede der Anfechtbarkeit von Gesellschafterbeschlüssen in der GmbH, in: Festschrift für Theodor Heinsius zum 65. Geburtstag, Berlin 1991, S. 645
Raiser, Ludwig	Recht der Kapitalgesellschaften, 2. Aufl., München 1992, zitiert: Raiser, Kapitalgesellschaft
Rebmann, Volker	Die Ausweitung des aktienrechtlichen Spruchstellenverfahrens, Frankfurt 1995
Reuter, Dieter	Verbandszweck und Rechtsfähigkeit im Vereinsrecht ZHR 151 (1987), 237
Richter, Wolfgang *Stengel, Arndt*	Anforderungen an die Zustimmung der Gesellschafter der abhängigen GmbH zum Abschluß eines Beherrschungs- und/oder Gewinnabführungsvertrags - Genügt die satzungsändernde Mehrheit? DB 1993, 1861
Riedel, Fritz *Sußbauer, Heinrich* *Fraunholz, Karljosef*	Bundesgebührenordnung für Rechtsanwälte, 8. Aufl., München 2000
Rodloff, Frank	Börsenkurs statt Unternehmensbewertung - Zur Ermittlung der Abfindung in Spruchstellenverfahren DB 1999, 1149

Röhricht, Volker — Die Rechtsstellung der außenstehenden Aktionäre beim Beitritt zum Beherrschungsvertrag ZHR 162 (1998), 249

Rosenberg, Leo
Schwab, Karl-Heinz
Gottwald, Peter — Zivilprozeßrecht, 15. Aufl., München 1993

Roth, Günter
Altmeppen, Holger — Gesetz betreffend die Gesellschaften mit beschränkter Haftung, 3. Aufl., München 1997

Rowedder, Heinz — Der gemeinsame Vertreter gemäß § 306 Abs 4 AktG - Rechtsstellung, Vertretungsmacht und Aufgabe, in: Beiträge zum Handels- und Wirtschaftsrecht, Festschrift für Fritz Rittner zum 70. Geburtstag, München 1991, 509

Rowedder, Heinz et al. — Gesetz betreffend die Gesellschaften mit beschränkter Haftung (GmbHG), 3. Aufl., München 1997

Säcker, Franz J. — Die Rechte der Aktionäre bei konzerninternen Umstrukturierungen gemäß §§ 304 f AktG DB 1988, 271

Samer, Michael — Beherrschungs- und Gewinnabführungsverträge gemäß § 291 Abs. 1 AktG in Konkurs und Vergleich der Untergesellschaft, Köln 1990

Schilken, Eberhard — Gerichtsverfassungsrecht, 2. Aufl., Köln 1994

Schlaus, Wilhelm — Auskauf opponierender Aktionäre AG 1988, 113

Schlosser, Peter — Gestaltungsklage und Gestaltungsurteile, Bielefeld 1966, zitiert: Gestaltungsklage

Schlosser, Peter — Vereins- und Verbandsgerichtsbarkeit, München 1972

Schmidt, Herbert — Kostenprobleme des § 306 AktG BB 1981, 1243

Schmidt, Jochen — Das Recht der außenstehenden Aktionäre, Frankfurt 1979

Schmidt, Karsten — Gesellschaftsrecht, 3. Aufl., Köln 1997

Schmidt, Karsten — Die Beschlußanfechtungsklage bei Vereinen und Gesellschaften - Ein Beitrag zur Institutionenbildung, in: Festschrift für Walter Stimpel, Berlin 1985, S. 217

Schmidt, Karsten — Anfechtungsbefugnisse von Aufsichtsratsmitgliedern. Eine rechtsdogmatische Skizze zur doppelten Basis von Klagerechten gegenüber Beschlüssen, in: Unternehmen und Unternehmensführung im Recht. Festschrift für Johannes Semler zum 70. Geburtstag, Berlin 1993, 329

Schmidt, Karsten — Mehrseitige Gestaltungsprozesse bei Personengesellschaften, Heidelberg 1992, zitiert: Gestaltungsprozesse

Schmidt, Karsten — Schiedsklagen gegen Hauptversammlungsbeschlüsse? - Ein Beitrag zum Innenrecht der "kleinen AG" AG 1995, 551

Schmidt-Bleibtreu, Bruno Klein, Franz — Kommentar zum Grundgesetz, 8. Aufl., Neuwied 1999

Schmittmann, Jens — Vorschußpflicht im Spruchverfahren und registerrechtliche Behandlung unbekannter Aktionäre - Anmerkung zum Beschluß des OLG Düsseldorf vom 3.11.1998
AG 1998, 514

Schneider, Uwe H. — Antragsberechtigung des außenstehenden Aktionärs nach den §§ 304, 305 AktG
NJW 1971, 1109

Scholz, Franz — GmbH-Gesetz, Bd. I, 9. Aufl., Köln 2000, Bd. I, 9. Aufl., Köln 2000, Bd. II, 8. Aufl., Köln 1995

Schröder, Matthias — Schiedsgerichtliche Konfliktbeilegung bei aktienrechtlichen Beschlußmängelklagen, Köln 1999

Schubert, Theo — Anmerkung zu OLG Celle, AG 1988, 141
AG 1988, 143

Schulenberg, Matthias — Die Antragsberechtigung gemäß §§ 15, 305 ff. UmwG und die "Informationslast" des Antragstellers im Spruchverfahren
AG 1998, 74

Schulze-Osterloh, Joachim — Anmerkung zu OLG Düsseldorf, AG 1993, 40
EWiR 1992, 1157

Schütze, Rolf — Schiedsgericht und Schiedsverfahren, 2. Aufl., München 1998

Schwab, Karl-H.
Walter, Gerhard — Schiedsgerichtsbarkeit, München 1995

Schwenn, Dirk — Der Ausgleichs- und Abfindungsanspruch der außenstehenden Aktionäre im Unternehmensvertrag bei Eintritt neuer Umstände, Frankfurt 1998

Seetzen, Uwe — Spruchverfahren und Unternehmensbewertung im Wandel
WM 1999, 565

Seetzen, Uwe — Die Bestimmung des Verschmelzungswertverhältnisses im Spruchstellenverfahren
WM 1994, 45

Seisler, Harald — Der Anspruch des Minderheitsaktionärs auf angemessene Abfindung im Verfahren nach §§ 306 AktG, 30 ff. UmwG, Diss. Mannheim 1983

Selzner, Harald — OLG Stuttgart - Kein Abfindungsanspruch des Minderheitsaktionärs bei Auflösung der Gesellschaft wegen Vermögensübertragung - MotoMeter II
WiB 1997, 584

Soergel, Hans — Bürgerliches Gesetzbuch, 12. Aufl., Stuttgart 1987 ff.

Sosnitza, Olaf — Anmerkung zu BGH, NZG 1999, 1001
NZG 1998, 1003

Spitze, Peter A.
Diekmann, Hans — Verbundene Unternehmen als Gegenstand des Interesses von Aktionären - Inhalt des Auskunftsanspruchs nach § 131 Abs 1 Satz 1 und 2 AktG
ZHR 158 (1994), 447

Staab, Helmut	Gestaltungsklage und Gestaltungsklagerecht im Zivilprozeß, Dudweiler, 1967
Staudinger, Josef von	J. von Staudingers Kommentar zum BGB, Berlin
Stehle, Heinz	Abhängigkeitsbericht oder Beherrschungsvertrag AG 1966, 233
Stein, Friedrich *Jonas, Martin* *Bork, Reinhard*	Kommentar zur Zivilprozeßordnung, 21. Aufl., Tübingen 1993 ff.
Steinhauer, Carsten	Der Börsenpreis als Bewertungsgrundlage für den Abfindungsanspruch von Aktionären - Finanztheoretischer Hintergrund einer möglichen Trendwende in der gesellschaftsrechtlichen Praxis AG 1999, 299
Steinmeyer, Roland	Der Abfindungsanspruch des Aktionärs bei Beendigung des Unternehmensvertrags WiB 1997, 1140
Stolzenberger-Wolters, Irmela	Fehlerhafte Unternehmensverträge im GmbH-Recht, Frankfurt 1990
Teichmann, Arndt	Rechtsmißbrauch durch eine Klage - OLG Hamm, WM IV 1988, 1164, und BGH, WM IV 1989, 2689 JuS 1990, 269
Than, Jürgen	Zwangsweises Ausscheiden von Minderheitsaktionären nach Übernahmeangebot, Festschrift für Carsten P. Claussen, Köln 1997, S. 405
Thomas, Heinz *Putzo, Hans*	Zivilprozeßordnung, 22. Aufl., München 1999

Thywissen, Johann H. Das Spruchstellenverfahren im Aktiengesetz und die Wirkung der Entscheidung auf bereits abgefundene Aktionäre, Diss. Münster 1979

Tiling, Johann
Prasse, Rainer Wirkt eine Entscheidung nach § 305 Abs. 5 Satz 2 AktG auch zugunsten bereits abgefundener Aktionäre?
AG 1969, 63

Timm, Wolfram
Schöne, Torsten Abfindung in Aktien: Das Gebot der Gattungsgleichheit - Bericht über ein aktienrechtliches Schiedsverfahren,
Bilanz und Bilanzrecht, Festschrift für Bruno Kropff, Düsseldorf 1997, S. 315

Timm, Wolfram Zur Bedeutung des "Hoesch"-Urteils für die Fortentwicklung des Konzern- und Verschmelzungsrechts - Zugleich Überlegungen zum Regierungsentwurf eines "Verschmelzungsrichtlinie-Gesetzes"
JZ 1982, 403

Timm, Wolfram Geklärte und offene Fragen im Vertragskonzernrecht der GmbH
GmbHR 1987, 8

Timm, Wolfram Minderheitenschutz im GmbH-Verschmelzungsrecht
AG 1982, 93

Timm, Wolfram Beschlußanfechtungsklage und Schiedsfähigkeit im Recht der personalistisch strukturierten Gesellschaften, in:
Festschrift für Hans-Joachim Fleck zum 70. Geburtstag, Berlin 1988, S. 365

Timm, Wolfram
Witzorrek, Dagmar — Anmerkung zu BGHZ 132, 278
EWiR 1996, 481

Timm, Wolfram — Anmerkung zu OLG Düsseldorf, DB 1989, 1131
EWiR 1989, 633

Tschernig, Klaus — Haftungsrechtliche Probleme der Konzerninsolvenz, Frankfurt 1991

Ulmer, Peter — Fehlerhafte Unternehmensverträge im GmbH-Recht
BB 1989, 10

Verhoeven, Thomas — GmbH-Konzern-Innenrecht - Grundsatzfragen des geltenden Rechts, Bonn 1978

Vetter, Eberhard — Anmerkung zu BVerfG, NZG 1999, 931
AG 1999, 569

Weiss, Karl H. — Die Berücksichtigung des nicht betriebsnotwendigen Vermögens bei der Bestimmung von Abfindung und Ausgleich im aktienrechtlichen Spruchstellenverfahren, in:
Unternehmen und Unternehmensführung im Recht. Festschrift für Johannes Semler zum 70. Geburtstag, Berlin 1993, 631

Werner, Winfried — Antragsbefugnis außenstehender Aktionäre im gerichtlichen Spruchstellenverfahren
WuB II A § 306 AktG 2.90

Westermann, Harry	Die Folgen von Verschmelzung und Umwandlung nach § 15 Umwandlungsgesetz von Aktiengesellschaften für Beherrschungsverträge, in: Gesellschaftsrecht und Unternehmensrecht. Festschrift für Wolfgang Schilling zum 65. Geburtstag am 05.06.1973, Berlin 1973, S. 271
Widmann, Siegfried *Mayer, Dieter*	Umwandlungsrecht, Loseblatt, Bonn, Stand Dezember 1999
Wieczorek, Bernhard	Zivilprozeßordnung und Nebengesetze, 2. Aufl. Berlin 1976 ff.
Wiedemann, Herbert	Gesellschaftsrecht, 6. Aufl., München 1999
Wiedemann, Herbert	Internationales Gesellschaftsrecht, in: Internationales Privatrecht und Rechtsvergleichung im Ausgang des 20. Jahrhunderts, Festschrift für Gerhard Kegel, Frankfurt 1977, S. 187
Wiesen, Heinrich	Der materielle Gesellschafterschutz - Abfindung und Spruchverfahren ZGR 1990, 503
Wilhelm, Hermann	Die Beendigung des Beherrschungs- und Gewinnabführungsvertrags, Köln 1976
Wilm, Daniel	Nochmals: Abfindung zum Börsenkurs - Kommentar zu OLG Düsseldorf, NZG 2000, 1075 NZG 2000, 1070
Wolf, Manfred	Gerichtsverfassungsrecht aller Verfahrenszweige, 6. Aufl., München 1987

Zeidler, Finn — Anmerkung zum Beschluß des BayObLG, NZG 1999, 946
NZG 1998, 949

Zetsche, Dirk — Reguläres Delisting und deutsches Gesellschaftsrecht, NZG 2000, 1065

Zöller, Richard — Zivilprozeßordnung, 21.Aufl., Köln 1999

Zöllner, Wolfgang
Noack, Ulrich — Geltendmachung von Beschlußmängeln im GmbH-Recht
ZGR 1989, 525

Zöllner, Wolfgang — Qualifizierte Konzernierung im Aktienrecht
Gedächtnisschrift für Brigitte Knobbe-Keuk, S. 369

Gerhard Ring (Hrsg.)

Freiberger Symposium zum Gewerblichen Rechtsschutz

Tagungsband des 2. Freiberger Seminars zur Praxis des Gewerblichen Rechtsschutzes

Frankfurt/M., Berlin, Bern, Bruxelles, New York, Oxford, Wien, 2000.
XIII, 106 S., 4 Abb.
Schriften zur Praxis des Gewerblichen Rechtsschutzes.
Herausgegeben von Gerhard Ring. Bd. 1
ISBN 3-631-36440-7 · br. DM 45.–*

In einer Einführung erfolgt zunächst eine praxisorientierte Einführung in die Grundzüge des Gewerblichen Rechtsschutzes. Dabei werden insbesondere die Strukturen des Patent- sowie des Markenrechts aufgezeigt. Dieser theoretische Überblick wird ergänzt durch praktische Beispiele aus der aktuellen Rechtsprechung des Bundespatentgerichts und des Bundesgerichtshofs. Aus der Sicht der Industrie erfolgt eine Darstellung der strategischen Überlegungen und Kriterien, die einer Anmeldung gewerblicher Schutzrechte in der Praxis vorangehen.

Aus dem Inhalt: Erich R. Franke: Kriterien für die Anmeldung von Schutzrechten aus der Sicht der Industrie · Marianne Grabrucker: Aktuelle Entwicklungen in der Rechtsprechung zum Markenrecht · Wilfried Anders: Neue Entwicklungen in der Rechtsprechung zum Patentrecht · Horst Götting: Einführung in die Grundlagen des Patentrechts · Gerhard Ring: Einführung in das Markenrecht

Kolibri 360 GmbH
Ferdinand-Jühlke-Straße 7
99095 Erfurt, Deutschland
produktsicherheit@kolibri360.de

Druck:
CPI Druckdienstleistungen GmbH
im Auftrag der
Kolibri 360 GmbH
Ferdinand-Jühlke-Str. 7
99095 Erfurt